U0564078

传一文存

以公益为志业
陈越光慈善文化言语集

THE CALL OF THE PUBLIC GOOD

COLLECTED WORKS ON THE CULTURE OF PHILANTHROPY
BY CHEN YUEGUANG

陈越光 著

社会科学文献出版社
SOCIAL SCIENCES ACADEMIC PRESS (CHINA)

2016年6月，时年95岁的著名哲学家、北京大学张世英教授（1921-2020.9.10）赠字陈越光：心怀日出，万物生辉。

2016年6月，陈越光与第四世界国际运动（ATD Fourth World International Movement）94岁志愿者合影。

2016年6月，在国际反贫困组织第四世界国际运动梅里总部(Méry sur Oise)，陈越光与该组织前任秘书长白雅简（Eugen Brand，左侧）和现任秘书长潘文瑾（Isabelle Pypaer Perrin，右侧）合影。

2016年10月，陈越光与师友同往看望首都师范大学政法学院教授、《实践是检验真理的唯一标准》一文的主要撰稿人和主要定稿人之一孙长江先生（1933.1.15-2020.6.19）；左起分别为金观涛、陈方正、陈越光、孙长江、孙伟、刘青峰、尹捷。

2017 年 3 月，北京师范大学跨文化研究院首届理事会全体理事合影。左起分别为朱永伦、王寅、金丝燕、李国英、金穀、王邦维、王宁、张耀凯、陈越光、张吾龙、程正民、李强、董晓洋、李正荣、樊哲。

2017 年 5 月，陈越光（前排右六）参加银杏优才计划 2017 公众筹款联合行动共创会合影。

2017 年 6 月 14 日，陈越光（中）做客新华公益，对谈中国慈善联合会副秘书长刘佑平（左）。

2017年11月，陈越光（右）与法兰西学院院士冉刻先生（左）、法兰西学院院士汪德迈先生（中）在法兰西学院合影。

2017年12月16日，陈越光（右一）参加中国艺术研究院艺术与人文高等研究院成立大会暨揭牌仪式。

2017年12月27日，浙江大学马一浮书院成立仪式合影，前排左起分别为胡炜、施建军、罗卫东、刘梦溪、吴朝晖、陈越光、任少波、沈旭欣、康晓光。

2018年，陈越光参加敦和基金会首次媒体沙龙。

2018 年 7 月 18 日，陈越光在第二届"敦和·竹林论坛"上作题为"中国慈善文化研究与青年学者"的总结发言。

2018 年 7 月 27 日，在南方周末主办的主题为"构建责任共识"的第十届中国企业社会责任年会上，陈越光获颁年度"社会责任先锋"称号。

2018 年 1 月 19 日，陈越光受邀在北京师范大学中国公益研究院主办的京师公益讲堂作题为"慈善文化的定义与结构层次"的演讲。

2019 年 4 月，西湖大学第一届董事会第四次会议合影于杭州，前排左起为秦英林、徐益明、陈越光、陈一丹、董清源、施一公、韩启德、钱颖一、陈佳洱、郭孔丞、张磊、董建岳、郭禾阳。

2019 年 5 月 7 日，陈越光在东西方慈善文化论坛发布会暨《朱传一文集》发布会上作题为"'内向超越'与慈善的原动力"的演讲。

2019 年 5 月 7 日，陈越光在东西方慈善文化论坛发布会暨《朱传一文集》发布会上与爱德基金会理事长、爱德基金会传一慈善文化基金管理委员会主任丘仲辉交谈。

2019 年 11 月 23 日，陈越光在中国基金会发展论坛 2019 年会上。

2019 年 11 月 23 日，陈越光在中国基金会发展论坛 2019 年会上作题为"以公益为志业"的演讲。

2019 年 11 月 29 日，陈越光在深圳国际公益学院毕业典礼上作题为"以自己的脚步所至，走出一个远方"的演讲。

"传一文存"总序

改革开放后，中国公益慈善事业在解冻、复苏之际，遇上了一个以经济建设为中心的时代，这个时代的显著特征是快速发展、量化进步。处于这样一种大环境中，中国公益慈善事业最近四十年发展迅速，但也很匆忙；在公益慈善组织数量、社会捐赠总额、志愿者与从业者人数迅速增长的同时，几乎难有闲暇停下来认真回顾一下曾经走过的路，经历过的迷茫、困窘、放弃与失败，以及做过的努力、坚持、突破与思考。

公益慈善同人或许有同样的体会：每年也有不少研讨会、论坛、峰会等交流活动，或相关议题、事件的讨论，但是，这些交流和讨论中能够产生具有启明价值的思想激荡的并不多，更加多的还是方法、技术与工具的交流，而对于难得产生的一些有进一步挖掘、探讨与研究价值的思想，又往往总结、提炼和传播不足，更罕见有把它们转化成为价值创造、理论贡献或知识生产的努力。这其实是一种有意无意地对思想的边缘化与不担当。

然而，回顾、反思与沉淀，是促进一个行业、一项事业走向理性、成熟与跨越的必需元素。爱德基金会传一慈善文化基金（以下简称：爱德传一基金）以"共建慈善文化平台，共享慈善文化价值"为使命，自觉有责任在当代中国公益慈善文化的积累与整理上做一份工作，以记录改革开放以来中国公益慈善发展的思想轨迹与以公益为志业者的心路历程。

这是编辑"传一文存"的初衷。而从长远来说，传一文存希望做中国公益慈善思想争鸣、实践创新的一个历史见证者，同时也做一个公益慈善文化与价值火种的保存者和传递者。这也是与爱德传一基金的目标紧密相连的。

爱德传一基金由爱德基金会、恩派公益基金会、南都公益基金会、华民慈善基金会、深圳壹基金公益基金会、无锡灵山慈善基金会、吴作人国际美术基金会、中国扶贫基金会、中国妇女发展基金会、中华少年儿童慈善救助基金会10家基金会联合发起，其目标是以中华文化基体为内核、以人类文明历史为视野，筑造中国公益慈善思想文化平台，推动公益慈善价值、理论与知识体系的传承、建设、传播、交流与共享，实现公益慈善文化对公益慈善实践与创新更好的支撑和促进。

传一文存将分专题遴选当代中国公益人在不同场合、以不同形式发表的有代表性的演讲、致辞、评论、研究成果等，并结集出版，故又名"当代中国公益人文选"。这些带着思想火花的演讲、致辞、评论、研究成果等一般散见于不同时空的交流活动、报纸杂志等，难见系统，且其中一些在经年之后湮没于信息爆炸或机构内部冗杂的资料之中，如非特别搜索与传播，很难再呈现于读者面前。把它们汇编为文集，相互映照，既便于系统讨论、研读查考，也利于助成文化积累与思想传承。

考虑到单篇演讲、致辞、评论、研究成果等的背景，和所涉及的一些特定内容，如人物、典故、事件、数据等，对理解文章思路与内容的辅助性，我们将为每篇文章添加"编者按"和适当的脚注，并尽可能地对一些不完整的信息进行查询补充。此外，对文稿中极个别受时代或口语习惯影响形成的表达，将按照出版管理部门和出版社的要求，进行适应调整。

传一文存计划持续出版。欢迎海内外公益同人提出批评、建议，帮助我们将这套文存做好，并愿它成为我们共同的事业，成为我们在公益路上跨越时空彼此遇见、共同思考的原野。

谨序。

爱德基金会传一慈善文化基金

2020 年 7 月

自序：我的进退之思

这本言语集所收文章主要是我任敦和基金会秘书长期间的公开言论（内部管理的讲话不收入），涉及时间自 2016 年末至 2020 年初，既是我对慈善文化思考的一个汇集，也从中可见敦和基金会在此阶段中自身发展及与社会互动的一个轨迹。过程轮廓已有，首尾又有何思？我感谢敦和，感谢我的工作伙伴们；那么，我是如何去敦和秘书处任职又为何一届而止？

刘梦溪先生曾当着我的面问敦和资管叶庆均先生："你是怎么把越光给挖来的？据我所知有多少人拉他啊！"老叶淡然地说："这不是挖来的，这是时机到，越光老师自然就来了。"听起来似乎有点玄虚，其实不然，这里的"时机"就是我们之间 12 个字的共识。2016 年 6 月我参加在宁波召开的第九届中华慈善百人论坛，老叶从杭州驱车到宁波会我，谦虚地请教有关文化与公益的关系问题。这是我和这位被称为投资界神龙见首不见尾的"传奇人物"首次个人交往。此后我应邀去千岛湖给敦和基金会理事会和秘书处全体成员讲文化课，当时敦和基金会秘书处突然出现人事变故，老叶约我谈，提出希望我去主持这个基金会。我没有同意，但答应当理事。三个月后，老叶再约我谈，在一句"你有什么条件，你提"后，我的条件是 12 个字"天下为公，坦诚相见，各思其过"，这是一个法乎上者高端求同的思路，没想到一拍即合，老叶一拍大腿说："我就想讲天下为公啊！"

"天下为公，坦诚相见，各思其过"听起来很虚，是因为我们不当真。在一起共事没有人讲大道理，靠互相理解私利私情来维持关系；有意见有分歧不直说，并且对别人的表达总要猜度其言外之意和另藏的"真实意图"；急了就一味指责对方，而无丝毫反躬自省，这不都是"司空见惯浑闲事"吗？机构文化中决策者的顶层共识是文化制度化的前提，叶总是敦和基金会的主要发起者和捐款人，和他有此共识就是一种"时机"；后来，我们机构文化的"会议决策，当场宣布""集体用权，个人负责""五慎五戒"等原则，可以说就是从这12个字逐步推演的。

佛学讲因缘论，缘是一物与他物的关系，因是结果的起源。所谓"时机"自然是缘，那么，因呢？大概可以推至我在年轻时代就向往即使白发苍苍，心里依然可以响起咚咚战鼓的人生境界。上天把时间给了你，你要用创造去赋予属于你的时间以生命。当天，我在笔记本写下这样一段话：

　　做自己喜欢的事情，乐此不疲，无得无失。

　　不是做多而是做长；不怕慢，就怕乱；做长人才能做长事，事情长机构就长。

　　最好的"长"（cháng）是"长"（zhǎng）。不是在过程中消耗，而是在过程中生长；"长"（zhǎng）事不如"长"（zhǎng）人，支持年轻人；"长"（zhǎng）人先要"长"（zhǎng）己，"长"（zhǎng）己在修德。

　　就机缘当它仅此一次，守敬用勤，随时准备盖棺定论；就事情当它刚刚开始，行稳致远，处处预留发展空间；就人生当它是个道场，缘起缘灭，心无所住。

然后，我和老叶预定了谈三天具体问题，预设各种可能性和如何对应，结果谈了两天，就已建立起大体共识；然后，我分别和理事会、秘书处的主要成员交谈，从不同角度了解情况、征求意见和交流看法；然后，我确定以全职志愿者的方式去敦和工作。而我笔记上的那段话，就成了我在敦和秘书长任职演讲中提出建百年基金会的由来。

那么，为什么又一届而止呢？是不是出于功成身退见好就收的策略考虑呢？确实，我在这届秘书长任期中获得不少认可和赞誉，敦和基金会也在2019年底获评5A级社会组织；但是，我不再连任主要是看到了隐患。在二届理事会的最后一次会议上，我坦陈我担任秘书长的四点不足：第一，与团队的距离感，不同游，不同乐，感同身受的东西就少，团队越尊重我，反过来越可能压抑团队的创造性。第二，管理上思路强于措施、措施强于执行，性格因素不善于在重复中训练队伍。第三，习惯于"谋定而动"，只能和伙伴分享思考的结果，不能与伙伴分享思考的过程，有利于应急，不利于陪伴成长。第四，过于强势的秘书长，会形成机构一个视角看问题，而我们需要多只眼睛从不同视角的观察。我说："我的这些问题三年多来都存在的，只是因为机构快速发展使我们注意不到；但下一个阶段是巩固的平稳期，正如骑自行车，快时看的是力量，慢时看的是平衡，我们需要一个比我平衡感更好的秘书长。"理事会同意我的看法。

这就是我在敦和的进退之思。在思进退中，我常想起明朝万历时吕坤论人品的"四看"之说："大事难事看担当，逆境顺境看襟度，临喜临怒看涵养，群行群止看识见。"希望自己从这四个角度上还能看得过去，虽然总是不能令自己满意。

这本《以公益为志业——陈越光慈善文化言语集》由"爱德传一基金"选编，作为"传一文存"（当代中国公益人文选）之一出版，本书中所有我的言论文字，观点和内容不做任何改动，对过于口语化的做了删减，修正一点文字错误，敬待读者批评。附文所选媒体文章和每篇所加编者按，非我所著，尊重编者之意。

出版业在黄昏时分，这样一本文集更不可能有市场预期，著者放弃稿费，编辑没有编辑费，"爱德传一基金"还要资助出版费用，出版社也无利可图，所求何为？徐会坛这样说："我希望做这件事情主要出于两点：（1）我是爱德传一基金的工作人员，爱德传一基金的工作之一乃是促进慈善文化的传播、研究与实践；（2）您过去三年对慈善文化的思考既有思想的深邃，也有实践的关切，但散落于不同的场合、时间，如能汇整起来加以编辑，或更能产生聚合力量，为后来者继续推进对慈善文化的思考、研究和实践起到'肩膀'的作用。"深浅厚薄不论，做一个"肩膀"也是我愿。

谨此向"爱德传一基金"，向编辑者徐会坛特别致谢！

陈越光

2020 年 7 月 28 日

目　录

下辑　丈量行动的远方

上 辑

承担思想的责任

以公益为志业

【编者按】 此篇是陈越光先生 2019 年 12 月 23 日在中国基金会发展论坛 2019 年会上的总结演讲。在今天的中国，为什么要或者说值得投身于公益呢？陈越光先生的答案是，公益可以超越单纯的工具性和功利性，而成为与生命热情、生命追求合而为一的"志业"。但是，公益何以能为志业呢？又或说，公益本身究竟有什么独特的价值，以至于能让人对它怀抱信念、信心并投身呢？而以公益为志业，又需要怎样的外在和内在支撑呢？陈越光先生在他的演讲中试图一一给出的答案。显然，他受到了德国思想家马克斯·韦伯著名的"志业演讲"——《以学术为志业》《以政治为志业》的启发，他也在演讲中频繁引用其中的表述和思想；但是，这并不影响他在这次演讲中表达独到的见地及其价值。从陈越光先生对作为志业的公益的深切敬意中，能够明显感受到他对一代乃至数代中国公益人的诚恳的激励和期望。而在这背后，彰显的是他作为行业前辈的启人清明的责任感。

我是第一次参加中国基金会发展论坛的年会，有一种感受，概括为四个字——"波涛汹涌"。1500 人的大会，从繁密的议程到激扬的思绪，从 12 个平行论坛提出的问题到大会演讲的宏观分析，从熙熙攘攘的"罗马街市"到零碳排放会议的绿色行动，其共同充实了激荡的两天。①

---

① 2019 年 11 月 22~23 日，中国基金会发展论坛 2019 年会以"坚守初心、共谋发展"为主题，在福建省福州市举行，共有来自 600 余家单位的近 1500 人出席。

我应邀为年会做总结。我总结的养料来自你们，但归纳是我的，如有所不当，请大家批评。

一 什么是我们共同的"初心"？

我的总结不可能去还原过程，但我企图在这"波涛汹涌"中寻找一个思想的凝聚点，企图在我们经历的奔波和茫然中立起一个可以回应年会主题的支撑点。

年会的主题是"坚守初心、共谋发展"。我们的初心是什么？

在座各位来自不同的机构，有基金会，有社会团体，有民办非企业单位，等等；工作的领域也不同，有环保的，有扶贫的，有弱势群体帮扶的，有教育文化的，等等；我们每个人的背景、从业时间、入行起因更是千差万别。所以，就个体来说，我们各有各的出发点。那么，我们在整体上可不可能有一种共同的初心呢？如果有，它会是什么呢？

如果我们说帮助痛苦和困难中的人是我们的初心，难道医务工作者不是如此吗？如果我们说创新是我们的初心，难道科技界不比我们更迫切吗？如果我们说解决社会问题是我们的初心，难道政府和企业比我们做得更少吗？应该说，这一切都有，都包含了，所不同的是我们可以是"以公益为志业"的人——公益是我们的人生职业，公益是我们的生存方式，公益也是我们的生命追求！

"以公益为志业"，可以是我们共同初心的一种概括。

二 什么叫"志业"？

深圳国际公益学院的发起人之一、董事，美国桥水基金创始人瑞·达利欧写过一本书《原则》，里面有这样一段话："工作，要么是（1）你想从事用于养家糊口的一份职业，要么是（2）你想完成的使命，要么是二者的结合体。我敦促你尽可能把工作看成（2），当然也承认（1）的价值。

如果你能这样想，那么几乎每件事都会做得比你不这样想时更好。"①

瑞·达利欧在这里讲的两种对工作的不同心态会有不同的结果，那就是我们平时说的把工作作为职业还是事业的不同。那么，在事业之上，是不是可以有另一种归纳，一种更高的境界呢？

当你们看到我把"以公益为志业"作为大会总结的标题时，熟悉思想史的人都会想到一百多年前伟大思想家马克斯·韦伯的两篇经典演讲，一篇是《以学术为志业》，另一篇是《以政治为志业》。② 马克斯·韦伯的这两篇演讲，在思想史的天穹中划过一道当代性的闪电，一百多年来光焰不灭。

"志业"（Beruf）这个德文单词包含两层意思，一层是职业、行业、职务，另一层是天职。从天职这一层意思看，含有信徒对宗教信仰追求的意思，涉及终极关怀和献身精神。

马克斯·韦伯当时讲，在德国，一个年轻人要从事学术，要在大学里面教书，先得有一本专著，还要通过一次考试，才能获得编外教师的资格；获得这个资格后，可以开一门课，但是没有薪酬，只能收学生的听课费，而什么时候会有正式教职是无法预期的。所以，他认为，以学术谋生，投入产出比是不匹配的。那为什么还有人要追求学术呢？因为学术背后有一种功能，那就是可以在一个"祛魅"的世界里给人以理智的清醒；而对一些人来说，这种责任就像天职的召唤一样。所以，他对青年学子说，如果真要选择学术，就要以学术为志业。

如果从理性经济人的观点看，人们在一百多年前是不会选择在德国当

---

① 〔美〕瑞·达利欧：《原则》（电子书），刘波、綦相译，中信出版社，2018，第451页。

② 马克斯·韦伯（Max Weber，1864年4月21日~1920年6月14日），德国哲学家、社会学家，与卡尔·马克思和埃米尔·涂尔干并列为"现代社会学的三大奠基人"，曾任教于德国柏林大学、弗莱堡大学及海德堡大学；他一生著述甚丰，其中，最为中国读者所知的作品包括《新教伦理与资本主义精神》《经济与社会》《学术与政治》等，在《学术与政治》一书中，收录的正是他最脍炙人口的两篇演讲，《学术作为一种志业》（也有译作《以学术为志业》）和《政治作为一种志业》（也有译作《以政治为志业》）。

时那种状态下①以学术为业的；在今天，人们也不会选择在中国做公益这个职业。而之所以选择了，自然就是因为有一种内在的动力，一种志业方向的推动力。

三 公益为什么可以成为一种"志业"？

中国公益界的人每到年初都有一种焦虑，我称为"数字焦虑"。一方面期待知道去年的慈善捐款数据是多少，而另一方面这个数据往往不看心里惦记、看了心里难过。

2017 年，中国社会捐赠总额 1525.70 亿元，占同年 GDP 的 0.15%。2018 年，中国内地款物捐赠总额 1439.15 亿元，占同年 GDP 的 0.16%，加上香港和澳门两个地区的 185 亿元，再加上志愿者贡献价值换算后的 823.6 亿元，也就大概 2448 亿元，达不到国内家政业的一半。2018 年，中国家政服务业经营规模约 5762 亿元，快递业务收入超过 6000 亿元。从这样的比例和数据来看，如果我们说有一支浩浩荡荡的职业公益人队伍在从业，难免会有人因为这些数据的微不足道而嘲笑公益行业的社会价值。

但是，对不起，如果真有人因此认为公益是可有可无的，那只是他在愚蠢地卖弄他的浅薄！

我们每个人，买房子花多少钱你很清楚，买车、买衣服花多少钱你知道，买化妆品花的钱你也知道，但你知道你买水花了多少钱吗？一个月，一年，一辈子，花多少钱买水？你预算过家里买水的钱要多少吗？恐怕没有。但是，水对你不重要吗？

---

① 马克斯·韦伯的《学术作为一种志业》演讲发表于 20 世纪初。在当时，德国经济迅速崛起，于 1913 年超过了英国，跃居为仅次于美国的世界第二大经济体；但是，次年，德国就卷入了第一次世界大战。与此同时，德国出现了各种相互对立的政治立场和思想流派，这些流派彼此争论不休，年轻人普遍感到迷茫。参见上海三联书店 2019 年出版，钱永祥等翻译的《学术与政治》。

公益对一个社会，某种意义上就像水对于生命一样。

在社会的正常时期，公益的价值功能有四项：一是济困解难的互助功能；二是协同治理的公共协调功能；三是解决社会问题的创新探索功能；四是人自身发展的精神倡导功能。

这是在正常的社会状态下。那当社会不正常，社会进入黑暗时期、进入危机时期呢？这个时候，有没有公益，有没有慈善，就会成为社会的一道底线。在战争、动乱、破坏和疯狂的社会中，只要有公益慈善在，它就还可以算是一个人类的社会，当然是糟糕的社会；但是，如果没有了公益慈善，那就只是野兽的丛林了。所以，我们说，公益在社会下沉时是一条维护人性、维护人类的社会底线。

那当社会美好，所有中国梦、人类梦都实现了的时候呢？或者，当我们进入一个机器人劳动的时代呢？那个时候，还有公益吗？20 世纪末，一些美国精英讨论过一个话题，认为在新的科技革命的推动下，将来有 20% 的人劳动就可以养活 100% 的人，那另外 80% 的人怎么办呢？于是，他们提出了"奶头乐理论"，要用社会福利把另外 80% 的人养起来，再提供一些消费性娱乐。[①] 但是，他们忘记了一个问题，那就是人这种动物有思想，除了活着以外，他还要寻找活着的意义。所以，我们可以说，即使到我们想象中的大同世界，依然需要公益慈善的承载：那

---

① 吴晓波 2017 年 6 月 11 日发表的《布热津斯基的"奶嘴"》被认为是中文世界介绍"奶头乐理论"最广为人知的一篇文章。在其中，吴晓波称"上世纪 90 年代中期，美国旧金山举行过一个集合全球 500 多名经济、政治界精英的会议，其中包括乔治·舒什、撒切尔夫人、比尔·盖茨等大名鼎鼎的全球热点人物。精英们一致认为，全球化会造成一个重大问题——贫富悬殊。这个世界上，将有 20% 的人占有 80% 的资源，而 80% 的人会被'边缘化'。""布热津斯基表示，谁也没有能力改变未来的'二八现象'，解除'边缘人'的精力与不满情绪的办法只有一个，便是推出一个全新的战略'tittytainment'，即在 80% 人的嘴中塞一个'奶嘴'。"其中，布热津斯基指的是美国前总统卡特的国家安全顾问、战略外交家兹比格涅夫·卡济米尔兹·布热津斯基（Zbigniew Brzezinski）。但是，据香港中文大学社会科学院新闻传播学院中华传媒与比较传播研究中心助理教授方可成的考察，关于"奶头乐理论"的来源，疑点太多，可信证据太少，值得质疑。参见方可成《为什么说"奶头乐"是一个不值得重视的"理论"》，https://mp.weixin.qq.com/s/UDaAo80vxWLJv3V1Z0606A，最后检索时间：2020 年 7 月 1 日。

个时候,公益慈善的出发点更多的不是被他人的苦难和特定的同情所召唤,而是对自己行为的认可和追求;那个时候,捐赠更多的不是金钱物质,而是生命时间;那个时候,公益行为不是单纯帮助,而是实现人生意义的互动。

马克斯·韦伯在世俗事务中提出以学术和政治来比照宗教事业的追求,我以为是注重了它们的公共性和恒久性,而公益也同样具有充分的公共性和特有的持续性。所以,公益也是可以成为志业的。

四 公益作为一种"志业"(职业方向)的行业要求

一个人以学术为志业需要什么条件?大概要满足四种条件:第一是本人有持续的学术兴趣;第二是有知识供应,比如说有老师,有图书馆,现在来说是有网络;第三是要有学者共同体的交流与认可,比如参加学术会议、发表文章、参加学术团体;第四是要有谋生的手段,即要有一个身份的肯定,比如教授或者研究员,还要有薪酬,因为以学术为志业的人同样要活下去,同样要养家糊口。

反观这点,我们就要问,以公益作为一种志业——这里讲的志业更多体现在职业方面——对行业有什么要求呢?

问到这个问题,公益人,尤其是职业公益人,往往有一种痛,那就是专职的从业者面对的是无专业的行业。这时候我们不能不问:我的职业的专业性是什么?职业的基本保障在哪里?行业组织在哪里?行业的基础设施在哪里?这样的对行业支撑的追问,我们可以列出一张表出来。

在这里,我想在宏观上提出公益行业建设当中三项紧迫而重要的事项。

第一,理论文化建设。不解决知识生产问题,就无法建立行业的专业性。在这两天的会议上,这个呼声很强烈。

第二，基础设施建设。这是行业的公共平台，行业建设的内生支撑点。

第三，生态体系建设。当然，我们也可以把前两者包含在生态系统里面，但我要强调的生态体系是关系问题，是行业内外关系的建设。在对外关系上，它是不是一个开放的系统？它能不能不断吸纳外部的资源？能不能不断吸纳全社会的创造？

不能及时吸纳人类进步中所创造的一切成果，就容易萎缩。今天，在中国，公益这个行业能不能具有开放性？还是说，我们总想要刚性地界定公益的"界"在哪里？这样的界定对行业是有危害的。刚才资中筠先生[1]介绍了很多美国新公益的事例，它们虽然未必就是未来的主流，但对我们是非常新鲜、有启迪的。中国公益能不能不断往前走，取决于这个行业是否能不断创新，也取决于这个行业是否能对外开放、能不断从社会上取得能量。

内部的行业生态关系，既有微观的机构内部岗位设置和职业保障，又有宏观的业内生态关系。行业内是大鱼吃小鱼的资源争夺关系，还是自组织化的生态生长关系？

五　以公益为"志业"（天职方向）的内在支撑

个体的初心各不相同，但共同的初心是不同个体可以共同选择的，只是它必然不是所有个体都必须或已经选择的。

如果真的要以公益为志业，需要有什么样的内在支撑？首先，我们不能把情怀一笔抹杀，因为公益的情怀依然是今天中国公益人投身公益时起

---

[1]　资中筠，国际政治及美国研究专家，资深学者，翻译家，曾任中国社会科学院美国研究所所长。其著作《财富的责任与资本主义演变：美国百年公益发展的启示》（上海三联书店，2015）自2003年第一版《散财之道》出版以来，对提升中国公益从业者、企业家等群体的现代民间公益认知起到积极作用。

心动念的初因。马克斯·韦伯的《新教伦理与资本主义精神》透过资本原始积累的疯狂与血污，看到资本主义的内在精神，又在这精神深处发掘出创造性劳动、勤奋、节俭的神圣性。而我们又为什么非要在其心向善的公益活动中强加一个无利不起早的动因呢？

当然，情怀只是我们以公益为志业的第一步，背后还要有一个东西支撑它，那就是伦理。一个学者的最高伦理是"智性的诚实"①。一个公益人的最高伦理应该是什么呢？我想，一个公益人的伦理应该是对公共利益充满热情的责任感。以这种责任感为最高伦理，我们可以追溯到孔子的"义命分立"②。有了这样的最高伦理，才可能有孔子的"知其不可为而为之"。

为什么要讲充满热情？马克斯·韦伯在《以政治为志业》的演讲中，区分了两种政治家，一种是为了生活的，一种是为了使命的。为了使命的政治家们有一种"踏实的理想"，有向着"踏实的理想"充满热情地去皈依的精神。③ 在公益人的责任伦理中，同样需要"在用热情来追求某一项'踏实的理想'之同时，引对这个目标的责任为自己行为的最终指针。"④

在责任伦理的背后是什么？是我们的专业精神。专业和业余区分在哪里？马克斯·韦伯说，在学术上"业余人士与专业工作者唯一的不同，在于他缺少一套确切可靠的作业方法，因而往往造成一种结果，使他无法对

① 马克斯·韦伯坚信，学者遵循的最高原则是"智性的诚实"（intellectual honesty），就是要揭示真相，无论真相是多么严酷，而揭示真相是为了让人清醒、清澈和清晰。参见钱永祥等译、上海三联书店2019年出版的《学术与政治》。

② 孔子肯定人的主宰性，又区分应然与实然，即人能立公心、求正当是人之自觉主宰的求"义"，而人又面临不为人的自觉所能控制的限制，《论语·宪问》所谓"道之将行也与，命也；道之将废也与，命也"。孔子这方面的论述表现为他的"义命分立"之说。参见劳思光著、台北三民书局股份有限公司1981年出版的《新编中国哲学史（一）》。

③ 马克斯·韦伯在《以政治为志业》的演讲中区分了两种从事政治的人：一种是"依靠政治而活"，即从政只是其谋生的手段，政治只有工具意义而没有内在价值；另一种是"为了政治而活"，他们从事政治是听从使命的"召唤"，是将政治作为"志业"的人。参见钱永祥等译、上海三联书店2019年出版的《学术与政治》。

④ 马克斯·韦伯：《学术与政治》（电子书），钱永祥等译，上海三联书店，2019，第355页。

他的一项直觉的意义，加以判定、评估及经营发展"①。公益执行上业余与专业的差别，不在出发点的情怀上，甚至不在发现问题上，而在持续地解决问题上。第一是持续性，第二是真正解决问题的积累。专业，是我们对责任承诺的支撑。

最后，我还想说，以公益为志业，在情怀、伦理、责任背后还有一个更深层的召唤。为什么我们说马克斯·韦伯的两篇著名演讲是在思想史的天穹上划过的一道闪电呢？因为他深刻地指出了人类当代性的一个根本危机，那就是现代人的意义危机——"知识与信仰的分裂"。传统社会真善美的统一性被瓦解了，真的未必是善的，也未必是美的，所以，现代人的精神世界是矛盾的。马克斯·韦伯没有告诉我们解决之道，我们唯一知道的就是我们不可能退回去，只能往前走。投身公益探索的人们，实际上是处在这个世界矛盾和撕裂的最前沿。我们有最切身的感受，但是不是我们也会有对人类精神创造最直接的贡献呢？在探索解决社会问题的同时，我们在最深层面上也能探索建构一个新的内心世界吗？

当代人有两种可能：一种可能是，我们和我们以后几百年的人依然在二元分立的世界中生活，内心有善良、有认定的价值，但只是用工具理性的方式完成社会中要做的事；还有一种可能是，这几代人，或者是十几代人有足够的创造力，共同创造出一种新的精神境界、新的观念思想，就像轴心时代的思想家们那样，完成人类文明新的建构——这不是最大的公益吗？！

各位，我最后说一句祝愿的话。我们都向往所谓的诗和远方，但诗在哪里，远方又在哪里呢？我想，一个以公益为志业的人，应该有勇气让自己成为诗，并以自己的脚步所至走出一个远方来！

---

① 马克斯·韦伯：《学术与政治》（电子书），钱永祥等译，上海三联书店，2019，第236页。

慈善文化的定义和结构层次

【编者按】本篇是陈越光先生2018年1月19日在北京师范大学中国公益研究院第58期京师公益讲堂的演讲。在演讲中，陈越光先生在文化学家庞朴先生的文化研究的烛照下，在慈善史家周秋光先生的慈善研究的基础上，提出了一个新的慈善文化的定义和结构层次分析。他认为，慈善文化是慈善的成因与展现，它由里层意识层、中层行为层和外层物质层构成。但是，他的这次演讲的视野并不局限于此。他还尝试对慈善文化不同结构层次的特征及其彼此之间的关系进行梳理和阐述，企图厘清慈善意识转化为慈善行为、展现为慈善物质的路径与机制，而这是此前的慈善研究者、实践者几乎未曾自觉涉及的领域；他对慈济慈善事业基金会和第四世界国际运动的案例分析，虽因演讲时间及形式的限制未能完全展开，但已足以作为后来研究者拓展研究与实践者深入反观的引路石。陈越光先生的这次讲演，也许是中国当代慈善探索进程中第一次有实践者对慈善文化进行明确定义和框架性阐述，体现了中国当代慈善实践者的思考意志与认知提升。

《中华人民共和国慈善法》第八十八条规定：

"国家采取措施弘扬慈善文化，培育公民慈善意识。

学校等教育机构应当将慈善文化纳入教育教学内容。国家鼓励高等学校培养慈善专业人才，支持高等学校和科研机构开展慈善理论研究。

广播、电视、报刊、互联网等媒体应当积极开展慈善公益宣传活动，普及慈善知识，传播慈善文化。"

而我对中国慈善文化的一个基本判断是：从总体看，我国慈善事业落后于社会需求；从慈善行业看，慈善文化落后于慈善组织的发展；从慈善文化看，慈善研究落后于慈善传播；而在慈善研究领域，其深层面的心理意识、伦理哲学研究又落后于历史与法规、治理与项目等慈善方法论的研究。

今天围绕慈善文化，我大概分三个部分来讲。

一、慈善文化的定义

1. 顾名思义的前提

2. 慈善文化是慈善的成因与展现

二、慈善文化的结构

1. 周秋光的观点

2. 周秋光观点的学术来源是庞朴的文化结构论

3. 我对庞朴文化结构论的延伸使用

三、慈善文化结构三层次的特征与关系

1. 内层（以慈善文化的民族性讲述）

2. 外层（以慈善文化的时代性讲述）

3. 中间层（以案例讲述）

4. 结论

一　慈善文化的定义

任何一种想要用简单的定义来概括一个广泛的概念的尝试，都会面临一个危险，那就是像跳到旋涡里去理解浮力一样，你首先想到的必然不是浮力，而是如何保命。换句话说，你所有的概括都必将是顾此失彼的。

那怎么来定义慈善文化呢？我们可以走一条简单的路，也可以走一条复杂的路。所谓简单的路，就是假设文化的定义是清晰的，是众所周知的，也假设慈善的定义是清晰的，是众所周知的，那么，所谓慈善文化就是关于慈善的文化，就像我们说所谓茶文化就是关于茶叶的种植、制作和消费的文化，所谓企业文化就是关于企业的文化一样。这是简单的，也不错，但它是建立在假设的前提都成立的基础之上的。那如果这些前提本身就是需要界定的呢？当前提本身需要界定的时候，我们就要问：什么是慈善？慈善和公益有什么不同吗？我们还要问：什么是文化？文化到底如何定义？这就很复杂了。20 世纪 80 年代，在"文化热"中，庞朴先生①曾做过一个统计，说国内国外关于文化的概念加起来有二百多种，后来汤一介先生②说差不多要超过一千种。

在英语中，慈善（Charity）的原意是"爱上帝"。《马太福音》里面有一句话："你施舍的时候，不要叫左手知道右手所做的，要叫你施舍的事行在暗中，你父在暗中察看，必在明处报答你。"这一个思路是导向隐蔽化的。另一个关于慈善的说法，是 17 世纪从英国哲学家、科学家弗兰西斯·培根③开始的，他从人道主义精神、从"爱人类"的思路出发，用 Philanthropy 表达慈善。这两种不同的表达，前一种是从希伯来宗教系统走出来的，后一种是从人本精神走出来的，走向的是人和人之间的沟通和帮

---

① 庞朴（1928 年 10 月~2015 年 1 月 9 日），中国历史学家、哲学家、文化史家，生前曾任《历史研究》主编、中国社会科学院研究员、中国文化书院学术委员会主席、山东大学终身教授等职务，长期致力于哲学史、思想史、文化史等领域的研究与教学，其学术观点"一分为三"说、"火历"说等，引发了海内外学界广泛重视；在 20 世纪 80 年代兴起的"文化热"中，他频繁发表有关文化学和文化史的文章，对文化的概念、属性、结构层次、中外文化现象、思维方式等进行阐述，起到推动当时文化研究热潮的作用，这些文章后结集出版为《稂莠集——中国文化与哲学论集》和《文化的民族性与时代性》两书。

② 汤一介（1927 年 2 月 16 日~2014 年 9 月 9 日），中国哲学家、哲学史家，生前曾任北京大学哲学系教授、北京大学《儒藏》编撰中心主任及首席专家、北京大学儒学研究院院长、中国文化书院院长等职务，主要研究领域为魏晋玄学、早期道教、儒家哲学，学术专著包括《郭象与魏晋玄学》《早期道教史》《在非有非无之间》《中国传统文化中的儒释道》等。

③ 弗兰西斯·培根（Francis Bacon，1561 年 1 月 22 日~1626 年 4 月 9 日），17 世纪英国最著名的哲学家、科学家、散文家之一，是实验科学的创始人、近代归纳法的创始人，又是给科学研究程序进行逻辑组织化的先驱，主要著作包括《论学术的发展和价值》《新工具》《论说文集》等。

助，走向的是公开化和大众化，它的爱也趋向于公共化，现在这种用法在中文里更多地译为"公益慈善"或者"公益"。

在中文语境里，"慈善"这个词语出现一千多年了；但是如果我们查"公益"这个词，在古典里是找不到的。中山大学哲学系的王硕做过一个考证，说《四库全书》里面，一直到《清史稿》，"公益"这个词总共才出现过四次，而其中只有两次是代表"公共利益"的意思。我没考证过。

我查阅十卷本《简明不列颠百科全书》的"公益"条目——这是我看到的关于"公益"最早的说法，其中写道，公益是指伊斯兰教法学家对"无法在经训明文中找到答案的疑难问题做出判断所依据的一种原则"①。而依据"公益"（阿拉伯语 istislāh）的原则，"在这种情况下，法官首先判断何者对整个社会最有利，其次考虑何者对地方社团有利，最后研究何者对个人有利"。②

如果我们要把这些概念都串起来定义什么是慈善文化，要考虑的点就很多了。我看到过有人用"慈善文化是慈善事业的内部动力和促生愿力"这样一句话来定义慈善文化。这句话在逻辑上有两个问题。首先，"内部动力"和"促生愿力"有同义反复之嫌。这是一个面上的问题，还有一个更深的问题，那就是，如果这样来定义慈善文化，那难道慈善文化就只是一个内心愿力的问题吗？只是一个心里所向往的事情吗？没有行动吗？没有社会行为吗？所以，我们还可以继续探索。

我企图提一个定义："慈善文化是慈善的成因和展现。"如果我只讲"成因"，那和刚才提出来的概念是一样的，但是，我认为慈善文化还表现为它的展现。我给出这个定义是引申使用了庞朴先生对文化的定义，他说："文化是人的本质的展现和成因，就是说它是人的本质的展开的表现

---

① 中国大百科全书出版社《简明不列颠百科全书》编辑部译编《简明不列颠百科全书10》，中国大百科全书出版社，1986，第11页。
② 中国大百科全书出版社《简明不列颠百科全书》编辑部译编《简明不列颠百科全书10》，中国大百科全书出版社，1986，第11页。

和人的本质的形成的原因。"① 庞朴先生是当代文化大家，和我亦师亦友相处了 20 多年，他曾是中国文化书院的学术委员会主席。这是庞朴先生 20 世纪 80 年代对文化的定义。他在定义中讲文化和人的关系的时候特别强调人的"本质"，而我在引用到慈善文化的时候并不强调慈善的本质，这是一个差别。慈善的属性相对于人来说还是比较单纯的，而人除了本质属性以外还有非本质的属性，有大量的动物属性，但是我们认为体现人之为人的部分是人的本质，体现人之为动物的部分是人的基础性属性，不是由文化塑造的，所以，定义文化时就要强调文化在人的本质中的体现。

"慈善文化是慈善的成因和展现"，这是我对慈善文化定义的一个提法，供大家参考。

二　慈善文化的结构

湖南师范大学的周秋光教授是国内对慈善历史和文化研究很有影响的学者。他对慈善文化的定义是："慈善文化就是围绕着慈善这个主体内容所产生形成的一种文化。它的核心是利他主义价值观，是平等互助的理念。它同样包含着文化应有的三个层次。

第一个是表层，就是物的层次，主要由两个内容组成。一个内容是财富和支配财富的人，即捐赠方的人和物。也可以理解为慈善家和做善事的人与可供捐献的财物与人力资源。另一个内容是被救助的弱势群体，包括所有被捐助的处在困境中的人以及遭到破坏要被救助改造的人的生存环境（土地、房屋、水源、粮食、交通设施）。

第二层是里层，即心的层次。这主要是慈善思想、慈善理念、慈善价值观。它是慈善文化最核心的层次，是慈善的灵魂，是支配从事慈善的人

---

① 庞朴：《文化概念及其他》，载庞朴《文化的民族性与时代性》，中国和平出版社，1988，第 69 ~ 77 页。

的慈善行为的动力源，是决定慈善文化存在发展最重要的一个层次。

第三个层次是中间层，是心物结合的层次。这主要是将慈善理念和行为相结合，用组织和制度的形式规定下来，确立一定的行为规范，供从事慈善的人去运作与遵守，如慈善组织、慈善章程、慈善法规等。"①

周秋光教授对慈善文化的定义是围绕慈善这个主体来确立的，也就是说，慈善文化是关于慈善的文化。我认为，周秋光教授这个定义的关键意义不在于定义本身，而在于他把慈善文化分为三个层面：第一个是表层，是物的层次；第二个是里层，是心的层次，我们可以理解为意识层次；第三个是中间层，位于表层和里层的中间，是心物结合的层次。他的这三个层次的分析，我认为很好，但是，他对表层的理解还可以商榷。如果一个慈善者、行善的人在外层，而他的意愿在里层，就有主体分离的问题。还有一个问题是，例如地震灾区倒塌的房屋、被污染的水，属不属于慈善文化？在我看来不属于，它们是社会灾难现象，只有在行动者进去以后，也就是说，只有当被慈善里层的光所照亮的时候，它们才属于慈善文化物质层面的内容。

周秋光教授的这个三层结构说的学术渊源，我认为是源自庞朴和余英时两位先生。文化的结构问题，是庞朴先生在 20 世纪 80 年代所强调的。当时结构主义理论传入中国，其"整体大于局部之和"的整体性思维很符合中国的整体论传统。庞朴先生在 1986 年 1 月 12 日中国文化书院第三次讲习班上演讲时，曾经提出"文化结构的三个层次"，他说："不管什么类型的和何种发展程度的文化，就其结构来说，都包含三个层面。第一个层面是物质的层面；第三个最深的层面是心理层面或者说意识的层面；中间第二层是表层和里层的结合和统一，就是物质化了的意识，或者是物质里面所包含的意识，如理论、制度、行为等。"而在庞朴先生提出这个论述

---

① 周秋光：《中国慈善文化：历史与现实》，"岭南大讲坛·文化论坛"第 35 讲，https://news.qq.com/a/20100419/001143.htm，最后检索时间：2020 年 5 月 10 日。

的两年前，1984 年，文化大家余先生①提出过"文化变迁四层次说"，首先是物质层次，其次是制度层次，再次是风俗习惯层次，最后是思想与价值层次。② 他的第二和第三层次等于庞朴先生的第二层次。他们两者之间有没有借鉴关系，我现在无从考证。他们的思想是怎么产生这样的文化分层说的呢？他们主要是从中国近代史的变迁当中来总结文化的次第结构的。近代，中国人在面对巨大的社会冲击的时候，文化上是怎么转变的呢？第一个转的是物质层面，就是我们知道的"船坚炮利"，木船打不过军舰，所以，洋务运动也造船，也造枪炮；第二个层面是制度层面，戊戌变法；第三个层面是意识形态。他们是从近代史的思想文化变迁的脉络概括出文化的不同层次说的。

我在这里"妄议"一下庞朴先生的文化结构层次说。庞朴先生的观点中有一个可以讨论的问题，即他对中间层的解释。中间层是外层物质层和里层意识层的结合，那么要问的是：这个结合体是什么，是物质还是意识？庞朴先生认为还是意识，是物质化了的意识，或者说物质里面包含的意识。他拿意识来提炼概括中间层，我觉得有不妥之处，中间环节的清晰度不够。我企图调整一下，这是我做的慈善文化三层次结构说明图（见图 1）。

里层是意识层面。意识层面是慈善的哲学思想凝结点，是观念的、心理的；我们所有善行善念的出发点都在这个层面。为什么要做好事？出发点都可以追溯到这个层面，而且这个层面是辐射状的，可以说，慈善文化的范围是被这里发出的光所照亮的。就像我刚才说的，灾区房子倒塌了，

---

① 此处指余英时先生。余英时是著名历史学家、汉学家，台湾"中央研究院"院士、美国哲学学会院士，师从钱穆、杨联陞先生，治学自史学起，中西、古今贯通，对儒家思想及中国道统文化的现代诠释自成一体，代表著作包括《士与中国文化》《中国近世宗教伦理与商人精神》《朱熹的历史世界》《方以智晚节考》《论戴震与章学诚》等；荣获克鲁格人文与社会科学终身成就奖、唐奖首届汉学奖。

② 参见余英时著《从价值系统看中国文化的现代意义：中国文化与现代生活总论》，台北：时报文化，1984。

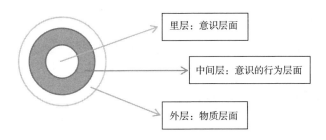

里层：意识层面

中间层：意识的行为层面

外层：物质层面

图1　慈善文化三层次结构说明

河流污染了，只是灾难现象，但当有人发起善心去改变它们的时候，改变的行动出现的时候，那些被修缮的房屋、被重新净化的河水，就成为慈善文化的物的表现。

外层是物质层面，包括慈善的物资、机构、设施、高科技平台等，纪念馆、博物馆、学校、希望小学等，都是慈善文化外在的物质表现。

中间层面，我把庞朴先生说的"意识的物质化"调整为"意识的行为层"，包括项目操作手法、行为规范、机构治理结构、法律法规、有关书籍期刊视听节目、筹资策略等。

我以"希望工程"举例。希望工程的外层是什么？是那些建起来的一所所希望小学，这很好理解；还有中国青少年发展基金会、县里的青少年发展基金会等这些机构，也都属于外层。它的中间层是什么？是当时的劝募手法、一对一资助策略等；让小孩子每个假期结束的时候给捐助人写一封信、寄送成绩单，这些也都属于中间层面，都是慈善的行为。它的内层是什么？像希望小学这样的公益事业的内层是什么？它的内层是"己欲立而立人"这样的思想，是认为农村的孩子一样有上学的权利的平等观；比如说那张著名的照片《大眼睛》，它感动了很多人，而它之所以能够感动很多人，就是因为它勾起了很多人的恻隐之心，而恻隐之心就是内层的东西。

在这个三层结构中，我们特别要注意的是，内层的意识怎么样引发中间层的行为。慈善事业是人们在没有外在压力的情况下自愿奉献爱心和援助的行为。它强调的自愿性就是内层的意愿，是慈善意识在人们内心的萌生。那如果没有这种内层意识支撑而行为的结果有利于他人，是不是慈善事业呢？

《史记》上有个例子：战国时，齐国孟尝君有一个食客叫冯谖。有一天，孟尝君对他说，你帮我到封地去收借款利息吧。结果，冯谖去了以后，先收回一点钱，用这钱杀牛置酒把所有欠款的人都请来。吃饭的时候，他和有能力还息的人一一约定日期，而对实在还不起的穷人，就当场点一把火把借款契约给烧了，并告诉他们：孟尝君贷款给你们是为了帮助你们，之所以要收利息，是为了养食客，有能力还息的就按约定日期还，没有能力还息的他就捐给你们了。孟尝君知道后很生气啊，叫你去收利息，收多收少是能力问题，你把借据都烧掉了是什么意思呢？冯谖说，能还的都约好日期了，这些实在穷困的人就算再拖十年他也还不了，实在逼急了呢，无非是逃难去了，但逃了以后怎样呢？还是没有还钱，但传出去以后呢，您是好利不爱士民，他们是弃君逃债，都得了一个不好的名声。现在把这些人的凭据都烧掉了，是"焚无用虚债之券，捐不可得之虚计"，烧掉那些没有用的、虚的债券，捐出去本来得不到的东西，但您得到好名声，何乐而不为？孟尝君后来确实因此受益。①

这个例子中，当地的穷困百姓确实得益，但因为孟尝君和冯谖的行为不受他们自己内心真正的行善意愿的支持，所以我们很难把它归入慈善行为中去。需要强调的是，如果不是冯谖自陈以"焚无用虚债之券，捐不可得之虚计"博得名声，对行为者的动机是不能逆向揣度的。

三　慈善文化结构三层次的特征与关系

下面我们来看慈善文化三个层次的特点分别是什么。

---

① 参见司马迁《史记·卷七十五·第十五·孟尝君列传》。

（一）　慈善文化的内层与民族性

先看内层。内层的特点是具有保守性、持续性、民族性，凝聚性最强，它也是慈善成因的原动力。我们从民族性和时代性来看慈善文化结构三个层次之间的变化。民族性蕴含着特殊性和稳定性，它和内层的联系最紧密，而时代性蕴含着普遍性和阶段性，它和外层的联系最紧密；但是，慈善文化外、中、内三个层面都受到民族性和时代性的制约和影响，都需要面对民族性和时代性的问题。

文化有没有民族性？逻辑上，有不同民族就有不同民族的文化。在文化发生学上有两个典型的说法：一个叫作"一元说"，或者叫作"扩展说"，说的是文化和文明的源头只有一个，不同民族的文化都是从一个源头逐渐扩散而成的；另一个叫作"多元说"，也叫"演化论"，说的是不同民族的文化有不同的源头和发展演化。

中国人以前相信一元说，认为华夏是文化的发源之地，"非我族类，其心必异"，有"华夷之辨"。中国真正面对这个问题在历史上有两次：第一次比较缓和，是佛教文明的传入，通常认为是在汉明帝永平十年，即公元 67 年之后。[①] 第二次比较剧烈，是一百多年前，我们当时面临的问题集中表现为一句话，那就是：我们会不会被全盘西化？或者说，我们要不要被全盘西化？

有人觉得要呀，好得很呀；有人甚至主张应该废除中国文字。全盘西化的背后是什么呢？是西方中心论。但是，这个西方中心论并不是我们现

---

① 通常以为，汉明帝永平十年（公元 67 年），蔡愔等人奉帝命，由西域迎沙门竺法兰及迦叶摩腾还洛阳，是佛教传入中国的开始，但论者对此尚有争议。例如，中国哲学史家劳思光提出，前述事件只表示官方正式为佛教建寺，允许其流行，而依史籍记载，实际上在此之前佛教已非正式流入中国，如《后汉书·光武十王列传》曾记楚王英"喜为浮屠斋戒祭祀。八年……"其中的"八年"即永平八年，固可推测在永平八年之前，楚王英已持信某种佛教教义。参见台北三民书局 2015 年出版的第四版劳思光著《新编中国哲学史（二）》，第 241～242 页。

在说的、理解的"世界舞台的中心"的意思。舞台嘛，总有中心和边缘，这是客观中心论。但是，西方中心论在哲学上，不但在宗教哲学上，而且在历史哲学上，都是一个特殊的说法。

卡尔·雅斯贝斯①1949年出版的《历史的起源与目标》具有重要意义。卡尔·雅斯贝斯指出："在西方世界，基督教信仰缔造了历史哲学。在从圣·奥古斯汀到黑格尔的一系列鸿篇巨著中，这一信仰通过历史而具体化为上帝的活动。上帝的启示活动相当于决定性的分界线。因此，黑格尔仍能说，全部历史都来自耶稣基督，走向耶稣基督。上帝之子的降临是世界历史的轴心。"②西方中心论的核心在这，即"全部历史都来自耶稣基督，走向耶稣基督"，历史的出发点和归结点都在耶稣基督。

卡尔·雅斯贝斯的著作论述了在人类文明的源头，有希伯来宗教系文明的产生，有中国道德哲学的产生，也有印度解脱宗教的产生，历史在不同的源头上产生了不同的文明，而且这些不同文明产生的时间点都在公元前800年到公元前200年，也几乎产生于地球上一定的纬度之内；更重要的是，卡尔·雅斯贝斯论述了在轴心期后的三千年历史中，每当一种文明走向黑暗时期，每当一种文明走到最低点，它都是重新回到自己的源头，回到自己在轴心时代的文明精神的源发之地去寻找力量——这种力量像光一样一次又一次激发这种文明所孕育的人，使他们一次又一次地重新站起来，创造新的历史。

在这个意义上，我们当然不接受上帝之子的降临是世界历史的轴心的说法，因为我们并不是所有人都认同上帝之子。文明是多元的，不同民族在不同文明的起源中都可以找到自己的归宿。1938年的时

---

① 卡尔·雅斯贝斯（Karl T. Jaspers，1883年2月23日~1969年2月26日），也译作卡尔·雅斯贝尔斯，德国哲学家、精神病学家。他在《历史的起源与目标》一书中提出了著名的"轴心时代"观点。他的其他代表作还有《现代的精神状况》《尼采》《存在哲学》《论韦伯（选集）》等。

② 〔德〕卡尔·雅斯贝斯：《历史的起源与目标》，魏楚雄、俞新天译，华夏出版社，1989，第7页。

候，胡秋原①先生发表了《中国文化复兴论》，其中大概第一次提出了：在形式上，文化是民族的。到 20 世纪 80 年代，学术界有了文化不仅在形式上是民族的，在性质上也具有民族性的认识。

在讨论文化的民族性问题的时候，我们公益慈善界主要是要回应什么问题呢？主要回应两个问题：第一，我们的公益慈善史是何时、何人开启的？一百多年来一直有一个说法，说是西方传教士开启并培植了中国的公益慈善事业。这个说法对不对？我们要回应。第二，在慈善文化结构的内层上，中国传统文化有什么样的支撑点？

回应第一个问题：中国的公益慈善到底是不是经由西方传教士的介绍、培植而开始的？19 世纪以来，西方传教士在中国做了许多公益慈善事业，这个事实应该被肯定，但是，中国的慈善史不是从那个时代才开始的。只要读两本书就可以回答这个问题。一本是朱友渔先生 1912 年在哥伦比亚大学的博士论文《中国慈善事业的精神——一项关于互助的研究》②。在这本书里，朱友渔先生把"四书五经"、历代经典中的中国慈善事业的精神都概括了出来，介绍了贫困产生的原因，以及中国历史上慈善活动的贫困救济作用，而且，当时中华民国刚刚诞生，他就已经看到一种新的国家形式产生以后，慈善将有的一种可能的新前景。第二本书是香港大学人文社会研究所所长梁其资女士的《施善与教化：明清时期的慈善组织》③。梁其资女士在写作这本书的时候，使用的藏于国内外的地方志就 2615 份，

---

① 胡秋原（1910 年 6 月 11 日~2004 年 5 月 24 日），史学家、评论家，民族主义者，曾创办《文化评论》等杂志。1938 年，他在重庆出版《祖国》月刊，并发表《中国文化复兴论》一文，旨在发扬民族主义。

② 朱友渔（1885 年 12 月 18 日~1986 年），社会学家，早年就读于上海圣约翰书院，1909 年赴美留学，先入纽约市圣公会总会神学院（General Theological Seminary）学习，后入哥伦比亚大学并获硕士和博士学位，其博士论文即《中国慈善事业的精神——一项关于互助的研究》（The Spirit of Chinese Philanthropy: A Study in Mutual Aid），该论文 2016 年由中山大学中国公益慈善研究院翻译组翻译、商务印书馆出版，被认为是首部系统梳理中国古代慈善事业传统及其精神的经典之作。

③ 梁其姿：《施善与教化：明清时期的慈善组织》，北京师范大学出版社，2013。

她主要讨论明清以来出现的中国慈善组织，而且并不包括家族义庄、寺庙善举和政府的赈灾济贫。《中国慈善事业的精神———一项关于互助的研究》是我国慈善文化研究的先驱之作；《施善与教化：明清时期的慈善组织》则堪称我国慈善组织史研究的经典之作。从这两本书中我们可以看到，关于中国慈善的思想文化、组织机构、组织行为，其实可以有相当远的追溯，并不是西方传教士来了之后中国人才开始兴起慈善的观念和行为的。

回应第二个问题：中国传统文化对慈善有哪些支撑？儒释道是我国传统文化的主体，都支撑着中国人的慈善精神。佛家讲"无缘大慈，同体大悲"，撰于约公元3世纪的《大智度论》说，"大慈，与一切众生乐；大悲，拨一切众生苦"，支撑慈善行为的是一种用爱护心给予众生安乐、用怜悯心解除众生痛苦的慈悲情怀。道家追求长生，东晋道士葛洪说，"欲求长生者，必欲积善立功，慈心于物，恕己及人"，并且要"赈人之急，救人之穷"，这是以道教求永生的终极关怀支撑慈善行为。儒家精神的核心是"仁"，这也是中国公益慈善精神的核心，孔子说，仁是"己欲立而立人，己欲达而达人"。

儒家是中国传统文化的主流。我重点说一下孔子"仁"说对我们认识中国慈善文化的启示。第一，慈善的标准在内在己，不论多寡。王阳明曾经有个精彩的比喻，他说，尧舜万镒之金，凡人犹一两之金，但如肯为学使此心纯乎天理，也是纯金。① 是故，以"仁"看慈善，只看出发点，不

---

① 原文参见《传习录》，希渊问："圣人可学而至，然伯夷、伊尹于孔子才力终不同，其同谓之圣者安在？"先生曰："圣人之所以为圣，只是其心纯乎天理，而无人欲之杂。犹精金之所以为精，但以其成色足而无铜铅之杂也。人到纯乎天理方是圣，金到足色方是精。然圣人之才力，亦有大小不同，犹金之分两有轻重。尧舜犹万镒，文王孔子犹九千镒，禹汤武王犹七八千镒，伯夷伊尹犹四五千镒。才力不同，而纯乎天理则同，皆可谓之圣人，犹分两虽不同，而足色则同，皆可谓之精金。以五千镒者而入于万镒之中，其足色同也。以夷尹而厕之尧孔之间，其纯乎天理同也。盖所以为精金者，在足色，而不在分两。所以为圣者，在纯乎天理，而不在才力也。故虽凡人，而肯为学，使此心纯乎天理，则亦可为圣人。犹一两之金，此之万镒，分两虽悬绝，而其到足色处可以无愧。故曰'人皆可以为尧舜'者以此。"

看做大做小。第二，慈善有可欲性，无论条件。只要自己真想做，就一定能做，这就是"我欲仁，斯仁至矣"。所以，做不做慈善只关乎是否有慈善之心，而不在于有什么样的物质条件。第三，慈善具有同体性、平等性，无分人我。这里并不是己之所欲施之于人，而是"己欲立"和"使人立"互为条件，只有建立己立人立的社会环境，才可以真正达到己立，所以，宋儒张载提出"立必俱立""成不独成"。现代慈善不也就是要追求和创造这样一个均衡、共享、平等、正义的世界吗？

（二）　慈善文化的外层与时代性

下面我们来讲慈善文化的物质层，也就是被慈善行为所完成的物化形态。慈善文化的物质层是最活跃的、最开放的、最易变化的、最易普及的、最切合时代性的，是慈善展现的最好表象。它最切合时代性，所以我们要提一个如何看待时代性的问题。

文化在什么条件下可以说先进与落后？从文化的文明本源即民族性上来说，没有先进与落后之分，不能说哪个民族的文化是先进的，哪个民族的文化是落后的。讲文化的先进与落后，其实是要讲在文化的时代性中它和时代的切合程度如何。讲文化的时代性，就是在时代性中看它能不能回应时代的使命和挑战，跟不跟得上时代的急迫问题。在互联网思想中有一个非常重要的观点叫作"时代性大于区域性"，意思是，在历史进程中间，总有一些事件代表时代的趋势，而另外一些事情只在自己的区域里有意义。历史的大部分时间是区域性大于时代性的，也就是说，时代性是相对滞后的。我举个例子。

1688 年，英国发生"光荣革命"，这是世界史上一个划时代的事件，但是中国人那时候并不知道。那年的 11 月，康熙皇帝送刻有太皇太后徽号的石碑去东陵，以彰显和弘扬孝道。途中，他发现路边沟渠里漂着尸体，大为震惊，因为这些尸体未经埋葬就被人抛入水中，于中国人的孝悌之道是相违背的。于是，他从自己的内帑（皇帝私财）中拨出五两银子，交给当地的村长，让他代买棺木，把水中的尸体埋葬。那名村长当即跪地道谢，感谢皇上恩德；一路上，老百姓也都聚在道路两侧，山呼万岁，很多人流下了热泪。①

在这个例子中，皇上施恩典是区域性的事，时代和它之间碰撞的力度很弱。中国人还不知道世界正在发生巨大的变化。但是，在互联网时代，任何时代性的问题都会对区域性产生极大的冲击。融合着文明碰撞的时代性命题，要求中国人交出答卷的，历史上有两次。第一次是佛教传入中国，当时的印度无论是政治、国家管理能力，还是经济发展能力、人口、生产力，都远远不如中国，但其文化的魅力吸引了大量的中国知识分子。第二次要我们回答，是19世纪中叶开始的来自西方的冲击。第一次的时候，我们的答案大概从北宋五子②开始认真填写，一直到王阳明，中间有朱熹，直到宋明理学完成，这份答案大概在后来五百年的时间中都是一份合格的答案。而第二次，现在我们在座的都是在考场上填卷子的人，这份卷子是不是能够出色地答出来，尚未可知。

时代性和民族性之间有这样一种关系，即"时代性内容中寓有不变的永恒性内容，民族性内容中寓有通行的人类性内容。所谓文化的时代性内容、民族性内容，是说同一内容的两种不同性质……民族性就包含在时代性内容之中，时代性亦包含在民族性内容之中"③。由之，我认为，关于慈善文化有三个时代性命题：一是如何秉持个人的动因又利于行业在社会治理中的界别发展？二是如何在跨文化视野下理解文化本位？三是如何理解人工智能时代的慈善行为？这些题目都是我们应该在公益慈善业界思考和讨论的。

（三）慈善文化的中间层

接下来，简单讲一下中间层的问题。中间层是行为层，是内层和外层

① 参见〔英〕小约翰·威尔斯《1688年的全球史》，赵辉译，海南出版社，2004，第188页。
② 北宋五子指北宋周敦颐、邵雍、张载、程颢、程颐，他们对北宋哲学思想的发展起了重要作用。
③ 庞朴：《文化的民族性问题（论纲）——为庆祝梁漱溟先生执教70年而作》，载庞朴著《文化的民族性与时代性》，中国和平出版社，1988，第149～153页。

之间的构造层，是慈善文化三个层面互为因果、互为依存的转化层。它对今天我们公益慈善业界如何在慈善文化研究中发力是最重要的一个环节。这里我想跟大家分享两个案例。

第一个案例是台湾的财团法人佛教慈济慈善事业基金会（以下简称慈济）。这个案例非常有意思，它大概是目前华人世界中做得最好的公益慈善机构。它 1966 年成立于台湾花莲，起步于证严上人带领六位弟子每天增产一双婴儿鞋，加上 30 位妇女每天省下 5 毛买菜钱，展开慈善济贫工作。如今（截至 2017 年底），慈济的身影遍布全球 57 个国家/地区，有超过 1000 万人为它捐款，志工服务人次超过 2000 万。2017 年，它的捐款收入总额是 61 亿元新台币，大概 14 亿多元人民币。对于这个案例，从慈善文化的角度，我们要问两个问题。

第一个问题是，慈济的底蕴是佛教文化，但佛教不是讲出世的吗？最好的布施不是法布施吗？那为什么还要做公益慈善呢？慈济是怎么解决这个问题的？佛教的出世怎么能够兼顾淑世？他们通过一部经典《药师经》，来完成思考。在《药师经》中，月光菩萨发了十二大愿，其中有好几个愿都是众生之安康富足。1963 年的时候，证严上人偶遇印顺法师，印顺法师是 20 世纪佛学大家，被称为"百科全书式的佛学家"，当时证严上人正准备受戒，在她受戒前，印顺法师送给了她六个字："为佛教，为众生"。证严上人说，当时这六个字就像一道闪电打到她的心里，她一辈子实践的就是这六个字。

但去实践这六个字的时候就会遇到第二个问题：什么时候去淑世？什么时候去救苦救难？是不是先要去修炼成菩萨才能够去救苦救难？对于行无缘之慈、同体大悲，大乘佛学认为，利他是觉悟的必需的过程。《普贤行愿品》里有这样的话："一切众生而为树根，诸佛菩萨而为华果""菩提属于众生，若无众生，一切菩萨终不能成无上正觉"。也就是说，要求菩提，要真正觉悟，就要走向众生，要从众生的苦难中间去实现佛道。大乘佛学一个相当重要的概念叫"缘起性空"，它的本意是讲，万物都因为因缘和合而产生，如果自性不空，这些因缘就不能真空生妙有。印顺法师认为，性空是通过缘起来把握的，所以在每一个因缘中间都要入因缘，而走向众生就是入因缘，但入因缘同时又要保持超越，这就是在缘起处性空。

禅学史上还有一个案例，《五灯会元》上这样记载：百丈禅师讲课，有一个老人每次都来听。有一天大家走了之后这个老人留下来，他跟百丈禅师说，我五百世以前也是一个修行人，但因为答错了一句话而被打落为一只野狐狸。百丈禅师问他是什么话。老人说是"大修行人还落因果否"，他答否，因为他认为大修之人即修成的人，就不落因果了。他不明白自己错在哪里，于是问百丈禅师："大修之人，入因果否？"百丈禅师回答："不昧因果。"不昧因果就是缘起性空，在缘起中性空，也就是印顺法师说的，把握性空要在把握缘起中。

证严上人对此有一个非常妙的解释："付出无所求。"意思是，付出就是缘起，不管是付出省下来的 5 毛钱菜钱，还是去付出劳动以帮助他人，都是缘起，而无所求就是性空。这就是从利他走向觉悟之道。这也是我所讲的从慈善文化的内层走到中间层。那中间层是怎么转化的呢？慈济也还在进一步归纳总结中。

我要分享的第二个案例是第四世界国际运动。第四世界国际运动源于法国，现在遍及欧洲，是全球性的著名的反贫困机构，在联合国有相当的地位。联合国总部有一块纪念石，上面刻着一句话，"对赤贫若是无睹，就是侵犯人权"，这句话就是这个机构提出来的。[①] 它的慈善文化的内层是"认主"。怎么样认主？穷人就是主，认主就是在穷人中认出自己，自己首

---

① 1987 年 10 月 17 日，逾 10 万人响应第四世界国际运动发起人若瑟·赫忍斯基（Joseph Wresinski）的号召，聚集到法国巴黎的特罗卡德罗（Trocadéro）——1948 年，联合国大会在这里通过第 217A（Ⅱ）号决议并颁布《世界人权宣言》——以纪念赤贫、暴力及饥饿的受害者。这次集会宣称，赤贫是对人权的侵犯，并重申大家需要团结起来，保证穷人的权利能够得到保障。这一确信被描述为"对赤贫若是无睹，就是侵犯人权"，并被刻在集会当天揭幕的一块纪念石上。这块纪念石后来被复制并摆放在世界各地的一些地方，其中就包括位于美国纽约的联合国总部。参见联合国官方网站，https://www. un. org/en/events/povertyday/background. shtml，最后检索时间：2020 年 7 月 19 日。

先要像穷人一样生活。他们认为现代的人类历史是缺失的，是只有一半的历史，因为现在的历史是那些有发声能力的人的历史，而发声能力是以金钱和地位为标志的，这使得现在的历史只是有钱人和有地位的人的历史；他们致力于补充另一半，要让那些生活都没有着落的人的声音也能留在历史的回廊里，所以，他们做穷人的口述历史档案馆。他们有些志愿者一干就是一辈子。这个案例其实我是可以做一个完整的阐述的，但因为今天没时间了，我不能展开来讲。①

总的来说，今天要讲的结论是，慈善文化三层次之间的一个关系是，中间层是内层的行为化，外层是内层通过中间层的物质化。

但今天我们只是做了一个框架式梳理，如果要真正深入进去，还需要对每一层面进行切入，而所有这些切入最后都要回到一个问题上，那就是：我们自己的组织结构、我们自己的行为模式、我们自己的伦理方式是怎么建立的？而对于像敦和基金会这样一个致力于文化建设的资助型基金会，首先就要问：我们有什么样的文化？是从国际上学来的权利本位的文化吗？事实上，在敦和基金会，我们提倡的不是权利本位，而是责任本位、责任伦理。权利是可以转让的，但责任像尊严一样不可转让。不可转让的责任区别于可转让的权利的是什么？权利是外生的，责任是内生的。② 对于个人，我们在做的一切，我们都要问，我们个人内心的深层结构是什么？我们为什么要选择公益慈善作为职业，只是因为现在它有点时尚吗？

好，今天讲到这里，谢谢大家！

---

① 详见本书《探寻第四世界国际运动的思想逻辑》。
② 详见本书《敦和基金会团队中的责任伦理》。

探寻第四世界国际运动的思想逻辑

【编者按】此篇是陈越光先生2016年7月25日在第四世界国际运动
（ATD Fourth World International Movement）国际研讨会上的视频演讲①。第
四世界国际运动1957年由若瑟·赫忍斯基神父（Joseph Wresinski，1917
年2月12日~1988年2月14日）创立，是一个以赤贫家庭为盟友的反贫
困国际非政府组织；1992年，在第四世界国际运动的推动下，联合国代表
大会正式宣布每年的10月17日为"国际消除贫困日"。在演讲中，陈越
光先生重点分享了对第四世界国际运动思想逻辑和方法论的观察和思考，
即该组织是怎么行动的，其行动的依据是什么。通过这篇演讲，可以窥见
陈越光先生在观察中思考、在思考中追问、在追问中深入的特点；由这个
特点，又可以窥见其方法与智慧，即在现象的背后看见问题，在问题的面
前探寻解答，在解答的背后追求超越。真切地认识他者，无论是一个人，
还是一个组织，都需要这种方法与智慧，而其归结点乃是更好地认识自
己，并与他者建立更真诚、更包容的关系。此外，此篇提供了一个案例，
可以来帮助理解陈越光先生所提出的慈善文化的里层意识层与中层行为层
之间的关系。

我和第四世界国际运动的相遇，首先是思想的相遇，是从《希望的秘

---

① 本文收入文集的法文版已于2018年由Hermann出版社出版，英文版于2020年出版，英文
版文章的标题是《和若瑟·赫忍斯基一起进入新轴心时代》（*Moving Forward with Joseph
Wresinski to a New Axial Age*）。

密》① 到《穷人就是教会》（中文版书名《亲吻穷人》②）的相遇。所以，我总是要想：第四世界国际运动（以下简称第四世界）的逻辑在哪里，蕴含在运动内部的思想逻辑是什么？

一　若瑟思想的基督教思想逻辑：穷人是通向基督之路

在《穷人就是教会》这本若瑟神父的长期访谈记录中，我追寻他的思想逻辑，首先是若瑟神父作为基督教徒，他的宗教思想逻辑。若瑟神父从宗教思想逻辑出发，为第四世界的基本立论，那就是：穷人是通向基督之路。

他这个立论能不能成立呢？若瑟神父说："不像基督般生活在穷人中，就无法了解基督。我们之所以远离天父，是因为我们远离穷人。"为什么呢？因为"如果我们没有考量最贫穷的人们所传达的关于受辱、关于受钉刑的基督的一切，我们无法做出有意义的反思"，因为在你的日常生活中，你不可能以你的切肤之感去体验当年基督背上十字架的这条路。但是，在现实世界中，却有一部分人在他们的身心的切肤之感中，像当年的基督一样，承受痛苦、承受侮辱、承受排斥；对他们来说，这不是他们刻意去体验什么，而就是他们每天的生活。一个信仰基督的人，不需要从宗教著作中去想象基督的苦难，现实世界中随时有人日日夜夜在受这样的煎熬，这样的煎熬传递的就是基督的苦难。所以，"成为穷人"是必需的途径。

大家这几天来到中国，中国正好夏季，受到气候环流的影响，许多地方发大水。在洪水中有人落水，怎么去救助落水者呢？有人是站在岸上伸

---

① 〔法〕热妮叶佛·戴高乐－安东尼奥：《希望的秘密》，杨淑秀译，为陈越光主编"地球·公民丛书"之一，黄山书社，2010。
② 〔法〕若瑟·赫忍斯基：《亲吻穷人》，杨淑秀等译，台北：心灵工坊文化事业股份有限公司，2013。本文引号内的引用若瑟神父文字均引自此书。

以援手，这当然也不错；但还有人是跳入水中。我们以往所做的一切救助贫困的工作，都是站在岸上援之以手，而第四世界若瑟神父的观念，他所选择的道路是跳入水中去拯救落水者。你自己要在水中，和落水者一起挣扎，一起自救，一起浮上岸来。

这就是承受穷人的一切苦难。你"肯认他们，才能被他们肯认"，而成为他们才是最彻底的肯认。"肯认"不是表态，而是融入。若瑟神父说"重点不在服务他人，而是与他人合一共融"。

你成为穷人，"除一己之身，无他可奉献"。于是，你"让自己的生命不但由赤贫者支配，也交给其他志愿者，不留任何安全感"！你真正地舍弃自己，就有了真正的自由。"真正的自由，最本质和不可或缺的自由，正是宽恕。"

这样，成为穷人，就是在穷人中认出自己，这样你才可能认出基督！

教会是在现实的世俗世界里对信徒进行管理的机构，也应该是走向天国的静修通道。为什么说"穷人就是教会"？穷人是现世的，是俗界的，而有信仰的灵魂在这里结集，这里是由炼狱走向天国的窄门，它就成了真正的教会。

二 若瑟神父的跨宗教思想逻辑：穷人是所有人是否真诚的见证人

这个世界上，人类的 2/3 不是基督徒，若瑟神父在穷人中认出自己从而认出基督这样一种思想，可以感动人，但对于那 2/3 的人来说，在逻辑上不成立。为什么非要认出基督呢？对于一个佛教徒来说不认同，对于无神论者来说不相信，对于儒家来说不接受。

所以，我们还要追寻若瑟神父跨宗教的思想逻辑是什么。

若瑟神父说过，第四世界是跨宗教、跨政治的。他说，当然我们不是非宗教、非政治。他不是把宗教跟政治过滤出去，不是排斥宗教、排斥政治，而是可以超越宗教，超越政治；不同宗教信仰的人，不同政治立场的人，在这里没有界线。那么，这个没有界线的逻辑是什么？或者说，这个没有界线的立足点是什么，站在哪里呢？

若瑟神父在这里的逻辑，或者说他的立足点是："穷人是所有人是否真诚的见证人。"穷人是所有人是否真诚的见证人，这是他的逻辑论点。这个论点成立不成立呢？我们先看他的论据，若瑟神父说，"贫穷是整个社会的失败，但是，只有他们承担了失败之果"。今天，越来越多的人承认，贫穷不是贫穷者的罪过，不是他们的错误，贫穷是社会的失败，如果这一小部分人（赤贫者）承担了整个社会失败的负重，他们不是最大的包容者吗？他们不是这个社会的义士吗？

如果有了这一点认识，顺着这个出发点的思想逻辑往前走，我们可以看到新的世界秩序立足点，因为这里有了对话的基础。

20世纪中期以后，人们越来越感觉到文明对话的需求，宗教对话的需求，民族对话的需求，社会对话的需求。对话，不是只为了了解对方。如果只是了解对方，就只是你有你的真理，我有我的道理，但是，各持其理的人们在哪里相通呢？若瑟神父说："不同信仰的人有一个共同的见证人，最贫穷的人是我们是否真诚的见证人。"这一点恰恰就是我们可以看到的人类文明对话的基础。

见证真诚就是见证人性。若瑟神父说："穷人自己必须成为传播人性的使者！"

当今世界有85%的人信仰不同宗教，有15%的非信教人口，而所有人都是要讲爱和关怀的。爱是人的精神的自然需要，没有爱，没有对家人、友人、他人的关怀，我们的人生就只是一段孤独的时间！

对他人之爱中，最纯粹的形态就是对赤贫者的爱。所有不同信仰的人和无论有没有信仰的人，都可以在这一点上"贯彻自己的信念"。也正是在这样的境界上，才可以说：如果你是一个犹太人，我就和你一起尊重犹太教；如果你是一个无神论者，我就和你一起理解无神的世界；如果你是一个穆斯林，我就和你一起遵伊斯兰的戒；如果你是佛教徒，我就和你一起慈悲为怀；如果你信奉儒家，我就跟你一起仁者爱人；如果你是一个基督徒，我就和你一起相信"天主的自由是连罪过都不再是阻碍"。

所以，我在想，如果人类不仅仅是一个阅读文本上的名词，而是一个真正的人的整体，那么必须在这样一种人类精神需求最纯粹、最彻底的形态上才可能出现。也就是说，人类只有真正在赤贫者的见证下体现自己的真诚，体现自己对自己信仰的贯彻，才可能有一个真正的、整体的人类的出现。也可以说，以穷人作为你是否真诚的见证人，若瑟神父这一个跨宗教的思想逻辑是今天文明对话、社会对话最重要的基石。

三　若瑟神父的方法论：种子要埋入土里才能还原生长

如果我们要追寻第四世界反贫困运动的思想脉络，那我们必须回到其创始人若瑟神父。除了他立足于基督教的思想逻辑，和立足于跨宗教的思想逻辑，我们还要追寻他的方法论是什么，他大概的步骤是什么。以我的粗浅理解，可以看到四个步骤。

第一步，"让自己有受牵连的勇气"。这是若瑟神父的话，他说"让自己有受牵连的勇气"，因为"奉献自己的生命是一种人权"。人和动物都有热爱和享受生命的本能，但人还可以有奉献生命的自由和权利，这种权利本身是一种特别的尊严和自觉。那么，奉献自己的生命是一种人权，这是对谁说的呢？当然，他是对志愿者说的。但是，也可以说，他是对"活水成员"说的，是对贫困者说的。因为对贫困者来说，他本身就一无所有，他要有所奉献，就是奉献自己的生命；而对志愿者来说，他已经成为穷人，他已经跳到水中，和落水者一起挣扎自救，他也一无所有。当然，他也可以是对盟友说的，虽然还没有做到这一步，但是，盟友也是一种奉献。因为只有人才有奉献生命的权利，所以他行使这种特别的尊严和自觉的权利的第一步，就是先让穷人们可以来麻烦你，可以用他们的困难来打搅你，而你愿意分担他们的痛苦。这就是从"让自己有受牵连的勇气"开始。

第二步，在有了受牵连的勇气后，再往前走一步。你关注的是什么？你面对穷人，你愿意奉献自己，但在方法上，你关注什么呢？关注的是家庭。若瑟神父说，"家庭是最佳的圣地"。这一点是非常重要的方法论。但从西方现代性的观念来看，不是这样的；既然贫困是社会问题，社会的元素是个人，那么消除贫困也面对个人。而若瑟神父要回到家庭去，要在家庭中体现爱，在家庭中来完成人对人的庇护和关爱，因为最弱势的人抱团取暖的第一个群体就是家庭。这是若瑟神父基于血缘和人性的观察，也是他为第四世界建立的方法论。

第三步，在关注家庭中，他又提出一个具体的方法，那就是要求志愿者记录赤贫者的每一句话。他说："聆听并记录破碎的历史：不泼冷水，不是问询，不打断，不训话……只有分享和参与。"记录是他的方法，而这个方法的背后是他的追求。他的追求是什么？对于每一个志愿者来说，首先需要有对赤贫者的尊重，记录的方法就是尊重的方法；对于每一个赤贫者来说，需要在恢复尊严中恢复自信和勇气，被记录的方法就是恢复尊严的方法；而对于我们所有人来说，现在的"历史缺失了穷人的记载，不了解他们，我们也不了解自己的历史"，记录的方法又是完成完整的历史记忆的方法。

若瑟神父的方法论走到第三步，已经从个体走向了整体。反赤贫运动，要重建受辱者的尊严，要恢复穷人的记忆，要修补缺失了穷人的记载的破碎的历史。这就必然导出他的社会政策考虑，那就是"最穷的人最优先"，这就走到他的方法论的第四步。

"最穷的人最优先"，这在哲学上有什么意义？我们知道，人类在文明起源的时候，有一个时代，大概在公元前800年到公元前200年，这个时代被称为轴心时代（Axial Age）。在轴心时代，古希腊太阳神的神庙的入口处刻着一句话："人啊，认识你自己。"那是在公元前8世纪。而在公元前 750 年的时候——根据现有出土文物考证，最早版本的《道德经》是在公元前 750 年——有"自知者明"这句话。这两句话是一样的意思。公元前 8 世纪的时候，东西方的思想家在互相不知道的情况下，说出了同样的关切。

但是，今天呢？今天的基督徒，今天的佛教徒，今天的中国人，互相都知道彼此的存在啊。在轴心时代，不同地区的人们用不同的方式回答短暂的人生如何超越时空面向永恒的问题，形成了不同的文明；在新轴心时代，我们可以说，不同文明的人要共同超越自己，以人类整体的形式来回答我们从哪里来、要往哪里去的问题。而如果我们站在人类整体上思考，我们就有理由说，一只羊的迷失就是一群羊的迷失，一批人没有尊严就是全人类没有尊严，因为我们这时候不是追求个别的人或是一部分的人实现超越，而是要追求人类的超越。那么，"最穷的人最优先"，就是因为这一只迷失的羊、这一批没有尊严的人就是全人类的集结点；全人类唯有集结在这个点上，才能面向永恒。

为什么中国公益界有责任关注
公益理论建设？

【编者按】为了回应中国当代公益发展缺乏公益理论指导的核心问题，敦和基金会支持北京修远基金会开设了"中国公益实践与理论本土化转型"研究课题。2019 年 9 月 27 日，此课题组织了首次学术研讨会；在研讨会上，20 余位不同学科背景的学者、实践者在深度案例分析的基础上，就"公益的本土化与国际化反思""公益实践中政府、市场、社会的关系""公益形态与中国社会传统的关系"等议题展开了深入讨论。此篇为陈越光先生这次研讨会上的总结发言。在发言中，他重点回应了三大问题：(1) 为什么中国公益界有责任关注公益理论建设？(2) 为什么我们要呼唤公益理论本土化？(3) 以中国这个最大的发展中国家为实践基础的、面向大多数人的、现代化追求的公益理论到底是什么？

一 责任：理论创新，迫在眉睫

我想，理论滞后于实践，是中国现代化进程的一个宿命。公益事业是这样，经济改革其实也是这样。

我印象很深的一件事是，1984 年的莫干山会议讨论了一个问题：雇超过 7 个工人到底允不允许？马克思的《资本论》第一卷中有一个以"八倍于本人劳动"来界定资本剥削的算法，就是说雇 7 个工人以上就是资本剥削。能不能突破这条？我们当时允许个体户了，但有些个体工商户出现雇超过 7 个工人的情况，政策到底允不允许？据说这个争论一直争论到小平同志那里，小平同志没有说我们先在理论上讨论允不允许、可不可以突破马克思《资本论》中的那个算法，而是说，好嘛，有争论嘛，那就摆一摆嘛。后来，就没有再把这个问题作为一个理论问题讨论，而是实践在"不争论"中大步走到理论前面去了。

中国现代化进程中的理论滞后最早可以回溯到 1905 年孙中山和严复的一场对话。当时，孙中山立志革命，跑到伦敦去会严复，希望以严复的声望来支持革命。严复跟他讲，民可以使之变，不可以使之骤变。意思是，变革是需要，但是不能一下子急剧大变。为什么？因为中国太大，你施之于甲，却受制于乙，你刚变了乙，又被丙拖累了。孙中山就问他，以先生之见，何为？严复说，兴民德，开民智，聚民力，你要多办学校，整顿民风，修路建设，要做这些事情。孙中山听完后，发了一句著名的感慨："俟河之清，人寿几何？先生乃思想家，鄙人乃实践家。"说完扬长而去，投身革命。孙中山的意思是，传说中黄河水三百年清一次，但人的寿命才多长？你思想家可以以百年之身立千年之言，但我一个实践家只能服务于当务之急啊。①

中国现代化进程中的理论滞后于实践，一方面，使我们在实践中总是深感理论的贫困；但另一方面，我们也可以从中看到中国变革的优良传统之一，那就是每当社会出现重大挑战的时候，总是有志士仁人大胆地、不计较个人得失成败地去投身解决社会问题，也就是说，虽然理论家还没有准备好，但实践家依然会义无反顾地走到前面去。

那么，中国公益实践现在面临着的理论贫困，是不是仅仅因为我们本

---

① 罗耀九主编之《严复年谱新编》光绪三十一年乙巳（1905 年）引严璩《侯官严先生年谱》材料记，严复赴英交涉开平矿权期间，时孙中山适在英，闻严复到英国，特意前来访问严复。谈次，严复说："中国民品之劣，民智之卑，即有改革，害之除于甲者，将见于之乙，泯于丙者将发之于丁。当今之计，惟急以教育上着手，庶几逐渐更新乎！"孙中山说："俟河之清，人寿几何？君为思想家，鄙人乃实行家也。"

土的公益慈善理论不足呢？其实，我们仔细想想，中国公益界难道有非常丰富的引自西方的理论吗？其实也很贫瘠呀。"两个失灵"理论，政府失灵、市场失灵，从需求侧说明公益的发生意义；然后，"第三部门"理论；接着，20 世纪 80 年代引入"民间社会"，到 20 世纪 90 年代中期以后又引入"公民社会"理论。全世界有那么多经济学院、工商学院，但是有一家公益学院吗？全球独立注册的第一家公益学院还是我们的深圳国际公益学院。全世界最著名的礼来慈善学院，是印第安纳大学的二级学院，是 1987年开始的一项计划，十几年前建制为学院。世界上的经济学流派、商业思想家层出不穷，各领风骚，喧嚣一时，让我们目不暇接，但公益理论、公益思想家却屈指可数！可见，公益慈善整体的理论建设、知识生产贫竭，不只是中国的问题，也是全球普遍的一个现实问题。这也是为什么中国公益界有责任关注公益理论建设。

二　方向：立足实践，面向人类

第二个问题，为什么我们要呼唤公益理论本土化？讲理论的本土化，这确实是中国慈善公益事业面对的独特问题。

首先，我们来看，中国慈善公益的历史轮廓大概可以分为几个阶段。在明清以前，中国慈善公益的大格局是非常发达的家族慈善，加上佛教道教的宗教慈善；在明清之际，16 世纪末的明代，善会善堂兴起；到清代，慈善组织已很普遍，与传统的家族慈善、宗教慈善并存。这方面的慈善史研究现在已经不少了。在近代以来，西方传教士带来的基督教公益影响巨大。到现代，就进入公益慈善的行业建构。但是，1949 年后，我们在一个时期里逐步取消了慈善公益这个领域。在当时，我们社会主义的基本理论框架，包含着对西方现代性的一种批判，就是认为西方现代性讲"个人权利"是虚伪的，因为穷人的权利不可欲。一个得不到雇主的工人，他去哪里实现他的劳动权利呢？在这个意义上，是资本主义制度性地制造了那么多绝对贫困，然后另一只手做慈善，这慈善就是资产阶级的"遮羞布"。我们认为，我们的制度可以解决这个问题。为什么呢？因为，在社会主义社会，第一次分配已经剥夺了剥夺者，已经没有资本家来抢夺剩余价值了，社会分配已经比较公平；在第二次分配的时候，只需考虑灾民、残疾人等有特殊困难的人，政府来解决，所以就有了民政的赈灾济困，社会并不需要第三次分配。

但是，社会比理想复杂得多。就像 1972 年以前，我们一直有一个观念，认为空气污染是资本主义社会的特殊产物。一直到 1972 年，我们派了一个代表团去参加联合国环境大会，才发现，哦，这些东西都算污染，那我们社会主义也有，才开始更正这个观念。①

慈善问题同样。我们从理想主义出发，构建一个没有社会的社会主义，没有市场的经济体系，并不能把社会问题都解决掉。所以，改革开放以后，我们重新有了慈善公益行业。重新有了慈善公益行业后，从 20 世纪80 年代开始，国际基金会成为我们普遍的老师，我们现在关于慈善公益的方式、方法、治理结构等，主要都是国际基金会在那个时候教的。这就有了一个外来理论如何本土化理解以及与实践结合的问题，特别是在这套东西深入下去后，在有些方面出现了水土不服的问题。

为什么水土不服？如果我们把公益慈善的文化结构做一个剖面分析：上面最表层是物质化的，比如建成的希望小学校园；下一个层面是行为化的，是公益活动和项目的方式，比如怎么建组、怎么做项目，是方法论维度的；行为化的再下一层是理论化的，包括第三部门理论、两个失灵理论，等等；到第四层，也是最后一层，是价值伦理的。

---

① 1972 年 6 月 5 日，联合国人类环境会议在瑞典斯德哥尔摩举行，世界上 133 个国家的1300 多名代表出席。这是世界各国政府共同探讨当代环境问题、探讨保护全球环境战略的第一次国际会议。会议通过了《联合国人类环境会议宣言》（以下简称《人类环境宣言》或《斯德哥尔摩宣言》）和《行动计划》。这次会议被视为人类环境保护史上的第一座里程碑。根据这次会议的精神，同年召开的联合国第 27 届大会把每年的 6 月 5 日定为"世界环境日"。中国政府也派代表团参加了这次会议，并在会议文件上签了字，承诺要与各国合作来共同解决环境问题。

在价值伦理层，上面是它的通道部分，下面是它的认同部分。举一个简单的例子，对于政府和公益慈善组织之间、公益组织互相之间、不同的行为人之间的关系问题，中国和西方两种文化的认知是不一样的。从他者与自我的关系来看，有两种途径。西方的途径基本上是，他者是自我的一面镜子，可以从认识他者来认识自我，所以，比较讲究有一定的对抗度，叫作张力。从这个意义上说，发现问题、寻找问题，形成张力，可以在冲突中解决矛盾和问题。但是，在中国，在东方思想中，路径是相反的。在中国，是通过在自我认识的深化中来认识他者。所以，中国人讲，前半夜想想自己，后半夜想想别人。我们是通过想自己，推己及人，通过自我反思来理解别人，越对自己想得深入，对别人的关心也会越多。

西方和中国这两条通道是不同的，这是由东西方在轴心文明时期形成的"内向超越"和"外向超越"两种不同的超越突破模式所决定的。但是，底层的东西，人类普遍认同的共同价值，西方和中国是相通的，那就是人与人之间是可以相互理解的，是应该相互尊重的。然而，实现这种价值的途径不一样。途径一旦不一样，理论建构就有不同，理论指引下的实践操作方法手段就会不一样。要解决这些理论的水土不服问题，就需要我们在方法的背后探讨文化。

讲理论的本土化建设，除了要满足我们的实践，还要面向人类命运共同体的建设问题。今天的讨论中，有一个提法我不是很认同，那就是说我们现在是"老二"，声音还弱，如果我们是"老大"了，我们说什么别人就都会在意了。其实，硬实力和软实力有关联，但并不完全等同。公元初，印度的佛学文化极大地影响了中国，但当时印度在军事、经济各方面都比中国弱很多。

今年（2019 年）6 月的时候，基辛格①有一个说法，他说我们不要争论

①　指亨利·基辛格（Heinz A. Kissinger，1923 年 5 月 27 日～）。基辛格是为美国与中国建立外交关系奠定基础的关键人物，他在 1973～1977 年曾担任美国第 56 任国务卿。

和讨论中国能不能当"老大",我们要问的问题是,中国成为全世界的"老大"以后,想对世界说什么?就是说,到那时候,你有一套什么样的思想观点和理论可以对人类说?对这个世界的蓝图和秩序,你有怎么样的理解和建构?这和我们光讲自己的目标是有不同的,要对人类说的东西一定是能够普遍认同。总不能要求世界秩序是"中国特色",或者人类的使命就是"实现中华民族的伟大复兴"吧?所以,我们要讲人类命运共同体,要讲不同文化的共同追求、共同规则。而这需要我们在理论上有真正的创造性。

三 前景:探索新路,走向未来

第三个问题是本土化理论的建构问题。其实,我觉得所谓公益理论的本土化这个提法不是很好,因为它容易让人产生一个误会。这个误会是什么呢?就是搞不清我们以什么为本位。

如果我们以西方理论为本位,那么我们说这个理论在中国要实现本土化。但如果我们不是以西方理论为本位,而是以中国公益为本位,那么就不存在说哪个理论要本土化或不本土化的问题。在我看来,所谓中国公益理论本土化问题,其实是如何以中国思想、中国实践来建立中国公益理论的问题。换句话说,也就是要回应这样一个问题:以中国这个最大的发展中国家为实践基础的、面向大多数人的、现代化追求的公益理论到底是什么。

全球的现代性大概经过了一波、两波、三波的发展,我们是属于第三波的。第一波,是在新教国家,这是现代性的宗教起源的出发地。第二波,是从新教国家到基督教国家,一个宗教中的不同教派,总的来说是一个希伯来拯救型宗教思想体系。在这两波里,现代性是有其价值追求的。但到第三波,像中国、日本,没有价值追求;也就是说,1840年前后,我们首先不是把现代性作为价值去追求,而基本上是从工具、手段、物质的层面开始接受的。

今天,我们需要对现代性的价值认同以及现代性遇到的挑战做出时代性的回应，我们的公益追求需要做出一个新的社会蓝图的展望。这个新的展望是什么呢？在现代化方面，发达国家走在我们前面。但历史地看，所有发达国家有一个共同的物质基础，那就是，这些国家八九亿人的现代化生活水平都是建立在石油能源产业的支撑之上的。前后两任美国总统都曾表示，如果每个中国家庭都像美国家庭那样要有两辆汽车，那将是人类的灾难。为什么呢？因为那样的话，地球就会崩溃。是，这个是现实。但这既然是现实，从中我们就要想到，这意味着以美国为代表的西方发达国家的现代化模式和理论本身的普惠性就有问题。要不然为什么美国家庭可以有两辆汽车，中国家庭就不可以呢？而且，非洲呢？全世界呢？那么，我们的社会蓝图能不能解决这个问题，提出更具普惠性的现代化理论？我们能不能在人与自然、人与人、人与自己的相处相容上提出更好的路径？这就要求我们真正解决中国公益理论的建设问题，也解决外来理论的消化不良问题和融合创新问题。

最后，建议这一系列研究课题在组织实施中注意以下三点。

一是注重"90后"为主体的公益实践者群体的探索。我国80多万个社会组织和30多万个社区备案组织中的从业者，主体已转向"90后"，而我们的研究者队伍主体还是"60后""70后"，主事者甚至还是"50后"，两者之间是有距离的。一定要强调对事件、对实践、对在公益活动第一线的"90后"青年人观念的关注。

二是既要有公益发生论、公益文化论这样宏观层面的视野，也要有公益行为论、公益机构的内部治理这样微观层面的关切。

三是这是一个机构组织的系列课题研究，但理论建设的知识生产是基于个人的，如何尊重个人观点？被称为"欧盟之父"的让·莫奈①说过："没有个体，一切皆无可能；没有组织，一切皆不可持续。"希望我们在个人和组织之间有个好的平衡。

---

① 　让·莫奈（Jean O. M. G. Monnet，1888年11月9日~1979年3月16日），法国政治经济学家、外交家，被认为是欧洲一体化的主要设计师及欧盟创始人之一。

中国慈善文化研究与青年学者

【编者按】为搭建公益慈善领域的高端学术平台，鼓励来自不同学科背景的青年慈善学人开展学术交流，2018 年 7 月 18 日，敦和基金会与中国慈善联合会主办、公益慈善学园协办了第二届"敦和·竹林论坛"。此篇为陈越光先生在论坛上的总结发言。对慈善文化研究领域中的青年学者，他在发言中提出了三点希望：一是注重于精神上保持"青年性"，保持挑战性，把一切成功都看作供自己去砸烂的"锁"；二是要注重学科框架的建设，包括学科的模式、结构与框架、具体与普遍的关系、方法与过程的历史追溯等；三是要建立全球化背景下的跨文化视野。

一 为什么要加强慈善文化研究？

敦和基金会是资助型基金会，一年一个多亿的资助额；去年（2017年）比较多，完成资助 4 个多亿。我们的资助方向本来是两类，一类是文化精神的传承和创新，另一类是公益项目。所以，我总讲"以文化精神引领公益项目，以公益手段支持文化建设"。但是，我们特意在"文化传承"和"公益支持"这两类中间加了一个"慈善文化"，为什么？

《中华人民共和国慈善法》（以下简称《慈善法》）第八十八条提出了

慈善文化教学、研究、普及与弘扬的问题。① 但现状却是一个梯级滞后的状态。

总体来说，虽然我们的慈善事业可以说正处在当代发展最快、容量最大也是最好的时期，但还是滞后于社会发展的需求。从慈善行业内部看，慈善文化滞后于慈善组织的发展；从慈善文化看，慈善研究滞后于慈善传播；而在慈善研究领域，其深层面的心理意识、伦理哲学如何支撑慈善的环境、治理、行为与项目等中间层建设方面的研究，滞后于慈善历史与现状、慈善项目手段等研究。

这是一种梯级滞后的状况。可以说，慈善的整体研究、慈善文化这个领域的整体发展，与《慈善法》的要求还有较大距离，是需要加强的。

我们再来看行业内部的未来趋势。上个月（2018 年 6 月），我在公益十年高峰论坛②上做过一个演讲，谈了未来十年行业的一些新的动向、新的趋势。当时我提了七个趋势。今天不是一一分析这些趋势，而只是请各位注意其中的这一条："由在问题面前寻找方法，到在方法背后探讨文化。"

我们从整体上来说，全国现在大概有 6000 多家基金会，其中 99% 是项目操作型的，也就是一手找资金资源、一手直接去运作项目的基金会。这样的基金会总体来说一定要首先发现问题，并且把这个问题设计成一个

① 2016 年 9 月 1 日起施行的《中华人民共和国慈善法》在第八十八条规定："国家采取措施弘扬慈善文化，培育公民慈善意识。学校等教育机构应当将慈善文化纳入教育教学内容。国家鼓励高等学校培养慈善专业人才，支持高等学校和科研机构开展慈善理论研究。广播、电视、报刊、互联网等媒体应当积极开展慈善公益宣传活动，普及慈善知识，传播慈善文化。"

② 指 2018 年 6 月 20 日在山东曲阜由中国灵山公益慈善促进会、第一财经联合主办的"从历史到未来：2008～2018 中国公益十年高峰会暨 2018 年《慈善蓝皮书》发布会"。在论坛上，陈越光先生做了主题为"慈善文化与中国慈善的未来"的演讲，预测了中国慈善未来十年的七大趋势，分别是：（1）公益界领导团队集体新老交替；（2）创业就业推动公益队伍扩张；（3）由在问题面前寻找方法，到在方法背后探讨文化；（4）"无边际的产业生态圈"（Sectors Without Borders）；（5）"筹资焦虑"还是治不好的"老病"，"投资纠集"将成为"时髦病"；（6）没有"走出去"就没有"国际化"，没有"国际化"还叫一流吗？将是个问题；（7）"无人"（AI）时代的慈善做什么？

公益产品，然后用这个公益产品到社会上筹资。所以，这样的基金会一定要发现问题、概括问题、提出解决问题的方法，并且把这种方法完成为一个供给产品，把它产品化，然后去筹资。对于它们来说，"在问题面前发现方法"是一个通则。

但是，这些方法是怎么学来的呢？我们去看现在那些活跃的基金会，基本上都是 20 世纪 80 年代以后成立的，而当年大部分公益项目操作方法的传授者是谁呢？是福特基金会①。所以，这些方法基本上都打着国际基金会的烙印，与我们自己的文化传统之间，有的能适应，有的是有一定的冲突的，有的我们解释不透。

相当长时间里，我们并不去分析这些方法背后的文化问题。今年（2018 年）6 月初的时候，北京市仁爱慈善基金会和其他几家基金会组织召开了第三届佛教慈善基金会秘书长会议，他们倡导以信仰为支撑的公益组织。这里就涉及内层需要的问题，就有一个方法背后的文化问题了。比如，慈济基金会是一家佛教背景的慈善组织，它以佛教信仰为基础、为支撑、为内核，在他们的方法背后有两个文化问题：首先，佛教不是以出世为导向的吗？怎么来纾困解难做入世的事了呢？人有困苦艰难，苦、集、灭、道，苦正是觉悟的前提。在现实中帮助人解决困难，在佛教文化中有什么正当性呢？他们在大乘经典《药师经》中找到正当性，药师佛的十二大愿里有对众生物质生活需求的满足。第二个要解决的问题是，一个修佛的人是不是应该先修成止果再行善事？先成了菩萨，再救苦救难，是这样吗？佛教讲缘起性空，证严上人法师把"做好事不求回报"作为缘起性空的修行之道，去行善、做好事就是"缘起"，做了好事不求回报就是"性空"！所以，慈济基金会在理论层面是有支撑的。

---

① 福特基金会（Ford Foundation）1936 年创立于美国，是一家全球性慈善机构。1988 年，经中华人民共和国国务院批准，它在北京设立办事处，是最早进入中国的国际基金会之一。除了在环境与发展、生殖健康、教育等领域开展资助工作，福特基金会还致力于与中国本土涌现的慈善机构分享国际慈善的前沿理念、最佳实践等。

　　慈济基金会能做成现在全球最大的华人慈善机构，不是没有原因的。我们千万不要小看这一点。你的操作手法很好、模式设计很好，但如果你在内层完全没有文化力量的系统支撑，第一，你的规模会有限制；第二，你走不长，一时的热闹和辉煌可能在你这边，可历史的久远性不在你这边。

　　我们要理解方法和文化的支撑关系，就需要探讨慈善文化的结构问题。慈善文化三个层面的结构和文化自身的结构是一致的：核心层是价值、观念文化形成的意识层；中间层是机构、方法、法规环境等行为层；外层是行为物化为成果的物质层。这个问题在这里不展开讲。[①]

　　我们现在的公益慈善机构基本上都是从行为层入手，然后在外层验收，也就是在操作行为层面上开始进入，然后希望在物化层面上看到成果以验证。现在开始有机构关注文化，而且我认为未来像慈济基金会这样深究组织文化的机构会越来越多，也应该有越来越多的机构关注内层对中间层的支撑如何完成的问题。

二　希望慈善文化研究领域的青年学人注重什么？

　　今天参加论坛的基本都是青年学者，还有很多是青年学生。对青年学者，我们从行业的角度上，有点什么希望？

（一）　注重于精神上保持 "青年性"

　　我为什么第一要讲注重于精神上保持"青年性"？刚才我参加第三组讨论的时候，米加宁老师在点评时特别强调一个问题，一个学生在做学术的时候要落地，我很赞成。在现代学术规则中完成学术题目，有一个简单的方法叫 N＋1，你先穷尽这个 N 是什么，再加上你的 1，也就是说资料收

---

　　① 参见本书《慈善文化的定义和结构层次》。

集的完备性是你论述的前提。但是，既然是青年学者，就要有青年的性格。青年是什么？我在另一个会议上讲青年的性质时说过这样一段话：

> 青年是什么？
>
> 青年就是衷肠还没有被世故磨冷，就是热泪涔涔而不只是由于自己的不幸，就是天涯海角有一件不公正的事情就会像疯狗一样狂吠起来；
>
> 青年就是好高骛远，就是吹牛不打草稿却也并不为了什么；
>
> 青年就是再难熬的事只要熬着就会有出路；
>
> 青年就是所有的长者对他们的评论都可能不对而他们又不屑于评论长者；
>
> 青年就是看一切成功都只是供他去砸烂的锁！
>
> 所以青春是美好的，而那些精致的利己主义者都是未老先衰的，他们一辈子没有青春岁月！

这里，最重要的是青年看一切成功都只是供他去砸烂的锁。为什么？我所说的要保持"青年性"其实就是要保持挑战性，尤其是在慈善文化这个领域。坦白地说，值得你们去砸烂的锁并不多。一个青年学人在建构自己的学术未来的时候，是要有这种品质的，因为这正是学术内在的动力。

马克斯·韦伯在一百年前发表过一篇著名的演讲：《以学术为志业》。在其中，他特别提道："在学术园地里，我们每个人都知道，我们所成就的，在十、二十、五十年内就会过时。这是学术研究必须面对的命运，或者说，这正是学术工作的意义。"① 这就是科学和一切学术的命运和意义！科学在本质上是革命的，它具有"青年性"，而我们的青年学者是不是能在精神上长久保持这种"青年"的气质呢？

---

① 〔德〕马克斯·韦伯：《学术与政治》（电子书），钱永祥等译，上海三联书店，2019，第240页。

（二）　希望注重于学科框架的建设

为什么要讲学科框架的建设？

你们看，今天与会学者名单上的26人中，注明"公共管理"的有12人，占46%，加上6人与公共管理相关（政治与公共管理、政府管理、管理、工商管理、社会保障），共占69%（2/3），其他为社会学、国政与国关、经济、社科、马院等，没有一人是慈善或慈善研究方向专业的！此外，虽然称为"公益慈善学"的"系列教材"已有了第一本《公益慈善品牌管理》的出版[①]，但是公益慈善学作为一门学科，作为一个独立的知识体系、作为学科的模式、结构与框架的轮廓至今并不清晰，作为学科的具体与普遍的关系描述至今尚未建立，作为学科的方法与过程的历史追溯也至今还无法展开。

柏拉图曾经说过，知识是经过证实的真实的信念。如果拿这个来定义，它还处于证实的过程中。希望注重于学科的建设，也希望注重于专题之间关系的研究。我们的每一篇论文是你越专注于一个具体的点越容易分析清楚，但是在这之间，它的关系是什么？它的具体和普遍之间的关系的研究现在很缺乏。

（三）　希望注重于建立跨文化的视野

"跨文化"现在是个热门议题。性别之间有跨文化的问题，年龄之间有跨文化的问题，职业之间也有跨文化的问题。但是，最重要的跨文化视野，一是不同文明的文化之间，二是 C. P. 斯诺[②]提出的"两种文化"，即人文和科技之间。

---

① 该书由中山大学传播与设计学院副教授周如南编著，西安交通大学出版社于2018年出版，是公益慈善学系列教材之一。

② 查尔斯·珀西·斯诺（Charles Percy Snow，1905年10月15日~1980年7月1日），英国科学家、小说家，他在《两种文化与科学变革》（*The Two Cultures and the Scientific Revolution*）提出"两种文化"的概念，引起广泛关注。

为什么对于不同文明间的跨文化专题研究越来越多？因为人类自身的成功使自己填满了不同文明之间的地域空间，已没有一种文明可以在井水不犯河水的状态下独自生存了。全球化必然是跨文化的语境。

为什么还要强调在人文和科技两种文化之间的跨文化？因为这两者之间的鸿沟越来越深。1687 年，牛顿完成了《自然哲学的数学原理》这部划时代的著作。这部著作使牛顿从一个教授成为一个伟人。牛顿在其中所说的"哲学"是在西方科学传统里面从来没有看到过的，将数学、观察与思想三者紧密又系统地结合起来的崭新的哲学；他不再像亚里士多德那样只是对个别现象进行解释和猜测，而是全面提供理解大自然的整套观念和方法，也就是现代科学。但是现代科学越发展，专业壁垒也越森严，已经不是常识理性可以理解和驾驭的了。

马克思早年也有个观点，他说，"自然科学往后将包括关于人的科学，正像关于人的科学包括自然科学一样：这将是一门科学。"[①] 这里面有对现代思想的理解。所以，我们的跨文化视野中应该包括科学与人文的互相理解。

三 结语：虽未完篇，已有佳句

最后，我用一分钟为会议做个评论。中国文学史上有"大谢小谢"，大谢是大名鼎鼎的谢灵运，小谢是谢朓；小谢现在知道的人少 点，但他被同时代的梁武帝称为"三日不读谢诗，便觉口臭"。小谢对后来的李白、杜甫、王维都有影响，但他的诗也有缺点，后人评为"时有佳句，终少完篇"。我借用一下，八个字评今天的会，"虽未完篇，已有佳句"！

---

① 参见卡尔·马克思的《1844 年经济学哲学手稿》。

在历史与文化的大视野中展开慈善研究

【编者按】此篇是陈越光先生为朱健刚、武洹宇主编的《华人慈善：历史与文化》①一书所作的序文。在序文中，他指出，当前中国慈善研究往往局限在公共管理框架之中，这或是导致中国慈善理论与历史研究滞后于慈善组织行为与方法研究的一个原因；针对于此，他建议慈善研究应该超越公共管理的研究范式，在历史文化的大视野中、在更广阔的人文社科的研究范式中展开，并且通过扩展哲学、历史、社会学、人类文化学等方式以深入；而作为一种思考的分享，他着重提出并回应了两大命题：一是中华文化是否具有足以支撑慈善行为的精神？二是现代公益与传统慈善的分界点在哪里？

对于我国的慈善事业，就发展规模来说，目前处于历史最好时期。但我一直说，它同时存在"梯级滞后"的现象，即从社会总体看，我国慈善事业滞后于社会发展需求；从慈善行业看，慈善文化滞后于慈善组织的发展；从慈善文化看，慈善研究、慈善教育滞后于慈善传播；而在慈善研究领域，其深层次的理论研究，滞后于对慈善方法、手段的研究。

为什么在慈善研究领域理论与历史的研究会滞后于组织行为、项目手段的方法研究呢？从需求层面说，我们的公益组织绝大部分是改革开放后新建的社会组织，无论是面对社会问题还是自身生存问题，从解决

---

① 朱健刚、武洹宇主编《华人慈善：历史与文化》，中国社会科学出版社，2020。

问题的方法入手最为迫切；从研究层面说，也许和我们的慈善研究往往局限在公共管理领域有关。仅在管理学的框架中研究慈善，一方面，失去哲学的视角，我们就不能真正理解慈善行为，过去的故事不能在今天的人心中复活；另一方面，离开了历史学、社会学的支撑，我们的慈善研究就割裂了历史和历史场景中慈善与政治、经济、科学、文化等的全面互动。

所以，我们需要在历史与文化的大视野中展开慈善研究。朱健刚、武洹宇主编的《华人慈善：历史与文化》是在这个方向的一个很好的尝试。读这本书，我们可以在两个点上多做思考：一是中华文化是否具有足以支撑慈善行为的精神？二是现代公益与传统慈善的分界点在哪里？

一 中华文化是否具有足以支撑慈善行为的精神？

中华文化是否具有足以支撑慈善行为的内在精神？这本来不应该是一个问题。在历史实践中，中国古人家族一体邻里互助的宗族慈善、赐粥赈灾救苦救难的庙宇宗教慈善，源远流长，蔚为壮观。在理论上讲，实现了轴心期超越突破的文明，就如卡尔·雅斯贝斯在《历史的起源与目标》所说，"将个人意识与他人意识联系起来，在同其他每一个人的基础的交流中，去思考历史的统一性"[1]，在这样的文明中，终极关怀里必然已包含了对个体行为正当性的要求、对永恒追求中利他性人性升华的引导，称为"外向超越"模式的希伯来拯救型宗教文明、古希腊认知哲学文明是这样，称为"内向超越"模式的古印度解脱型宗教文明、以道德为终极关怀的古代中华文明同样是这样。

那么，为什么会有这个问题呢？主要是 19 世纪中叶后西方来华的传教

---

[1] 〔德〕卡尔·雅斯贝斯：《历史的起源与目标》，魏楚雄、俞新天译，华夏出版社，1989，第 27 页。

士带来对慈善的新观点：慈善不仅是做好事帮助人，而且必须是帮助陌生人。所以传统的宗族慈善被认为是有血缘关系者之间的互助，恰恰是不符合慈善精神的。大名鼎鼎的美国传教士明恩溥（Arthur Henderson Smith），因直接向美国总统提议而推动了美国政府以庚子赔款的半数作为资助中国留美学生的专款史册留名；他在中国传教、赈灾、办学 20 多年，却认为慈善"这种精神是中国人完全缺乏的"。

最早从理论上回应了此种质疑和指谪的，是一百多年前我国留学生在西方的第一篇社会学博士论文——朱友渔 1912 年提交给美国哥伦比亚大学的博士学位论文《中国慈善事业的精神——一项关于互助的研究》（*The Spirit of Chinese Philanthropy: A Study in Mutual Aid*）。朱友渔的论文阐述了中国慈善的思想和实践：从中国经典文献中引出慈善精神支撑的思想资源；以社会形态、求助需求、施善主体和方式，阐述慈善实践；最后以对辛亥后新国家新人民的期许展开慈善的新社会蓝图。可以说，朱友渔是我国慈善文化研究的先驱者，虽然这篇英文论文在后来的中国慈善界的影响并不太大。一百余年后，正是朱健刚的团队翻译出版了《中国慈善事业的精神》① 一书，使更多的慈善事业从业者和研究者得望先贤。

本书以"朱友渔命题"开章，不仅思想上承接《中国慈善事业的精神》，谋篇布局上也颇受影响。这正好使读者可以在这本并非以哲学思考见长的书中，时时从慈善形态和个案介绍读到作者对于行为背后思想支撑的点睛之笔。我相信，通过《华人慈善：历史与文化》，我们可以更好地体会朱友渔先生的两句论断："中国慈善是中华民族智慧的产物""中国式慈善是中国民族文明的精神的表现。"

朱友渔在 20 世纪初，已经敏锐地注意到国家政治变革、社会变革对慈善事业的影响和促进，认为"民主基础是中国慈善的显著特征"，从社会

---

① 朱友渔：《中国慈善事业的精神》，中山大学中国公益慈善研究院翻译组译，商务印书馆，2016。

学的角度触及公益慈善的社会公共利益和公共空间命题。

二　现代公益与传统慈善的分界点在哪里？

传统慈善行为和现代公益行为都具有非营利性，在发生论上都有利他（至少是超越个人物质利益）的动机。但如果我们只是从"公共利益"的维度来理解，并不能真正把握现代公益的特征。洋洋十卷本的《简明不列颠百科全书》里收的"公益"条即是阿拉伯文的 istislāh，这是由伊本·罕百勒（Ibn Hanbal，780～855 年）创建的伊斯兰教辅助法律原则，指无法在经训明文中找到答案时，判决按照维护公共利益和福利的原则，"认为适当"的顺序是首先考虑何者对整个社会最有利，其次考虑何者对地方社团有利，最后研究何者对个人有利。而且，伊斯兰教国家还有"宗教公产"（Waqf）的制度，寺院土地，包括国家或穆斯林捐献给清真寺的土地和其他资财，像学校、医院、养老院等都属于宗教公产，不得转让、抵押和买卖，不征收任何赋税；投"Waqf"者，一经投入不得反悔和收回，逝世后家人不得继承或转让。"Waqf"制度对阿拉伯世界的科技文化事业发展影响尤其重大，科学史上著名的 13、14 世纪马拉噶天文台和"马拉噶学派"就是受惠于 Waqf 的。但是，在政教合一的体制背景下，何为慈善公益事业的文化资源，何为执政者的社会政策安排，是需要厘清的。离开民间属性，其就很难简单归入我们所说的慈善或公益行业范畴了。

《华人慈善：历史与文化》把"志愿性、平等性、公共性、理性和合作性"为特征的公民慈善或曰公民公益在中国的实践溯源至清末民初，并揭示其与新型国家观念公民认同行动的互相塑造特点。这就很好地点出了传统慈善和现代公益的区别正在于现代性观念的产生。我们知道，在英文语境中，"慈善"一词，原是宗教义务的"爱上帝"意义引出的 charity，17 世纪才出现强调"爱人类"意义的 philanthropy。17 世纪，在政治史的视野里，那是从英国光荣革命的制高点上观望的"1688 年的世界"①；在科学史的视野里，那是培根、梅森、笛卡尔、伽利略、费马以至波义耳等的进军，最后是被爱因斯坦称为"大自然的神奇之子"的牛顿，以一部三卷本的《自然哲学的数学原理》②，让后人足以用"牛顿革命"来称呼这场伟大的现代科学革命③；而在社会学的视野里，那是启蒙运动、社会契约论思潮蓬勃兴起的时代。在所有这一切的背后，在思想史的视野里，是11 世纪末至 13 世纪的教皇革命、14 世纪的唯名论之争、16 世纪的宗教改革这样一条"现代性的神学起源"之路④，最终形成工具理性、个人权利和立足于个人的民族认同现代性三大观念⑤。现代科学的兴起，现代社会的建立，是和现代性观念的确立同步的，现代慈善的出现也必然如此。首先是有了现代观念的人，然后有了现代的公益慈善。Philanthropy 一词的首用出现在培根的《培根随笔选》（拉丁文版书名《道德与政治论说集》）中⑥，培根是现代科学运动最早的旗手，他从人格独立拥有个人权利的现代性观念出发，赋予了慈善一词新意。也正是在现代性观念下，康德才可以在《道德形而上学的奠基》中排除行善动机中为利益、为荣誉、为同情等一切"有等价物的东西"，听凭于一个理性的诫命，具有唯一的尊严⑦。为什么只有有了现代性才能这样要求呢？因为"一个理性存在者的意志唯有在自由的理念下才是一个自身的意志"。

因此，所谓传统慈善和现代公益的区别：从环境看，有一个公共空间

---

① 〔美〕小约翰·韦尔斯：《1688 年的全球史：一个非凡年代里的中国与世界》，文昊等译，新世界出版社，2011。

② 〔英〕牛顿：《自然哲学的数学原理》，赵振江译，商务印书馆，2009。

③ 陈方正：《继承与叛逆：现代科学为何出现于西方》，生活·读书·新知三联书店，2009。

④ 〔美〕米歇尔·艾伦·吉莱斯皮：《现代性的神学起源》，张卜天译，湖南科技出版社，2012。

⑤ 金观涛：《现代性及其面临的挑战：当代社会价值基础和问题思考》，《二十一世纪》2007年总第 103 期，第 103 页。

⑥ 〔英〕弗兰西斯·培根：《培根随笔选》，何新译，上海人民出版社，1985，第 4~7 页。

⑦ 〔德〕康德：《道德形而上学的奠基（注释本）》，李秋零译注，中国人民大学出版社，2013。

命题；从主体看，是一个现代性观念命题，而并不是要在今天去人为区分如何做叫"慈善"，如何做可称"公益"。我们需要注重的是这种独立判断、理性选择、志愿贡献、平等合作的现代精神是否始终贯穿于我们的公益慈善行动中。

慈善研究应该超越公共管理的研究范式，在历史文化的大视野中展开，应该在更广阔的人文社科的研究范式中，应该扩展哲学、历史、社会学、人类文化学等方式来深入，朱健刚、武洹宇主编的《华人慈善：历史与文化》是一个很好的尝试，成书后朱健刚命我作序，是为序，以从命并就教于读者。

2020 年 4 月 7 日于北京

研究与梳理慈善史的重要性

【编者按】2018 年 11 月 20 日，中国慈善联合会、敦和基金会联合主办了主题为"中国慈善文化的演变与传承"的第三届中国慈善文化论坛。在论坛的主旨演讲环节，香港大学香港人文社会研究所教授梁其姿、香港中文大学客座教授秦晖分别以"明末清初以来慈善组织所开拓的公共空间"和"慈善、公益、第三部门与社会创新——历史、逻辑中的来龙与去脉"为主题，讲述了明末清初以来中国慈善活动的兴起、变化和发展，以及西方公益事业的起源和演变；其后，慈济基金会人文志业发展处主任何日生先生对他们的演讲进行了评论，并提出了一些不同的见解；最后，作为论坛主席，陈越光先生对主旨演讲环节进行了总结，他表示，慈善史的研究本身就是慈善文化的一个重要领域，我们从东西方慈善发展的历史中吸取的知识和经验，可以为解决目前慈善发展中遇到的问题提供有益借鉴。此篇即为陈越光先生当时的总结发言，小标题为编者所加。

论坛的第一个环节——"主旨演讲"结束了，我们在这段时间里，感受到思想的魅力，感受到对历史的梳理，也感受我们论坛要求"全程参与、专注倾听"的文化精神①，非常感谢大家！感谢梁其姿、秦晖和何日生三位老师，当我向他们一一邀约时，他们都非常痛快地答应了我的要

---

① 参见本文后附 1《中国慈善文化论坛的文化精神》。

求，并且非常尽责地做了准备。

这个论坛的设计是三个环节，第一个环节是"主旨演讲"及评论，第二个环节是"秘书长圆桌深度对话"，第三个环节是对于慈善文化领域的"年度大事述评"。我们在设计论坛时就强调这样一个原则：顶尖人物，认真准备，全程参与，专注倾听。我们希望能够把这个领域里最顶尖的人物请来发表观点和意见，并要求他们认真准备、全程参与。同时，我们希望在论坛中贯穿一种专注的精神。我们希望这样能够展示这个领域的当前水平。至于是不是达到，那有待大家的评价。

今天论坛的主旨演讲环节，是回溯慈善的历史源流。我们为什么要追溯历史？

第一，慈善史的研究本身是慈善文化的一个重要领域，这是毋庸置疑的。梁其姿、秦晖，这两位都是历史学背景的教授，都是历史学家。他们从中国的断代史切入，综述中国慈善文化背后的理念；从西方整个慈善思想史和实践操作的进程和变迁切入，综述西方慈善观念和实践的变革以及对中国的影响和挑战。做出这样的梳理，我想对我们行业从业者来说，是获得了一次难得的清晰表述。梳理慈善史，是慈善文化领域的重要内容。

第二，我们能从历史中看到经验。梁其姿老师讲的明清之际慈善活动，这是中国社会公共慈善活动的第一个高峰期。这一段历史前一百年，还有一段很值得我们今天拿出来做比较的历史背景，那就是王阳明的时代。他们当时面对着什么样的时代背景？从北宋五子到儒学复兴，到王阳明，他们都面对过佛学思想对中国思想界的全面冲击，唐朝时佛教典籍是儒家典籍的 10 倍之多。王阳明要坚持儒学复兴，那他是如何面对外来思想的？在《传习录》中，我们可以看到王阳明对佛学思想的开放、吸纳和融合。

另一个方面，在约 15 世纪中到 16 世纪后，中国兴起了"弃儒从贾"的社会风潮，此时也正好是王阳明的思想的一个大的转向——从"致君行道"到"觉民行道"，其视角转向了民间。他还一反儒生鄙视商贾的传统，提出"虽终日做买卖，不害其为圣为贤"！梁老师描述的明清慈善的发展，是在有了这样一个社会、思想史的背景后发生的。

所以，这种历史梳理提供给我们一种历史经验，慈善的发展总是回应社会和思想的发展的。我们今天也是面对着外来思潮和整个社会变迁中的经济发展，来思考慈善思想该怎么样发展。

第三，我们能从历史中看到挑战。秦晖老师在梳理历史中，把 Charity 和 Philanthropy 的不同传统，尤其是对 Philanthropy 这个概念从兴起到后来越来越成为一种主流思想的历史进行了系统梳理。这也有一个时间节点很值得我们注意，约比王阳明时期晚一百年，1597 年时，培根出版了他的《培根随笔选》前十篇，其中《论善》专门讲了古希腊人所谓 Philanthropy 的这个概念，把仁爱或慈善界定为"利人的品德"，并且把这种品德特征引向"世界的公民"。以后，这个观念大兴，并对之后的慈善思想产生了重大影响。在此，我们不禁要思考，从古希腊到古罗马就有的慈善 Charity 和 Philanthropy 的观念，为何 17 世纪后 Philanthropy 这个概念越来越发展呢？那是因为在文艺复兴前后，现代思想观念兴起了，所谓现代性三大观念"个人权利""工具理性""民族国家"的兴起改变了我们的观念史。而今天，我们引入 Charity 和 Philanthropy，仅仅在翻译上区分为"慈善"和"公益"是不够的，我们还有一个如何应对现代性观念挑战的问题。

我很赞赏何日生老师做的评论，他在评论中强调，中西思想之间有共通的融合的一面，又必须正视一个问题，即如何来理解中国的文化传统。中国文化中间的哪些东西在今天面临着转型？哪些东西可能在新形态下被激活？这两者之间是什么关系？这是我们需要考虑的。我向何老师邀约做评论时，只提了一个要求——评论要犀利。为什么？就是希望思想有张力，能从不同的角度提出问题。中国古人把骨头加工成器物叫"切"，把象牙加工成器物叫"磋"，把玉加工成器物叫"琢"，把石头加工成器物叫"磨"，于是，留下一个成语叫作"切磋琢磨"，以表达对问题的互相商讨、学习、求证。器物的加工离不开一把锋利的小刀，我们的讨论也需要一把锋利的思想之刀。何日生老师的评论，是这方面的好范例。

最后我想说一下，中国慈善文化论坛的宗旨是要打通理论和实践。这个目标太大，要打通理论和实践谈何容易！按秦晖的说法，我们这也算是一个志愿者的乌托邦了。对于"理论"这个概念，如果要去查词典，《现代汉语词典》会告诉你，理论是源自实践的一种系统性概括。在我看来，中国人表达"理论"这个概念，最好的是司马迁在《报任安书》中说的"究天人之际，通古今之变，成一家之言"。这是一个很高的要求。我们再看西方人表述"理论"。罗素在《西方哲学史》中评论毕达哥拉斯时，提到过"理论"（Theory）一词来源于奥尔弗斯教派，表示为"热情的动人的沉思"。

我想，我们今天论坛的第一个环节，主旨演讲和评论，要说"究天下人之际，通古今之变，成一家之言"，恐怕还不敢说，但是已经具有了"热情的动人的沉思"之气质。我们期待后两个环节，也能够贯穿这样一种热情而动人的沉思。

附1 中国慈善文化论坛的文化精神

【编者按】此篇是陈越光先生在 2018 年第三届中国慈善文化论坛的主席致辞。这是中国慈善行业中少有的一篇对一个论坛的文化精神进行阐释的文本。在致辞中，陈越光先生如此阐释论坛的文化精神："我们不会把交流思想的场所，当作一个交际场所；我们不会把发表观点的讲台，当作一个亮个相就走的街头舞台。我们将通过倾听来获取向他人学习的喜悦；我们将通过批评来表达对对方的尊敬；我们将通过讨论来赢得共同的提高。这就是中国慈善文化论坛自身的文化精神。"

我谨以本届论坛主席的身份，在此发表第三届中国慈善文论坛主席致辞，以表达我对本次论坛的希望和祝愿，对每一位与会者的敬意和期待。

各位同行，公益界总是面对需要解决的社会问题，可以说，问题往往像苍天一样覆盖我们，但我们依然需要去发现问题。发现问题的眼光，解决问题的方向、能力和勇气，需要一种内在的支撑。这种支撑的力量我们称之为文化。

公益人奔波在灾难和困顿之间，穿梭于帮扶和倡导之中。我们的力量不是在技巧，而是在扎根历史，而是在可以和所有人唤起共鸣，这种历史和共鸣就是文化。

我们慈善的历史既有本来的传统，又有外来的精神，它们是否可以又如何可以实现融合？这取决于它们对未来的影响或者说取决于未来对它们的需求，而选择的时间不是在未来而是在今天。

　　各位朋友，我们着力于解决社会问题，但我们自身也充满了需要解决的问题。忙碌可以让我们暂时忘却内心的困惑，却不能让我们真正内心踏实，我们需要梳理历史，我们需要明晰理论，我们需要创新方法，我们还需要有安身立命的精神家园。

　　所以，我们坐在这里，是因为我们有真切的问题。我们的论坛将贯穿一种以开放、参与、尊重和责任为出发点的文化精神。我们不会把交流思想的场所，当作一个交际场所；我们不会把发表观点的讲台，当作一个亮个相就走的街头舞台。我们将通过倾听来获取向他人学习的喜悦，我们将通过批评来表达对对方的尊敬，我们将通过讨论来赢得共同的提高。这就是中国慈善文化论坛自身的文化精神。

　　各位尊敬的与会者，我们在这里，不是签到簿上的存在，而是人的存在，是精神的存在。"全程参与、直接对话"将是本次论坛的风格。我期待着每一位发言者、每一位提问者和每一位聆听者，让我们把专注赋予这半天时间，并祝愿这半天的论坛以成功回报我们的专注！

跨文化视野下的慈善文化

【编者按】此篇是陈越光先生2019年5月7日在中国社会科学院社会学研究所、中国社会科学院社会政策研究中心、爱德基金会传一慈善文化基金主办的"东西方慈善文化论坛发布会暨《朱传一文集》发布会"上的主题演讲。在演讲中，他以跨文化视野为前提，援引卡尔·雅斯贝斯、金观涛、刘青峰、劳思光等中外学者的著述和观点，介绍了人类历史轴心期以来东西方文化的基本类型，并分析了中国慈善文化在内向超越特点下对慈善行为起到支撑性作用的原动力；在演讲的最后，他认为有两个问题是跨文化视野下的慈善文化研究所不能回避的：一是不同文化中慈善文化的意识层是如何对行为层发生作用的？其差异是什么？二是如何面对现代性问题及其挑战？传统文化的创造性转化在慈善文化领域如何实现？

一 前提：跨文化视野要发现什么？

关于对中国和世界的关系的理解，站在今天的角度，我想用两句话来概括，那就是：中华民族的现代化是在其实现世界化的过程中完成的；而中华民族的世界化是与人类走出单一文明中心论的进程同步的。基于此，我们需要思考：我们面对的是什么？我们面对的是一个全球化的趋势。人类确立了现代性以后，全球化就成为必然，它可能会一时中断，比如，在

1914 年因第一次世界大战而中断，用芭芭拉·塔奇曼①的说法是"时钟停摆了"，但停摆之后它会重新启动，而且会是顺时针转动。而不会说重新启动以后变成逆时针转动；所以，冷战结束后，全球化依然沿着原来的方向加速，它是不可能逆向的，除非现代性的观念被消除了。这是第一个前提。

在全球化的趋势下，任何文明、任何文化都不可能独善。我们既不可能躲进小楼自成一统，也不可能井水不犯河水。在核武时代的当今，或者有跨文化的视野，或者干脆企图消灭世界。我们讲东西方文化沟通，就是要建构一种跨文化的视野。我们要问，跨文化中要注重什么，跨文化的问题有很多，比如我们看西方吃饭的方式、走路的方式、穿着的方式、语言的方式等；相应地，西方看中国好奇的地方也很多。那么，在文化互视中我们要注重什么？要发现什么？这是我们理解这个论坛②所需要的一个前提。

汪德迈先生是欧洲著名的汉学家，法兰西学院的通讯院士，曾获法兰西学院儒莲奖、奥马乐奖、法国荣誉军团骑士勋章、法国学术界棕榈叶勋章、日本瑞宝重光勋章等荣誉，被汤一介先生誉为"法国第一儒"。他写的《中国思想的两种理性》《中国教给我们什么》这两本著作，篇幅不大，但很有影响，其中有这么一个观点。

"要理解中国，与其铭记中国文化的特殊性，不如去发现中国文化特殊性扎在世界文化共有之土壤中的根基。不过，在我看来，不应忽略的是，任何文化——当然它若是在这片共有的土壤上生长的话——只是通过其发展的特性而引起认知的兴趣，注意避免将这一特性相对化，那些似是而非的普遍性不过是没有价值的共通点，诸如所有人'用两条腿走

---

① 芭芭拉·塔奇曼（Barbara Tuchman，1912～1989 年），美国历史学者、作家，美国艺术与文学学院首位女性院长。她于 1963 年和 1972 年分别凭《八月炮火》和《史迪威与美国在中国的经验，1911—1945》两度获得普利策奖。

② 指由中国社会科学院社会学研究所、中国社会科学院社会政策研究中心、爱德基金会传一慈善文化基金拟联合举办的"东西方慈善文化国际论坛"。

路'之类。"①

上述这段话就是在讲跨文化中要关注的两个问题。第一个问题是，跨文化要避免把一些文化的特殊性相对化，如果相对化，就很容易去注重一些似是而非的普遍性，就好像"大家都用两条腿走路"。汪德迈强调，我们在跨文化中首先要关注每一种文化的特殊性。第二个问题是，要关注文化的特殊性扎在世界文化共有土壤中的根基，也就是说，这种特殊性是可以被理解的特殊性，是人类共性之中的特殊性，也只有在这层意义上才可以说，越是民族的就越是世界的。

二　卡尔·雅斯贝斯的轴心文明理论

那么，如果我们要理解人类文明、要理解东西方文化，它们共有的土壤是什么呢？我认为，这首先需要理解共有土壤的两个重要时间段。第一个时间段是公元前 800 年至公元前 200 年，也即轴心文明时期；第二个时间段是公元 13、14 世纪以后，也即现代性兴起以后。

轴心文明理论是德国思想家卡尔·雅斯贝斯在 1949 年提出来的。他认为，我们要到公元前 800 年至公元前 200 年这个时期去找历史的轴心："看来要在公元前 500 年左右的时期内和在公元前 800 年至公元前 200 年的精神过程中，找到这个历史轴心。正是在那里，我们同最深刻的历史分界线相遇。我们今天所了解的人开始出现。我们可以把它简称为'轴心期'（Axial Period）。"②

他针对的是"西方中心论"。西方中心论认为耶稣基督是人类历史的轴心，人类文明从耶稣基督开始又走向耶稣基督。卡尔·雅斯贝斯从历史

① 〔法〕汪德迈：《中国教给我们什么？——在语言、社会与存在方面》，金丝燕译，香港中文大学出版社，2019，第 1 页。
② 〔德〕卡尔·雅斯贝斯：《历史的起源与目标》，魏楚雄、俞新天译，华夏出版社，1989，第 7~8 页。

与文明的多元起源角度来看共有土壤。在轴心文明理论中，世界上几个重要的文明：西方文明、印度文明、中国文明，都在轴心期同时开始。其中，西方文明包含两种文明，一种是希伯来宗教系，即拯救系宗教，包括了犹太教、基督教、天主教、伊斯兰教，另一种是古希腊文明；而中国文明主要是儒道，尤其是儒家的道德至上；印度文明则从婆罗门教到佛教到后来的印度教都属于解脱宗教系。

那么，这三种主要的文明都开始了什么呢？卡尔·雅斯贝斯说，是"开始意识到整体的存在，自身和自身的限度"[1]"意识再次意识到自身，思想成为它自己的对象"[2]。卡尔·雅斯贝斯说，这些文明的"信念和教义虽然途径不同，但有一点是共同的，即人能够仅仅独自一人踩出这些途径，他通过在存在整体内不断意识到自己而超越自己"[3]。这就是说，一个人就可以承载文明。在轴心期以前，文明的载体是家国，是社会，是共同体；轴心期以后，文明的载体是个体，而且个体因不断意识到自己而超越自己。这就是轴心文明的一个特点，叫作"超越突破"。

那么，超越突破的核心是什么呢？金观涛、刘青峰[4]根据美国学者本杰明·史华兹（Benjamin I. Schwartz）将"超越"的意义概括为"退而远瞻"（standing back and looking beyond）的观点，进一步认为："'退'指个体能从社会中退出来，即超越；远瞻就是人要寻找更高的精神价值，即考

---

[1] 〔德〕卡尔·雅斯贝斯：《历史的起源与目标》，魏楚雄、俞新天译，华夏出版社，1989，第8页。

[2] 〔德〕卡尔·雅斯贝斯：《历史的起源与目标》，魏楚雄、俞新天译，华夏出版社，1989，第9页。

[3] 〔德〕卡尔·雅斯贝斯：《历史的起源与目标》，魏楚雄、俞新天译，华夏出版社，1989，第10页。

[4] 金观涛，台湾政治大学讲座教授，中国美术学院南山讲座教授，香港中文大学中国文化研究所高级名誉研究员；刘青峰，香港中文大学中国文化研究所名誉研究员，《二十一世纪》双月刊前主编。二人长期合作学术研究，合著的主要代表作有：《兴盛与危机——论中国社会的超稳定结构》《开放中的变迁——再论中国社会超稳定结构》《观念史研究：中国现代重要政治术语的形成》《中国现代思想的起源——超稳定结构与中国政治文化的演变》（第一卷）等。

虑个体生命的终极意义。"① 个体从社会关系中走出来，独立寻找人生的终极意义，不但个体是生命的载体，也成为文化的载体。而且，这样的个体才可能建立他们的"应然世界"。现实世界是实然世界，那么应然世界是什么样的呢？每个人可以扪心自问的应然世界，是有了超越突破以后才可以建构的世界。我们讲正义、讲正当，都是因为我们确立了一个应然世界，确定了一个价值方向。也只有在这个基础上，我们才可以说有慈善——没有这个方向，凭什么说帮助人是好事呢？为什么帮助人不是坏事呢？这个方向就是在人类文明的轴心期构建起来的。

三　金观涛、刘青峰的"超越突破四种基本类型"

那么，人类文明在轴心期形成的建基于超越突破的共有土壤之上，又形成了几种怎样的类型呢？金观涛和刘青峰两位老师做了一个概括。金观涛先生曾经有过一个比较形象的比喻，他说，好比一个人掉到一个坑里面，这时人可以有什么选择呢？一是选择"我靠我自己爬出去"，二是"靠外力来拯救我出去"，这是内力、外力的两种选择；而在时间上，一是选择"我现在就要爬出去"，二是选择"以后再说"，这就是"今世"和"来世"的两种选择。逻辑上，二二得四，只有"内力与今世""内力与来世""外力和今世""外力和来世"这四种选择。而轴心期实现超越突破的人类文明的主体形态也就是四种。超越突破的四种基本类型形成了人类文明思想史上基本的宗教哲学观念。金观涛、刘青峰这张"超越突破的四种基本形态"（见表1）一目了然：依靠外力离开此世的希伯来宗教文明；依靠外力进入此世的古希腊认知哲学文明；依靠内力离开此世的印度解脱宗教文明；依靠内力进入此世的中国道德追求文明。

---

① 金观涛、刘青峰：《中国思想史十讲（上卷）》，法律出版社，2015，第16~17页。

表 1　超越突破的四种基本形态①

	离开此世	进入此世
依靠外部力量	希伯来宗教对一神的皈依（类型一）	古希腊对理性认识的追求（类型三）
依靠自己的修炼	印度宗教对解脱的追求（类型二）	中国对道德价值的追求（类型四）

　　但是，这四种形态的文明在很长时间内彼此隔着巨大的空间，互相不了解。在古希腊太阳神庙上有一石刻铭文，上面写着："人啊！认识你自己。"据说是苏格拉底的名言。苏格拉底还有一句名言："我知道我一无所知。""我知道我一无所知"，这个思想就已经进入二阶思维。"我知道"的"知"和"一无所知"的"知"，是两个不同的知。第一个"知"是对第二个"知"的一种思考，"我一无所知"是一种状态，"我知道我一无所知"是对"我一无所知"状态的一种思考，这就是人超越突破以后才会有的思想。而在郭店楚简的《道德经》里有一句话："人贵有自知之明"；孔子则说过："知之为知之，不知为不知，是知也。""知之为知之"中前面的"知"和后面的"知"与苏格拉底用的两个"知"是一样的，只不过顺序不同，前面的"知"是状态——知之为知，后面的"知"是对状态的认识。但在当时，这样的思想、这样巨峰一般的思想家，并不知道彼此。于历史漫长的过程中，人类在自身发展以后才逐渐开始有相望和接触。

　　跨文化的视野不仅可以使我们更好地了解他者，而且反过来也可以使我们更好地发现自己、认识自己。关于认识自己，我们也确实看到，不同文化之间对"认识自己"的认识也是不一样的，比如，在"希伯来宗教对一神的皈依"（类型一）与"中国对道德价值的追求"（类型四）这两者之间。当然，在现代性形成以前，首先是希伯来宗教系的思想和古希腊认知哲学思想融合，之后才会有现代性的形成。西方人讲正当性是讲公平、公正。那公正的背后是什么？公正的背后是法。法为什么公正？因为法律

---

① 金观涛、刘青峰：《中国思想史十讲（上卷）》，法律出版社，2015，第43页。

是神圣的。法律是神圣的这个观点就来自希伯来宗教系，它认为法律是神为人立的。但这不是中国思想，我们现在经常说法律是神圣的，可我们的文化其实并没有法律是神圣的这个观念的根。那么，我们在讲正当性的时候，我们在讲的又是什么？是道德。道德的追求是什么？是善。善是什么？善是好的普遍化；光是好不行，因为对我好的不一定对你好，只有当好可以普遍是好的时候，它才能变成善，善就是我们道德追求的方向。"善"和"神"的概念是不一样的。为什么我们讲要发现自己呢？因为在很长的时间里，至少是在近代化以后的几个世纪里，当东方和西方接触以后，大部分西方思想者和大部分中国人自己并不认可中国思想。

四 "外向超越"和"内向超越"

中西文明的两种超越模式——"外向超越"和"内向超越"，出自《从价值系统看中国文化的现代意义》①。其中认为超越突破后"超越世界"和"现实世界"分离了，"超越世界"是价值之源和应然世界，人可以据此来衡量和矫正"现实世界"，这是中西方共性的；但西方的"超越世界"是完全在"现实世界"之上、之外的，而中国的"超越世界"和"现实世界"是不即不离的，是自己内心的突破。

关于这两种超越模式，我举两个例子。

我大概 20 岁时读雨果的《悲惨世界》，书中有个情节印象深刻：书中有个非常虔诚、非常克己、圣人般生活的人物——米里哀主教，他和一个仆人一起守着一个小教堂，他所有的事情总是首先想到他人。有天晚上，他的仆人为他煮了一锅汤，仆人正为忙碌一天的主人终于可以好好喝碗汤而欣慰时，突然闯进来一个流浪汉——冉·阿让，主教就站起来说，我刚

---

① 这是余英时先生在 1983 年的一次演讲；余英时先生开始用"内在超越"，因容易被理解为"道"的精神实体化，故改为"内向超越"（inward transcendence）和"外向超越"（outward transcendence）。参见陈致《余英时访谈录》，中华书局（香港）有限公司，2012。

吃完晚饭（其实他还没吃），正担心这锅汤该怎么处理呢，浪费了也不好，朋友，你帮个忙，把它喝了吧。这个流浪汉毫不客气地把汤全喝完了，米里哀主教就饿着肚子为流浪汉冉·阿让安排好睡觉的地方。半夜，冉·阿让看到几个闪闪发亮的东西，那是屋子里唯一值钱的一套银器，是主教的餐具和茶具。冉·阿让卷起银器就走了，路上他碰到一个警察。警察觉得夜行的流浪汉带着一套昂贵的银器不合情理，就问哪儿来的，冉·阿让说，我刚从一个朋友那儿出来，他送我的。警察带他回去查询，刚一进门，警察还没说话呢，米里哀主教就说，哎呀，我的朋友，你看你怎么还有个茶壶没拿呢，我刚才不是都给你了吗，你怎么不拿呢？警察自然无言而去。① 小说中受到感召的冉·阿让后来成为善良而富有责任感的人。

我当时 20 岁，看到这里时，既感动，但又很困惑：要是冉·阿让这个人不觉悟，不是纵容了他作恶吗？其实那是我的浅薄，我不明白在米里哀主教面前，绝不是只有他和一个流浪汉，他面对的还有一个外在的主体存在——上帝。对他来说，不是他要去帮助这个流浪汉冉·阿让，不是他和冉·阿让之间的关系，而是他在上帝面前怎么实现个人的超越和升华，他和冉·阿让之间是在天上的世界、在上帝之城中的兄弟关系。

举个中国的例子。司马迁的《史记》记载，季札是和孔子同时代的人，吴国的王子，三次让国，广交贤士。他有次要出使晋国，路上佩剑拜访了徐国国君，徐国国君观赏季札之剑，口虽未言，喜欢想要之意神色尽显。季札也心里有数，但"为使上国，未献"。等季札归途再来时，徐国国君已死。季札就到其墓地，摘下宝剑挂在了墓旁的树上。当时随行的人说，徐国国君都死了，你给谁呢？季札说，当时我知道他喜欢这宝剑，心里面已经决定要把这把宝剑赠送给他了，但是因为我当时要去出访，所以没有赠送，但是，"始吾心已许之，岂以死倍吾心哉！"这"倍"字是个通

---

① 此处故事复述在细节上与原文有不符，但整体并不影响读者对原意的理解。参见雨果著《悲惨世界》，李丹、方于译，人民文学出版社，2002。

假字，意思是说：怎么能因为他死了，我就背叛我的心呢？这就是"季札挂剑"的故事。"不能倍心"是为什么？因为心能通"道"，这个"道"的观念就是余先生①所讲的和"现实世界"若即若离的"超越世界"。

余先生问，"道"是不是有一种在宇宙中流行的精神实体呢？内向超越有没有个实体呢？西方人讲上帝是真实的存在，不是你自己的观念里信了他就有、不信就没有的，他是一个真实的存在。那么"道"是不是也是真实存在的呢？余先生说，他承认古人有这样的认定，但是他作为一个历史学家，对于宇宙间是否真实存在这样一种精神实体，既不能肯定也不能否定，因为他没有体验到这个经验，就像他对于上帝的存在也只能存疑一样。② 但是，至少我们可以看到，这样两种超越观念在精神史过程中各自的存在。而个体直接面对终极关怀，人在反思中突破生命的局限而面向永恒，是人类文明超越突破的共同土壤。

五　慈善文化的定义与结构

简单概括来说，人类文化的共同土壤就是刚才说到的人在反思中突破生命的局限而面向永恒。那什么是在共同土壤上扎下根的特殊性呢？"外向超越"是西方文化的特殊性，"内向超越"是中国文化的特殊性，但是它们都扎在共同的土壤之中。这个共同土壤和我们讲的慈善文化的关系又是怎样的呢？

关于慈善文化，我的定义是，慈善文化是慈善的成因与展现。我认为，慈善文化在结构上表现为三层结构，即内层、中间层和外层。其中，内层是意识层；意识层是慈善的成因，慈善文化领域的范围有多大，就是由被慈善意识的光所照耀的范围所决定的。如果我们讲人类文化，文化里

---

① 指余英时先生。
② 参见陈致《余英时访谈录》，中华书局（香港）有限公司，2012。

包含物质文化，那这是被人的光所照亮的，世人所创造的。而只有被慈善意识的光照亮的才能包含在慈善文化的范围里面。中间层是慈善文化的行为层，是慈善展现的过程，刚才几位嘉宾讲到的慈善文化的传承、慈善文化的问题和突破点，基本都在中间层，也就是行为、方法、规范和法律的层面。外层是慈善文化的物质层，是慈善的物化、固化的展现。慈善文化从哪里切入？对这个问题，我的理解是，当前我们的慈善文化研究里面特别缺的——不能说哪一层是最重要的——是关于不同的意识层怎样支撑、影响、作用于行为层方面的研究，这应该是个切入点。

六　"内向超越"支撑的慈善原动力

那中国的内向超越这种方式、这种哲学思想、这种文明形态，它在慈善的原动力上提供的支撑点是什么呢？如果讲外向超越，我们可以看到：你要爱邻如己，这是基督的教导；你左手做的好事，不要让右手知道，这是基督的教导；而你在暗里做的善事，主在明里（明里是在天堂里）加倍赏赐于你，这是最终的超越实现。可以看出，外向超越，它的支撑点非常明确。

但是，内向超越给中国慈善原动力的支撑点在哪里呢？如果有人对中国思想史、哲学史感兴趣，我推荐劳思光先生①的这套三卷四册《新编中国哲学史》，我认为这是当前最好的中国哲学史著作。内向超越是以心通"道"，它对慈善的支持就在人心何以有善念有良知。这张 PPT 上，我红线画出来的这些语句——文化："人文之学"；人能立"公心"、求"正当"；人实现价值的能力内在于人性之实质中——就是来源于孔子人文之学的精神方向。人文之学的本质是什么？本质是要肯定人的主宰性。为什么永

---

① 劳思光（1927~2012 年），当代汉语学术界最具影响力的哲学家之一，生前为台湾"中央研究院"院士，著有三卷本《新编中国哲学史》（台北三民书局出版）。

光①讲他做慈善就是为了追求自由？他的意思是说，他做慈善是为自己。那为什么这个为自己是有价值的？就是因为它体现了人文之学的本质，即人的主宰性。人的主宰性里面最特别的就是人能够立公心、求正当。我们正当性的来源就是从内在来的，而不是从外在来的。那么到孟子的时候，他为什么讲"性善论"？当年孟子讲"性善"，其实是讲人在本质上具有善的能力，至于你善不善，是你用不用这个能力的问题，所谓"我欲仁，斯仁至矣"。人实现价值的能力内在于人性的本质中间，这是孟子性善论最根本的观点。在这一点上，儒家和佛教相通；大乘佛教中，人人皆可以成佛，佛性自在，至于你觉不觉悟那是另一个问题。

七　问题

讲慈善文化的跨文化视野讲到这里，我们其实就大概梳理了思想脉络。接下来，我们需要考虑两个问题。

第一个问题是，不同的意识层如何对行为层发生作用？这个问题的背后是两个问题：一是意识层对行为层的作用方式。它应该有个模式，要完成这个模式，你需要对我刚才讲的慈善文化的三层结构中的内层结构再做出一个解剖，它的内层还是可以再细分的。二是外在超越和内在超越的不同文明形态中的慈善文化的意识层对行为层的影响会有什么样的差异？杨团②刚刚从实践中总结了一些，比如她讲社会关系，讲实践上我们怎么定位和政府的关系，而这些关系在理论上是什么呢？理论上是张力平衡的问题。在张力的对抗中求平衡是一种模式；还有一种模式是在协调中求平衡，这种模式它在自省中协调、在协调中平衡，比如个人和组织机构之间的关系问题，理论上可以看作"自我"和"他者"的关系。而自我和他者

---

① 徐永光，南都公益基金会理事长。
② 杨团，中国社会科学院社会学研究所研究员、社会政策研究中心顾问。

的关系又有两种模式，一种是以"他者"为镜子来发现"自我"，另一种是以"自我"的深入来理解"他者"。我们讲权利和责任的关系也有两种模式，一种是权利本位，权利优先，以权利平衡义务，另一种是责任本位，责任贯穿权利。不同的理论模式，在实践上会带来不同的组织形态，也会带来不同的社会预期、社会蓝图的设计，不同的机构和人的关系。

当然，我们还必须面对一个问题，那就是如何面对现代性。今年（2019年）是"五四运动"一百周年。我们怎么看现代性？我们怎么看传统？我们能不能回到传统？我们能不能说"五四"也是我们的传统？传统文化能不能经得起我们在当代科学世界面前以反省的精神来梳理它、继承它和发扬它？这恐怕是现代中国人要面对的问题，也是中国文化在今天这个世界上要经受的考验，而我认为慈善文化的理论和实践应该对此命题率先有所作为。我们可以从现代性面临的挑战与走出轴心时代的忧思切入，探索创造性转化在慈善文化领域的实现。从这个意义上来说，我们任重道远！

公益与商业：从问题走向问题的深入

【编者按】公益与商业的本质是什么？如何看待商业对公益的影响？当今时代，我们需要建构怎样的公益格局？针对近年来中国公益慈善行业涌现的对这些问题的争论，2018 年 10 月 22～23 日，在南都公益基金会的支持下，中国人民大学中国公益创新研究院与敦和基金会联合主办了"公益与商业关系国际研讨会"。陈越光先生受邀在研讨会闭幕式上做了总结演讲。在演讲中，他提出，"公益与商业关系"议题背后的问题意识是：在商业资本的冲击下，公益能坚守自己的本质及价值观吗？此外，他还总结了针对"公益与商业关系"的七个思考点：（1）公益伦理能接受"公益为私论"吗？（2）公益资源的配置不按市场原则，按什么原则？（3）公益界如何看待资本？（4）手段的异化是一般规律；（5）我们站在哪里？（6）主体属性的硬约束；（7）公益组织的社会目标追求。有勇气探索问题背后的本质，并能够从问题走向问题的深入，是陈越光先生一直鼓呼并以身实践的信念和方法。

开场白：理解、倾听、思考

我先代表（徐）永光转达一个对本次会议的评价，他今天下午去中央电视台接受采访不能来，他说："会议很成功，是开学术研讨会之好范式。"

刚才（康）晓光①说，请我做这个不是总结的总结。我略说明一下，这不是代表会议主办方的总结，而是一个理解者、一个倾听者、一个思考者的个体对整体会议的总结。这首先是我个人对本次会议设计的理解。本次会议的设计并不是我们主办方三家（中国人民大学中国公益创新研究院、敦和基金会、南都公益基金会）共同完成的，而是康晓光团队完成的，所以，我所讲的会议设计是我个人的理解。同时，我是一个听了两天会议的倾听者，也是有自己想法的一个思考者。

我大概讲三个问题：第一是会议的构成；第二是我昨天晚上做总结准备时花了最大工夫但今天没时间细讲的问题，就是本次会议上我们讨论的七个维度；第三是这次会议讨论从问题到问题深入的七个思考点。

一 "公益与商业关系"背后的问题意识

先讲第一个问题，我们这次会议的构成。这次会议的构成有两条线，一条是问题线，另一条是人员线。接下来，我都点到为止地说，不做细的分析。

在这次会议的问题线上的一个主问题，其实就是昨天下午平行论坛第一组的命题，"公益的本质及价值观"。公益与商业关系，这个命题其实蕴含着一个问题意识，那就是，在商业资本的冲击下，公益能坚守自己的本质及价值观吗？我想，我们的与会者很好地理解了会议组织者的设计，所以这次会议对这个问题的讨论和争论是比较充分的。会议在这个基本问题下面，从三个不同角度提出了以下三组问题。

1. 商业策略作为公益创新模式

这是一个现象，是正在发生的事情。同时，这也是一个正面的表达，它背后的问题意识是，作为手段的、以社会企业为代表的商业策略，在创新公益的同时，是否正在异化公益的目的？

---

① 康晓光，中国人民大学公共管理学院教授、中国公益创新研究院院长。

2. 互联网对公益与商业关系的影响

这也是大家都熟知、所公认的一个现象。这个现象背后蕴含的问题是，我们了解互联网的趋势和未来吗？我们所有的冲动是不是一种对不确定性的未来的盲目的冲动呢？互联网在改变世界，被它改变后的世界将是一个什么样的世界呢？

3. 企业社会责任的理论与实践

这个问题也是从中性角度提出的，它蕴含的思考是，如果企业的社会责任往前推，最后的走向是不是企业的社会责任最大化就应该是企业本身成为一个社会企业？而如果企业都成为社会企业，我们所讲的作为一个单独门类的社会企业又该怎么设计呢？

以上构成本次会议的问题线，由于时间关系，在这里我不能展开讲。接下来，我讲一下这次会议的人员线，这是会务组提供的资料。

这次会议与会者一共219人，其中，美国9人、加拿大1人、澳大利亚1人、奥地利1人、荷兰1人；中国台湾12人、中国香港2人、内地192人。219人中，境外有27人，共中外籍的是14人。

这次会议的界别分布：公益界119人，占54%；学术界88人，占40%；工商企业界12人，占不到6%，比外籍人士的与会者还少。

以上是这次会议参会人员的一个分布。相对于会议主题的设计来说，确实工商企业界与会人员的比重比较弱。

二　"公益与商业关系国际研讨会"发言和讨论的七个维度

如果我们把这次研讨会包括大会发言在内的所有讨论进行归纳，大概可以分为七个维度。

（1）个案：从一个组织、一个项目、一个地区的经验来提供讨论对象，分享实践、研究与思考；

（2）背景：包括公益与商业关系的历史梳理，以及工商、学商、社商等关系的背景分析，等等；

（3）专题：比如企业社会责任的专题，等等；

（4）方法：像 3A3E 评价体系、公益财务报表披露系统、创新对企业和社会组织的作用分析等，这些都是属于方法论的问题；

（5）法规：像 NPO（非营利组织）、PO（营利组织）各自的纳税约束，等等；

（6）观念：义利之辩、"施利及人"价值观与 CSR（企业社会责任）、公私观念在东西方不同文明中的差别等，这些都属于观念系统；

（7）目标：公益对于一个个体、一个项目、一个组织，有自己的战略目标设定，而它们在整个行业的投射是什么？这中间有人提出建设中国特色社会主义现代公益模式的问题，等等，这些都是目标系列。

三　从问题到问题的深入："公益与商业关系国际研讨会"的七个思考点

今天着重想讲的是第三个问题，即从问题到问题的深入。我归纳了七个思考点，你们可能有不同的看法。

"左""右"的口号都只是一种符号化的表述，而且像"市场化""商业化""自由化"等，所有的"化"最本质的体现往往是简单化，都不能真正完整地、明确地、准确地来归纳某一种现实。所以，我不想在"公益市场化"这样的口号层面站边和讨论，而是从问题走向问题的深入，就一个一个具体的问题点来思考。

第一个思考点，公益伦理能接受"公益为私论"吗？

"公益为私论"的支撑是什么？是个人的心理体验。就是说，你为什么做公益？我为了快乐；或者也会有人会说，我为了自由。这些不都是为自己吗？很多公益人在扪心自问的时候也都感觉到，似乎有一定道理。我们从事公益常常为了我的梦想，为了我的理念，为了我的信仰，这些不都是为了我吗？我的选择，我的乐意，根本上不就为私了吗？提出"公益为私论"的出发点是什么？出发点是要反对道德绑架。它的效果是什么呢？效果是拉低公益的道德门槛，可以和商业相通。以上大概是"公益为私论"的三个要点。

这种心理体验是一种误解。为什么呢？这种误解把人的主体性和人的私欲混为一谈。以中国哲学来说，孔子认为他的学问是"为己之学"，但这个"己"不是为自己的私利。荀子在解释孔子提出的"为己之学"与"为人之学"这个命题时，认为"为己之学"是君子之学，"为人之学"是小人之学。因为前者入于耳、得于心、形于行，可以实现自己的完美，这有点像歌德说的，最高真理蕴含在我们的心里，就像我们内心蕴含着一颗太阳，在一切行动上将放射出它的豪彩，而后者入于耳、出于口，只是一种贩卖，求学的目的不是修身，而是拿学问去做交易，这是小人之学。克己复礼，还是要靠你自己内在的道德力量、靠人的主体性中德性的力量；也就是说，善念在你心，恶念也在你心，当我们讲内心体验的时候，我们要问：我们的内心体验是从善念出来的，还是从恶念出来的？我们要问：我们是在通向高尚之路，还是通向堕落之路？所以，不能把我自己的选择就笼统地解释为"为私"。

至于以"公益为私论"反对道德绑架，这无可厚非。中国的传统中确实有"泛道德论"的倾向，一切拿道德说话。中国思想界也长期对之进行反思。在这个问题上，警惕道德绑架是对的，不能认为公益界有人背弃道德、出现严重的道德败坏问题，就都是资本惹的祸、商业惹的祸，就像我们以前总习惯说一个国家干部堕落了就是被西方腐朽的资产阶级思想腐蚀了那样。其实，贪污腐败道德败坏问题几千年都有。同时，我们也不能认为，一个公益从业者就天然具有道德优势，就有资格鄙视一个商业从业者，就把经商都看作唯利是图。但是，我们也不能以降低公益的道德自我期许来反对道德绑架论，这是不相干的问题。我也不认为用这样的方式达到的效果是好的。商业的出发点可以是求利，虽然其中也有人不是以求利为出发点从商的；但是，公益不应该容忍以求利为出发点。因此，在伦理上，商业应该仰视公益。这不是指个体，而是行为境界的追求。

第二个思考点，公益资源的配置不按市场原则，按什么原则？

我们恐怕不能不承认五百年来人类社会最深刻、最激动人心的变革与发展发生在两大领域：科技和市场。市场总是和商业连在一起，商业的本质功能是交易，市场的本质功能是资源配置。

到现在为止社会资源配置的方式，一种是市场的方式，另一种是计划的方式，另外还可以有"各取所需"的方式，但这种方式还没有成功实践过。如果公益不用市场的方式配置资源，那其他的选择就是用计划的方式。

以市场配置资源就是以法律和契约精神托底，具有自由意志的独立主体可以做出自主行为，实现双向互助、互惠、互利。这中间也有很多问题，但就主体选择来说，离开市场的原则，使用计划的原则配置资源，恐怕不是更好的选择。

从长周期看，中国公益慈善和市场发展的曲线同步起伏。一共三个高峰，第一是明清，第二是 20 世纪上半叶，第三是 20 世纪 80 年代至今，这三个峰一个比一个高。

就配置资源来说，在狭义上，市场可以超越主义，资本主义可以用，社会主义也可以用，这是中国人在 20 世纪 90 年代达成的认识。但是，在广义上，市场是不是可以跨界，商业可以用，公益可以用，思想界也可以用？2011 年，诺贝尔奖获得者、百岁老人科斯盛赞中国经济取得了令人赞叹不已的成果，但他同时也尖锐地指出，中国经济面临着一个重要问题，即"缺乏思想市场"；他特别指出，"一个运作良好的思想市场，培育宽容，这是一服有效的对偏见和自负的解毒剂"。① 从这个意义上说，我们不

---

① 罗纳德·哈里·科斯（Ronald H. Coase，1910 年 12 月 29 日～2013 年 9 月 2 日），新制度经济学的鼻祖，芝加哥经济学派代表人物之一，1991 年诺贝尔经济学奖获得者。科斯赞赏中国的经济改革成就，在 2011 年 12 月的《财经》年会上发表视频致辞，提出了上述观点。

能把市场理解为资本决定一切。公益市场里的活动就是在法治保障和契约精神环境下的独立主体间平等互助的自由行为。

第三个思考点：公益界如何看待资本？

首先我特别说明一下，企业家不同于资本家，只是企业家往往是以资本的方式而不是以企业家的身份进入公益领域。如何区分企业家和资本家，更好地理解企业家精神？可以读一读马克斯·韦伯的《新教伦理与资本主义精神》。

提到"资本"这个词，45 岁以上的中国人都会不约而同地想起两句"马克思语录"。一句是："资本出现世上，是从头到脚，每个毛孔都渗透着血和污物。"[1] 另一句是："一旦有适当的利润，资本就胆大起来。如果有 10% 的利润，它就保证到处被使用；有 20% 的利润，它就活跃起来；有 50% 的利润，它就铤而走险；为了 100% 的利润，它就敢践踏一切人间法律；有 300% 的利润，它就敢犯任何罪行，甚至冒绞首的危险。"[2]

这两段话都在《资本论》第一卷第二十四章，说它们包含在马克思的思想体系里，不能说错，但简单说它们是"马克思语录"则是有问题的，因为第二段话其实出自马克思著作的一个注释，是转引登宁著作里的话，不是马克思的原文。第一段话有一个前提："奥琪尔说，货币'出现世上，会在颊的一边，带有生成的血痕'"，中间是逗号，之后才有那句"我们也可说，资本出现世上……"[3] 还要知道，《资本论》第二十四章标题是

---

① 〔德〕马克思：《资本论》，上海三联书店，2011，第 565 页。

② 参见马克思《资本论》第一卷第二十四章第 829 页注：《评论家季刊》说："资本逃避动乱和纷争，它的本性是胆怯的。这是真的，但还不是全部真理。资本害怕没有利润或利润太少，就像自然界害怕真空一样。一旦有适当的利润，资本就胆大起来。如果有 10% 的利润，它就保证到处被使用；有 20% 的利润，它就活跃起来；有 50% 的利润，它就铤而走险；为了 100% 的利润，它就敢践踏一切人间法律；有 300% 的利润，它就敢犯任何罪行，甚至冒绞首的危险。如果动乱和纷争能带来利润，它就会鼓动动乱和纷争。走私和贩卖奴隶就是证明。"（〔英〕托·约·登宁：《工联和罢工》，1860 年伦敦版，第 35、36 页）

③ 〔德〕马克思：《资本论》，上海三联书店，2011，第 565 页。

"所谓原始积累"，是对原始积累时期资本的分析。我们今天已提出"科学技术是第一生产力"，如何理解资本恐怕也应该有新视野。但无论如何有一点，自有了《资本论》，资本统治世界就不再是天经地义的了。

公益界怎么看待资本？应该去掉"原罪观"。在公益的视野里资本有三种：第一种是一般的商业资本；第二种是耐心资本，比如影响力投资；第三种是弘善资本，捐到基金会的钱属于此类，资本成为公益慈善基金会的本金，性质发生变化。耐心资本尽管也有一定的弘善之心，但离一般的商业资本更近，还在商业法则里。而直接进入公益界的弘善资本，应该遵循一定的规则。以敦和基金会为例：第一条原则，不允许理事直接向项目官员推荐项目，理事要推荐项目只能通过秘书长；第二条原则，理事推荐的项目必须在章程和规划以内并遵循已确定的审批程序；第三条原则，就算理事自己专项捐资做项目，也要按照这个规则，不符合的不接收这个专项捐款。所以，并不能说弘善资本进入公益后就是资本决定一切了。

第四个思考点：手段的异化是一般规律

异化是一般规则，两千多年前庄子就专门谈过"有机械必有机心"① 的问题。商业手段在公益中使用也必然发生异化，但不能在门口堵这个必然要发生的异化，只能在过程中规范和修整它。时间不够，这点不细说了。

第五个思考点：我们站在哪里？

我们的全部讨论都有一个基础性问题，即你站在哪里的问题。所有人都知道我们不能只站在概念上争论，那我们是不是也不应站在界别的门口当"守门员"呢？20 世纪 90 年代末，中央决定对新闻出版机构进行企业化改制，一位国务院副秘书长召集了一个座谈会，一边是宣传系统的人，另一边是企业界的人。宣传系统的人基本都反对，理由是，企业都为了追

---

① 《庄子》内篇《天地》载，子贡见一位老者抱瓮出灌的辛苦，以为他不懂用有杠杆作用的"槔"，可以用力寡而见功多，上前劝说，但老者拒绝了，说："有机械者必有机事，有机事者必有机心。机心存于胸中，则纯白不备；纯白不备则神生不定；神生不定者，道之所不载也。吾非不知，羞而不为也。"

求利益最大化，怎么管得好导向问题？企业系统的人回答说，原子弹都是企业造的，企业也没有为了利益最大化把原子弹卖给别人啊！所以，身份不是决定性的，重要的是规则设定。我们应该选择站在社会需求的点上来看；公益行业在扩展过程中应该允许身份的模糊区域。这里不展开说，重点就是不能停下来讨论清楚再发展，而是要在发展中厘清。

第六个思考点：主体属性的硬约束。

站在解决社会需求的立足点上，站在公益行业发展的立足点上，我们主张有身份模糊，但是就个体的主体属性变更却要有硬的法律约束。

我用一个例子简单说明。敦和基金会捐给西湖大学 3 亿元，会商时我只提一个要求，即必须预设在什么情况之下属于西湖大学违约。我相信这个事不会发生，但理论上必须设定违约是什么状态。我首先提出一个状态：西湖大学是民办非营利大学，如果哪一天它改变了这个性质就是严重违约。这不是道德约束，而是法律约束。按照《中华人民共和国民办教育促进法》，对民办非营利学校，政府可以像公立学校一样给予资助和支持，所以必须有法律约束。所有公益机构，尤其是公募型基金会主办的民办非企业机构，如果要转型为一个商业企业以吸纳更多投资，那在法律上必须过这一关，必须解决属性变更问题的法律约束，这是个硬约束。

第七个思考点：公益组织的社会目标追求。

我们既然在社会组织的范畴里，自然有社会目标的预设。我们要寻求什么样的社会目标？（提示我的时间到！）我想要强调，讨论中有人提出现代公益组织是建立在现代性上的，这并不错，但这个问题现在正在发生变化，历史正走向反思现代性的时刻！时间的关系这里不能展开，说几句结束的话。

四　结束语：思想家与实践家

我们在讨论中始终纠结理论和实践的问题。而关于这个问题中国人已经纠结一百多年了，它的起源在 1905 年。那一年，孙中山到伦敦会晤大思想家严复，想用他的名望来号召革命。孙中山讲了他的伟大革命理想和抱负；严复说，中国一定要变，但是你变了甲的时候就要影响到乙，变了乙就会影响到丙，牵一发而动全身，所以民可以使之变，不能使之骤变。孙中山问，先生之见奈何？严复主张"兴民德、开民智、聚民力"，从道德上、智力上、能力上汇聚民众来实现变革。严复说完这番话以后，孙中山发了一句感慨："俟河之清，人寿几何！君为思想家，鄙人乃实行家也。"意思是说，黄河水数百年才会清一清，但人能活多久？思想家只要思想立住了，300 年、500 年、1000 年都能立住，我一个实践家现在不革命，老了还革什么命？于是，中国革命的先行者就先行了。

一百多年来，我们总感慨中国的变革始终理论滞后。但是，回望过去，我们也要感谢，总是有那么些志士仁人，在没有条件的时候以生命去创造条件。我们整个会议在康晓光一篇充满忧思的演讲①中开始，但是我们没有被他的愁云所笼罩，还共同完成了一个充满了思想的热情、充满了行动的期待、充满了希望的会议。

谢谢大家！

---

① 康晓光在研讨会上的演讲以"义利之辨"为主题。他认为，当下中国公益行业对"公益市场化"的过度追捧，会极大地压缩社会组织的功能、扩大金钱的支配范围、误导资源流向、危及公益利他主义的根基，需要运用"义利兼顾，以义制利"的中华义利观，推动以公益为"主"、商业为"从"的公益与商业的健康融合，使公益要素渗透商业领域，商业更加富有利他精神，与此同时，公益也需借鉴一些商业的技术，以提升管理水平和运行绩效。

科学精神与慈善文化

【编者按】 此篇是陈越光先生作为论坛主席在 2019 年 12 月 3 日举办的
第四届中国慈善文化论坛上的主席致辞，其原题目为《不悖科学 不昧良
知》。在致辞中，他精要地回顾了科学与文化的关系、科技对人类社会的
影响，并就科学与慈善的关系提出三个层面的问题：第一层面，科技为公
益慈善创新和发展提供了什么？第二层面，科学精神是否就是科技的方向
盘？第三层面，科学精神是否能为慈善文化建设提供理性支撑？

第四届中国慈善文化论坛将探索的目光投向科技与慈善，关注科学精
神与慈善文化的关系。

我们知道，科学并不外在于文化，科学始终在文明传统的文化母体中
孕育生长。正是在这个意义上，我们理解波普尔①的豪言：科学是对人类
心灵的壮丽探险。

科学技术在改变世界的同时，也改变了人类的生存方式；科学技术在
几何级数地扩张了人的目力、听力、脚步之所及等身体能力的同时，也更
新了人的观念世界。今天，从深海到宇宙空间，从基因编辑到量子通信，
科学技术深刻而不可逆转地改变着世界，改变着社会，改变着人。被它改
变过的世界是更伟大了，但是，是更美好了吗？

---

① 卡尔·波普尔（Karl R. Popper，1902 年 7 月 28 日~1994 年 9 月 17 日），被誉为"20 世纪
最伟大的哲学家之一"，代表作有《开放社会及其敌人》《历史决定论的贫困》《科学发
现的逻辑》等。

当代人的痛苦中，一种最深沉的痛苦，是精神世界中真善美的分裂状态。突飞猛进的现代科学像一个青年那样奔驰，似乎要把价值伦理、人生意义和终极关怀当作儿时童装，遗留在古老的祖屋里。可是，那不是童装，而是人类的童心，只能一起成长，不能抛弃。中华文化的创造性转换、创新性发展，能为人类命运共同体的精神建设，提供一种不悖科学、不昧良知的安身立命之地吗？

各位朋友，在这个深沉而宏大的关切中，让我们把目光聚焦在慈善文化的视角里。我们的问题意识可以分为以下三个层面。

第一层面是，科技为公益慈善创新和发展提供了什么——从技术方法到组织规范？

第二层面是，科学精神是否就是科技的方向盘？如果光靠它做不到，那么——科技会给我们带来全新的未来，但它并不承诺带来美好的未来——慈善文化能给它一个善的指向吗？

第三层面是，慈善文化作为文化的展开不能有悖科学理论和实证的经验，科学精神是否能为慈善文化建设提供理性支撑？

我们不可能凭一次论坛、一番讨论、一个演讲来回答上述问题，我们甚至不可能将问题完全展开。我们只是把这个问题、这种思考提交到慈善的公共视野中，以此表达从事公益慈善的人们身处社会矛盾、问题和冲突的前沿，我们的关切也自然会进入思想的前沿、文化的前沿、哲学的前沿。

本次论坛将在主旨演讲、TED演讲、圆桌对话、业界述评四个环节，分别体现以人为出发点的思考、以项目为出发点的思考、以问题为出发点的思考、以行业为出发点的思考。

各位与会者，科学精神与慈善文化是一个当代慈善文化建设中的重大理论和实践命题，更是一个当代公益人的人生问题。今天的论坛，我们将融专注倾听与内心对话、问题探讨与生命思索为一体。时间是消失的，生命是成长的，可以期待我们这半天的时间将转化为真正的生命。

中国公益慈善教育的现状及发展

【编者按】 2019 年 8 月 31 日，由中国红十字会和苏州大学联合创办的红十字国际学院正式挂牌成立。此篇为陈越光先生在挂牌仪式当天的演讲。红十字国际学院的成立填补了国际上没有一所真正意义上的红十字大学（学院）的空白。而在演讲中，陈越光先生进一步提出，我们是在"传授知识，领悟生命，规范行为，传递文化"的责任使命的意义上见证了红十字国际学院的成立。

"中国公益慈善教育的现状及发展"是会议主办方给我的题目，让我用几分钟时间来阐述我对此的判断和看法。我讲三点。

一 对我国公益慈善事业的现状的判断："趋好时期"与"梯级滞后"

我们的公益慈善事业总体处在发展规模最大、发展态势趋好的时期。但是，我们还应该看到存在梯级滞后的现象：慈善事业滞后于社会发展需求；慈善文化滞后于慈善组织发展；慈善教育、研究又滞后于慈善传播，在倒数第二个台阶上；最后一个台阶是基于文化、价值的慈善理论研究。

我们今天熟知的"第三部门理论""政府失灵论理论""市场失灵论理论"都是西方来的，它们都起过引领作用，但这些都是在西方的文化支撑下完成的理论，有的可以通用，有的有点别扭，有的基本不适用。因为背后的文化衔接不上，我们是从方法入手，先讲操作手法，而至今还没有一套系统的、从价值到方法基于中华文化精神的公益慈善理论。

二　对快速发展的公益慈善教育中的问题判断：三种失衡

我国有 2956 所高校和 268 所成人高校，虽然开设公益慈善学历教育的不到 1%，但设置社工专业的已超过 10%。敦和基金会去年（2018 年）做了一个针对公益慈善学历教育促进的资助项目，根据我们的项目官员叶珍珍的项目背景调查资料，从中可以看出目前的公益慈善教育有三种失衡。

从面向行业内外的对象看：增量与存量的失衡。目前的公益人才培养项目 80%～90% 都是面向业内从业者的，各种行业领袖培训资助计划，行业高级管理人才硕士学位计划，针对业内筹资、HR、传播专业培训计划等；面向行业外在校学生的学历教育和跨界人才培养计划仅 10%～20%。

从课程体系看：办学与办班的失衡。目前开设的公益慈善学历课程大多在专业办班的状态，学历衔接不畅、缺乏系统课程体系设计。

从教学内容看：理论与实务的失衡。中国公益领域本来就从方法入手，加上就业导向，急用先学，公益慈善学历教育的内容基本上是实务操作的方法教学。

三　公益慈善教育发展的三种推动力

需求推动：到今年（2019 年）6 月底，全国已有社会组织超过 80 万家，另有超过 30 万家在城乡社区备案的组织，据估计，2020 年全国社会组织从业人员需求缺口约 1300 万人。

行业推动：公益行业机构以组织资源、资金、实习基地、就业全方位推动合作。7500 家基金会是行业中推动和支持公益慈善教育的最活跃因素

（与上海宋庆龄基金会、基金会中心网合作的北师大珠海分校，2012 年；与中国华侨公益基金会合作的南京工业大学浦江学院公益慈善管理学院，2014 年；达理、盖茨、敦和、老牛、巧女五家基金会发起国际公益学院，2015 年；鄞州银行基金会支持的浙江大学宁波理工学院"益立方"班，2016 年；等等）。

文化推动：文化明明是前面说的梯级滞后的最后一级，是个短板，为什么可以是一种推动力？推论的逻辑是——中华民族的现代化进程是在其世界化的过程中完成的；中华民族在世界民族之林中倡导人类命运共同体建设的核心魅力是文化；中华文化的时代性挑战和历史性使命是它的创造性转化和创新性发展；中华文化在创造性转化和创新性发展中实现激活本来、转化外来、创新未来的历史性场域在慈善和教育领域，公益慈善教育就在这样一个结合点上！因为，这样的教育承载着"传授知识，领悟生命，规范行为，传递文化"的责任使命。

各位朋友，我们正是在这样的意义上，在这里见证和祝贺红十字国际学院的成立。我们也有理由期待它在未来的岁月里展现它历史性的魅力，以回报我们今天奉献给它的热情！

附2 如何更好地营造慈善文化的舆论氛围

——对话中国慈善联合会副秘书长刘佑平

【编者按】此篇为2017年6月14日在新华公益主办的现场访谈上，陈越光先生与中国慈善联合会副秘书长刘佑平先生的对话整理。在对话中，他与刘佑平先生围绕什么是真正意义上的慈善文化、中国的慈善文化正发展到什么阶段、中国传统文化有没有给现在的慈善文化提供思想支持、国外的哪些慈善文化值得借鉴、如何做到真正让慈善文化深入人心等问题，进行了交流。本对话由新华公益原主编郭士玉先生整理，原载新华公益。

新华公益：《慈善法》（全称《中华人民共和国慈善法》）中明确强调要弘扬和传播慈善文化。什么是真正意义的慈善文化？我们的慈善文化现在发展到一个什么样的阶段了？

刘佑平：慈善文化本身就是一个复杂的问题。慈善文化并不只是很多人理解的好人好事，而是从利他主义的价值、观念层面，到行为模式、生活方式、社会制度的一个社会系统工程。

纵向来看，同几十年前相比，我国当前慈善文化发展确实取得了很大的进步，慈善作为一种在20世纪80年代被《中国大百科全书》否定怀疑的东西，逐渐演变成为一种今天被民法典、慈善法肯定的社会价值，特别是弘扬慈善文化、培养公民慈善意识，受到我国政府的高度重视，这都反映出我们这个社会的进步。但是总体而言，中国的慈善文化还处于启蒙阶段：横向来看，同国际上相比，我们还有很大差距，慈善尚未发展成为一种普遍生活方式；从慈善行为模式的结果来看，也与中国社会经济发展很不相称。中国的财富积累增长很快，GDP体量自2010年以来一直位居世界第二，但是我们的社会捐赠还处在起步阶段，如果拿慈善捐赠总量占GDP的比值来进行参照，我们与发达国家还相差很大。英国慈善救助基金会每年会发布一份全球慷慨指数，2015年中国位于世界146个国家中的倒数第二名，而且连续几年我们都在倒数前十名里。这说明我们对慈善文化和理念的启蒙、普及远远不够，从每个人的思想观念到行为模式，再到生活方式、社会制度和行业发展，都还需要我们整个社会各个层面去做更多的努力。

陈越光：慈善法对"慈善文化"的概念并没有给出专门的定义。但是，对弘扬慈善文化的要求在慈善法第八十八条有明确规定："国家采取措施弘扬慈善文化，培育公民慈善意识。学校等教育机构应当将慈善文化纳入教育教学内容。国家鼓励高等学校培养慈善专业人才，支持高等学校和科研机构开展慈善理论研究。广播、电视、报刊、互联网等媒体应当积极开展慈善公益宣传活动，普及慈善知识，传播慈善文化。"

我们如果以慈善文化为研究对象，来观察其内容范围，大概有三个方面。

第一是历史，关于慈善的历史。追溯历史，慈善是人们在社会活动中形成的一个向善的公共行为。但是目前我们对中国慈善史、地方慈善史、专门领域的慈善史、个案的慈善研究都很不够。这需要慈善公益界和史学界、社会学界有更多的合作。

第二是方法。关于慈善的法律和法律环境、慈善法律的意识；关于慈善机构的运营方式、慈善组织的治理结构、慈善行业和组织的专业化分工协同，乃至筹资方略与弘善资本的保值增值、慈善资金使用的透明规则等等现代慈善组织建设与活动在社会化过程中的环境、方法和策略研究。这需要法学界、社会学界、管理学界研究力量的投入。

第三是伦理哲学。为什么做慈善？是什么支撑我们去做好事，支撑我们从个人之好通向普遍之善？认识和追溯慈善行为背后的文化力量，我们需要和哲学界、伦理学界、心理学界的研究者有更多结合。

从纵向来比，我国的慈善事业、慈善环境、慈善文化，处在这几十年来或者说历史上的最好状态。但从总体上看，我国慈善事业落后于社会需求。从慈善行业来看，慈善文化落后于慈善组织的发展。我国的社会组织数量已有近 70 万家，公益慈善类组织超过 2 万家，慈善文化的发展滞后。而在慈善文化领域，慈善研究又落后于慈善传播。

新华公益：中国的传统文化源远流长，有没有给我们现在的慈善文化提供思想支持？

陈越光：相当长的一段时间，有些人认为中国的公益慈善事业主要是在 100 多年前由西方传教士传入的。这个符合不符合历史呢？100 多年前，西方传教士把西方公益慈善的方式、方法传入中国掀起一个小高潮，这是符合历史的。但问题是在这以前中国有没有慈善事业？中国不仅一直都有，而且源远流长。1912 年朱友渔发表的博士论文《中国慈善事业的精神》就论述了中国两千多年的慈善思想和实践。

中国传统文化对慈善的行为、慈善的组织机构、慈善的公共规则是可以起到支撑作用的。

儒道释是我国传统文化中的主体，都支撑着中国人的慈善精神。拿佛家来说，佛家讲"无缘大慈，同体大悲"。出现在公元三世纪的《大智度论》："大慈，与一切众生乐；大悲，拔一切众生苦。"这里，支撑慈善行为的是一种用爱护心给予众生以安乐，用怜悯心解除众生痛苦的慈悲情怀。道家追求长生，东晋道士葛洪说，"欲求长生者，必欲积善立功，慈心于物，恕己及人"，并且要"赈人之急，救人之穷"。这就以道教求永生的终极关怀支撑了慈善行为。儒家精神的核心是仁，这也是中国公益慈善精神的核心。孔子说，仁是"己欲立而立人，己欲达而达人"。孔子这个思想对中国慈善文化的研究有非常重要的作用和意义。

我们今天从慈善的角度来理解"仁",会看到什么呢?第一,会看到它的标准在内在己,不论多寡。因为孔子认为"博施济众"是圣人的事。王阳明曾经有个精彩的比喻:尧舜万镒之金,凡人而肯为学使心纯乎天理,犹一两之金,但也是纯金!以"仁"看慈善,只看出发点,不看做大做小。第二,可以看到有可欲性,无论条件。只要你自己真想做,就一定能做,这就是"我欲仁,斯仁至矣"。所以做不做慈善,只在于你是否有慈善之心,不在于你有什么样的物质条件。第三,它具有同体性、平等性,无分人我。这里并不是己之所欲施之于人,而是"己欲立"和"使人立"互为条件,只有建立己立人立的社会环境,才可以真正达到己立!所以到宋儒张载就提出"立必俱立""成不独成",现代慈善不就是要追求和创造这样一个均衡共享平等正义的世界吗?

中国传统思想的内核始终包含着一个主题:做一个什么样的人。先贤教导我们的"仁",就是要做一个真正的人,做一个有爱的人,这种爱是一种大爱,超越个人、超越血缘。

我们这些后来者,在传统哲学、思想伦理的发掘,以及将传统思想与现代公益相结合等方面做得远远不够。慈善文化的研究和发展,还有很长的路要走。

刘佑平:中国的慈善文化有多个源头。一方面,有来自对传统文化的传承。中国很多历史典籍里都有慈善精神的体现:比如我们古代被誉为财神的陶朱公范蠡,他三度散尽家财去帮助身边贫困的朋友乡邻;比如从宋朝到明朝,江浙有很多自发的民间慈善组织;明朝的时候成立了很多慈善会,或者善堂,他们会把大家组织起来,帮助周边的人。另外古代很多行业协会、帮会,都有现代慈善组织的影子在里面。所以,今天中国慈善在某种意义上要做的是"仁义复兴",就是从价值和文化层面,从公民行为到组织行为模式方面,与中国传统文化打通,继承地发扬传统文化中的精华。

今天中国慈善的另外一个源头是西方的慈善文化。19 世纪，西方的慈善文化跟我们传统的慈善文化两个源头合流。两种源头虽然有所差异，但是本质都是教导我们发自内心去帮助陌生人。20 世纪 50 年代，慈善文化几乎被中断，中国这一源以雷锋精神的形式继续，而西方这一源则被批判。80 年代以后到今天，我们的重点在重新向西方学习其慈善文化，而对传统这一源头的开发和重视都不够。

新华公益：国外的慈善文化有哪些是值得我们借鉴的？

陈越光：谈到慈善文化，很难说支撑中国传统的"仁"思想和希伯来宗教思想的"爱邻如己"、希腊思想的"爱人类"及继之的人道主义精神，这之间哪个更先进一点。因为慈善文化在最深的层面是内在的伦理哲学，这个东西各有所长，很难比较。中国人的思维方式，中国人对家庭和父母的感情，或者对于家族所怀有的特殊的文化情结，也不是可以随便替换的。

那我们可以在慈善文化的国际经验上汲取些什么呢？一些公益慈善事业比较成熟的国家所进行的慈善文化研究，以及慈善文化对慈善组织和慈善事业的促进，是值得我们研究者去学习的。比如在国际上提出"对赤贫无动于衷就是侵犯人权"的著名反贫困机构"第四世界"，就从缘于宗教理念的终极关怀，转化为"在贫困者面前检验真诚"的人道主义理念，又从中提炼出一套终身志愿者、活水成员（受助自助助他者）的协同工作机制。所以，我们的研究者不应该仅仅局限在书本里面，研究成果不应该只是在著作当中体现，还要走在实践当中去。

如果一个慈善文化的研究者面对一个倒在地上的路人冷漠走过，如果一个学者面对浩瀚的历史可以动心，但是面对他人的苦难无动于衷，这样的学者，就很难说他内心有一种真诚的力量。孟子说"恻隐之心，仁之端也"，慈善文化的研究者，怎样被现实的苦难打动，又怎样在现实的行动中有所体现，进而完成思想文化上新一轮的提高，是我们要探索的。今后我们要向中国历史传统学习，向国际经验学习，"不忘本来，吸收外来，面向未来"。

刘佑平：的确，从文化的"源"来说，文化只有差异，没有高低之分；但从文化的"流"来看，却不能否认确有高低优劣之别。国外慈善文化有很多东西，值得我们借鉴。特别在如何将我们源头的"仁义"这个价值层面，如何落实到当前慈善的制度层面、法律层面、行业发展层面的建设，我们还有很大的差距。

西方慈善文化的学者在研究价值传承的时候，往往把慈善放在整个社会发展的大背景下面去做研究。中国的学者研究慈善的时候，可能就事论事。所以，我们需要打通善道，打通慈善研究与政治、经济研究之间的壁垒。

另外，最近和一些美国同行交流，谈到如何建设一个慈善新世界，他们给的建议是要从下一代的教育抓起。为什么很多美国老百姓有做慈善的习惯？因为他们从小就受到家庭和社会环境的熏陶，被教导要去帮助他人，这值得我们学习。

新华公益：如何做到真正让慈善文化深入人心、家喻户晓？

刘佑平：中国慈善联合会作为一个行业组织，密切关注行业的生存和发展环境。慈善文化是慈善事业发展的内在基石和价值支撑，所以我们一直都致力于传播慈善文化，让慈善价值深入人心。什么叫深入人心呢？当有一天，从我们的小孩到国家领导人都热衷于谈论和参与慈善的时候，当政府各个部门不会因为部门条块分割而导致对慈善价值的理解不一致的时候，当我们的家庭在做年度开支预算计划时，将慈善捐赠也考虑进去的时候，当志愿服务成为中国人最普通的一种生活方式的时候，我想那就是了。

正是因为认识到慈善文化的培育任重道远，中国慈善联合会将弘扬慈善文化确立为机构九大业务职能中的第一条！我们和敦和基金会去年（2018年）联手推出了一个"竹林计划"，希望资助一批40岁以下的中国年轻人开展慈善研究，目前马上要启动第二期了。感谢敦和基金会的行业情怀和远见卓识！我们认为，当中国的慈善行业开始自己出资来共同支持慈善学理的研究特别是慈善文化的研究，说明这个行业正在开始走向成熟。

在慈善文化的培养上面，我认为要强调三个打通：我们一要打通古今，二要打通中外，三要打通行业。既要吸收中国古代传统中优秀的东西，也要吸收世界先进的现代慈善文化，之后形成一个中国新兴的慈善文化。另外还需要打通慈善行业和其他行业，比如与社会和商业的打通，与政府形成良好的互动，这样我们才能构建一种全局视野和全球视野下的非常良性的慈善文化，并且努力让这种文化上升为中国的主流价值。我们还需要积极借助媒体的力量，将慈善文化进行推广传播，让慈善得到全社会的普遍认同。

十年树木，百年树人，慈善文化的培育不能一蹴而就，我们中国慈善联合会将坚持长期做下去。我们更期待与政府相关部门、理论知识界、慈善行业同人以及媒体同道通力合作，共同去培育善的文化，倡导善的生活，构建善的世界。

陈越光：敦和基金会作为一家资助型的基金会，已签约资助项目378个，签约资助金额5.33亿元，已完成资助金额3.76亿元。这些项目既支持了中国公益慈善事业的发展，也让慈善文化的观念在我们社会有了更多的传播。

敦和基金会本身业务是以文化支持为主体的。在慈善文化领域的资助项目，我们着眼于基于中国传统文化的价值观，促进本土话语体系、理论研究乃至应用工具开发，力求打通古今、打通中西、打通理论与实践。通过论坛、研究、课程等项目形式，支持公益慈善文化领域的专家学者、智库和学术新秀，加强基础理论研究和实证深入研究，倡导公益伦理、规则和文化，提升公益价值自信和专业能力，为公益行业的发展提供源源不竭的动力。

作为资助型基金会，我们的角色是做守道者的同道、探索者的后援、步行者的陪伴。我们将和有意愿在慈善文化领域探索的个人、机构等合作伙伴，携手前行。

附3 从慈善观念之变看慈善文化的形成

——对话北京大学非营利组织法研究中心主任金锦萍

【编者按】此篇为2018年11月"改革开放40年,从慈善观念之变看慈善文化形成"主题公益沙龙上,陈越光先生与北京大学法学院副教授、北京大学非营利组织法研究中心主任金锦萍女士的对话整理。这次沙龙由凤凰网公益主办,其目的是在改革开放40年之际,回顾中国现代慈善观念的变迁,纵观"慈善"概念在近代中国社会的嬗变,探讨现代慈善文化的形成。在沙龙上,陈越光先生与金锦萍女士围绕回望慈善行业40年、公众眼中的慈善行业之变、理解慈善文化、慈善文化的传播、面对行业丑闻怎么办、要建立怎样的文化来引领慈善六个议题展开了对话。本对话由凤凰网公益原主编孙雪梅女士主持,原载凤凰网公益。

议题一:回望慈善行业40年

孙雪梅:今年(2018年)是改革开放40周年,在这40年中,当代的慈善行业也是从无到有,在这个过程中,慈善行业改革了哪些?观念又开放了哪些?

陈越光:"从无到有"这个定义很有意思。当代的公益慈善行业是和改革开放同步的,也是和市场经济同步的,还是和中国特色社会主义初级阶段的认知同步的。如果没有改革开放,政府的管理就不可能容纳公益慈善这样一个行业的存在；如果没有市场经济，慈善所需要的资金、人员，也就没有出处；如果没有社会主义初级阶段的理论和认知，人们就不认识在社会主义制度下，还会有慈善的需求。正是有了新的理念认知，有了新的管理手段，有了新的经济资源配置模式，才有了40年来所有的公益慈善行业。

金锦萍：慈善是自古就有的，今天探讨的主要是慈善作为行业，这40年的变化，这个我是认可从无到有的。一种行业的出现，需要组织化、专业化，需要以此为业的人、以此为业的组织。从这个意义上来讲，这个行业之所以可以横空出世，就是改革开放所带来的，政府逐渐地把有些职能转移出去，或者是委托出去，逐渐地为社会释放了空间。这个过程里面经济的发展是不可忽视的，正是有了市场经济的发展，社会领域才随之发展起来。从慈善公益行业的角度去回顾这40年是非常有意义的。

议题二：公众眼中的慈善行业之变

孙雪梅：两位老师都谈到，一个行业的出现会伴随着专业化、组织化。那随着这个行业的变化，公众对于公益慈善的观念和理解肯定会有变化，那两位看到的变化体现在哪些方面？

金锦萍：以前我们会认为说，做善事嘛，所以就不求回报。但是以慈善为业的时候，它需要可持续发展，它需要组织化和专业化，这些成本谁来负担？在这40年里，公众从完全不接受，到现在接受，甚至国家立法，这是个很大的变化。这看起来是管理费用的问题，实际上凸显出来的恰恰是我们认可了以慈善为业的组织、以慈善为业的这些个体，或者说从业人员的价值和功能。

陈越光：以前我们在观念上总认为慈善是人帮助人，总是有一方是援助方，一方是受助方，援助方是强势方，受助方是弱势方，是单向通道。但越往前走越发现这个通道是双向的，尤其在内心世界，在精神上是双向的。当你去援助的时候，首先在精神上丰富自己，在他人的不幸中在认识社会，进一步又发现，真正的改变总是那些在困难中的弱势者，他们自身的东西在感染着社会，也在丰富着社会。

我们需要走向一个人人慈善的社会。慈善不仅仅是社会需求，还是每个人内心精神的需求，所以这些观念对于社会有巨大的影响。慈善行业如果算经济总量它很小，它好像在 GDP 中占 0.4% 左右。在我们的载体地球中，人的重量占多少？大概不到万分之零点一。但是从古至今，人在地球上是什么位置呢？三千年前的思想家就认为，"天地人"三者为大。所以最大的变革就是慈善正在一步一步地从经济的援助开始，到走出经济，走出绝对的数据概念，走向更加丰富的人的发展、人内心世界的健康，这个观念的变革是最重要的变革。

议题三：理解慈善文化

孙雪梅：从慈善文化的角度，大家为什么要去选择做公益慈善？

陈越光：这 40 年来，我们比较多的是在方法层面探讨问题。但今天我们要从方法背后探讨文化，文化怎么支撑方法论，怎样把我们中国的文化精神和现代公益方法，这之间完成一个现代性的转型。

孙雪梅：现在大家都在忙着去做具体的项目，但是很少有去谈慈善文化。那大家为什么去谈？我们谈慈善文化的时候应该谈什么？

金锦萍：理解慈善文化的时候，应探讨一个问题，到底我做公益或慈善的本质是什么。现代性里面说，理性的经济人做事之前，都要去计算一下付出和所得之间的关系。那么所有做慈善的人都是非理性的，无论是志愿者还是捐赠者，他的付出明明不如他所得到的。所以讲慈善文化的时候，就要考虑助人因子来源于哪。

儒家里面"仁者爱仁"，道家里面"累善积德"，佛教文化里面更是如此——"慈悲为怀""因果关系"。从功利主义去看，仅仅把慈善立足于提高社会福祉，不够；仅仅说从传统儒家思想去看，为了仁者成仁，也不够。慈善在本质意义上是，我作为人类共同体的一员，它既是我的权利，又是我的义务，所以它是我的责任。

议题四：慈善文化的传播

孙雪梅：那在当下的这个社会背景下，陈老师您在传播慈善文化的过程当中有没有孤独感？

陈越光：一个民族什么时候会有全民族的文化思潮兴起呢？一般有两种情况，一种是反思的时候，另一种是寻根的时候。这一百多年来，我们有过三次，现在是第三次文化高潮。第一次是"五四"，当然是反思。第二次是 20 世纪 80 年代，它也是反思的，当然反思包括了对前一百年的反思。第三次是 21 世纪开始，它是寻根的，是在我们社会发展的各个方面获得了比较好的进展的时候，产生一种需求，要在精神上和自己的历史，或者说在精神血脉上和自己的祖先能相通。

在公益行业来看是什么呢？我一直对它有个判断：第一个阶梯是，就社会发展的需求来说，我们的慈善事业滞后于社会发展的需求；第二个梯级是，就慈善事业来说，我们慈善文化滞后于慈善组织的发展，现在慈善组织发展得很快，80 多万个社会组织，7000 多个基金会，它的速度比慈善文化发展得快。而就慈善文化内部来说，教育研究滞后于慈善文化的宣传，滞后于传播。那么到今天这个时候，我想 40 年的公益慈善的发展，我们大部分在做的题目，都是在问题面前寻找方法。今天我们到在方法背后探讨文化。

孙雪梅：也就是说大家虽然没有在探讨慈善文化，但是大家所在做的事情恰恰正在形成，或者说正在改变我们目前的慈善文化。我们应该去树立起一个什么样的文化来引领公益行业，或者说引导社会大众的观念一起往一个更好的方向去发展？

金锦萍：特有的文化，它是慢慢形成、演变的。当下的话，我们首先要去探讨有没有更多基金会能够花更多资源去关注慈善文化。

其次，我们不要那么功利主义，我们甚至不去用经济指标来衡量我们这个部门在社会中的价值。我们要讨论的是，这个部门本身的存在，对这文化的形成，对民族里面志愿精神的形成，它的意义在哪里。所以这个我觉得也是第二个很重要的，就是说我们这个行业的评估，对组织的评估，对项目的评估，能不能不那么功利，而是要去寻找它本身的意义，而且耐心一点。

还有就是我们面临一个特别大的变革时期，比如说工业化、城市化，其带来的是什么呢？其实是我们整个社区的衰败，这个社区不光是农村的，还有城市的。我们现在关注的是农村凋敝，但其实城市也一样，城市别看大多人在一起。但是慈善做什么呢？去救助西部地区，去救助贫困地区，却没有关注我们所赖以生存的这个社区本身的问题在哪里。

孙雪梅：敦和基金会一直在推动文化建设，包括慈善文化的研究。关于刚才这个问题我同时也想问一下越光老师，敦和基金会的方向是什么？

陈越光：我们这些年在慈善文化方面也在发一些力。按照《中华人民共和国慈善法》第 88 条所规范的三个大领域。

第一个是教育领域。我们参与发起了深圳国际公益学院，培养公益的中高端从业人员。

第二个是研究领域，我们有"敦和·竹林计划"，针对慈善文化的青年研究者，我们还在资助一批专题研究，比如说筹款人的《中国公益慈善筹款伦理实操指引手册》。

第三个是传播领域。我们刚刚和南都基金会、中国人民大学中国公益创新研究院组织了"2018 公益与商业关系"国际研讨会，我们和中国慈善联合会联合每年举办一届中国慈善文化论坛。今年（2018 年）的主题就是围绕"切入文化的角度，在东西方不同的文化本源来看公益慈善的历史演变"，我们希望一年一个主题，在慈善文化的领域里面能够推出一些想法，通过传播的方式让更多的人来关注。

我想中国慈善文化的提炼，将真正促进中国文化和现代精神结合，来实现一个新的时代体现出来的文化复兴。

金锦萍： 如果慈善组织在做慈善活动或在做资助的时候不关注文化因素的话，会把好事办成坏事。比如说基金会是上游，处于一个比较强势的地位，资源的供给者。下游是谁呢？民办非企业单位，一些具体的草根组织，他们具体去接触这些受益者。这两者之间地位的不对等性，是行业里面的一个顽症。一方面，基金会会说，要为善款负责，所以我对你要尽到监管义务。这是权利上的问题。但另一方面，文化层面上我们是平等的，甚至文化层面上，后者的贡献可能也不亚于资金供给者，他们是真正去做实操的，是接触这些社会一线问题的。

议题五：面对行业丑闻，怎么办？

孙雪梅： 但公益行业有时候也会出现一些丑闻，或者说是扶持的一些个体，当他发生了问题的时候，那从慈善文化的角度来说，怎么来平衡？

金锦萍： 这个不是文化问题。你有什么制度去确保这个机构不滥用呢？所以这不是文化能解决得了的。这时候怎么办呢？当然这个机构自身也会有文化。但他律呢？这也是种文化。所以其实文化的约束可能会高于法律约束的效力，从这个意义上来讲。

我们在讨论不同问题的时候，还是要区分开。文化本身可能是无处不在，甚至很多时候，真正的道德律是来自内心的，是不可能通过他人他律强加给你的，这本身也是一种文化。

孙雪梅： 我认为文化也会影响到这一部分人。如果说他们都认同这样的理念以后，那这一些草根的组织，也不会用骗取的手段来获得资金。我们当然不是说有很多这么做，而是说当有个体出现的时候，他会冲击到我们谈到的想要树立的氛围。

陈越光： 我想这中间分成两个方面来说，作为在上游的基金会来说，我认为它要两者之间有一个平衡，就是你对行业建设负责，需要有规则规范，也是对于草根的一个帮助。另一方面我们一定要问个问题，我们自己是不是言行一致？比如我们开始给你资助的时候，我们都说我们是伙伴关系，结果这伙伴家里出了点事，我们什么态度？我们什么心态？我们是赶快切割？当我们讲伙伴的时候，这是两个机构建立一个关系，但问题是这个机构本身背叛了宗旨，还是机构里面的个人？在这方面的处理，我认为我们站在原则上，要坚持这个制度的约束。

在非制度约束部分，我们在文化上，我们要讲究两条底线，一条底线，我们自己做到言行一致。我当时怎么认你当伙伴的，我们现在应该对伙伴怎么负责。还有一条，对他究竟是什么事我们要有明确的是非观点，这两条我认为是我们自己要自省的地方，否则很容易到这个时候，都是忙着甩开关系。那这时候我们就回过来问一个问题。你要做的公益是什么？你做公益为的是什么，是为了显示你的名声吗？为了显示你有很高的地位吗？这本身就是个社会问题。

议题六：要建立怎样的文化来引领慈善？

孙雪梅： 作为一个公益行业的从业者，我能感受到，我们应该是处于中下游的状态，有时候我会觉得，当我们谈论慈善文化的时候，发现慈善分"贵族圈"和"草根圈"，它的文化又不一样。所以慈善文化要建立怎样的文化来引领，以把所有的人都拧成一股绳呢？

金锦萍： 我对敦和基金会有期待，敦和可能会成为慈善文化里面的一个引领者。其实我判断一个基金会好和坏，我并不看它募集的资金额多少、有多少慈善项目，我更要去看这里面的每一个基金会从里到外焕发出来的那种气息。另外，我们能不能确立一些现代中国应该有的慈善文化的标准？其实文化就是顺其自然。要允许大家在这个平等的前提下对话、交流、竞争，甚至包括理念竞争。

但会出现什么问题？比如说我们现在公益圈也有这种文化，来自商界的。商界的这些成功者到公益界之后，信心满满，踌躇满志，一看，你们效率太低下，看起来都不满意，所以他要用他那一套慈善资本主义来改造，初期都是这样的。那这也是种文化，它背后所支撑的就是来源于经济领域里面的讲究绩效，就是理性经济人，光注意理性了，它对慈善领域的冲击不可谓不大。这时候该怎么办？我们难道是把他们全都赶出去吗？或者跟他们进行切割吗？认为他们不是慈善领域的人吗？不是。我们要有更大的包容心，让他们进来，包容他，让他去试，他试了一段时间他会感受到，原来这条路走到一定情况下是有限制的，慢慢他也会变慢，他也会去跟传统慈善领域里所恪守的那些原则进行融合。那慈善文化又往前走了一步，可能对我们这些的确是不讲绩效的进行反思，何尝不是种进步呢？

所以我倒觉得不是说用一套文化标准去要求大家，而是面对问题的时候，不是说我回避，或者搁置、排斥，而是以更大的胸怀去包容，去面对。

包括像科技的发展也是一样的，一方面它给我们带来大量便利，但另一方面又制造大量社会问题。区块链技术一出来，技术研发者跟我说，金老师你不用担心我们慈善领域透明度问题了，这每一笔钱以后都是有迹可循的。但我就在想，这就是我们的目标吗？本来透明度要的是我们能够赢得公众的信任，就是所谓公信力，但公信力可能也不是目标。所以从某种意义上来看，这些技术的到来对我们又会形成一种冲击，我们又该如何去应对呢？

就像冲浪一样，一波一波来的，它都是大海里面的波浪，大海不会因为它们，就感觉不舒服，恰恰它形成了波澜壮阔的海洋的风景。文化就是如此，文化就是大海。在海中你会发现我们这些慈善文化里面最重要的是什么。就是说我们要时刻恪守住哪些东西是什么时候都不能改变的，不能够作为代价去交换的，这些如果恪守住了，其他的我觉得都无所谓。

陈越光：我想如果对敦和基金会有期待，那么事实上，对敦和基金会来说就是多一个监督者，至少是多一双眼睛。文化的眼睛是要能够看到自己。只有能看得到自己的内心，才能看得清未来的路。所以从这个意义上来说，我们所有要讲文化、要在中间讲道德感的人，都要眼睛向内，而不是以道德感成为一个火眼金睛，到处去看这里不行，那里又不行。道德是内向的，是对自己的要求，对自己的约束，对自己的期许。我们最近是不断地为这些问题烦恼。

前天我们还开了一个会，就是为了一张表格，这张表格就是我们的受助方要填的那张财务报表。财务来说有财务的要求，项目来说有项目的要求，我们怎么把这个东西统一起来，我们怎么既让这张表格具有财务的真实性，又具有数据化管理的可行性，又怎么样能够在文化上来说是尊重对方的，而且在尊重中间是便捷可行的？我们就会订立一个原则，说我们往这个方向，我们一定不改变。但是走的速度，我们一定要可以跟得上。这中间我想我们会有一系列的问题，而这些问题背后都有文化问题。

孙雪梅：特别感谢两位老师的分享，最后我们会发现慈善文化其实贯穿于我们公益慈善活动的每一个细节当中。感谢大家的收看，这里是由凤凰网公益、凤凰新闻客户端为大家带来的《公益沙龙》，再见。

|下　辑|

丈量行动的远方

西湖大学：迎接我们心中的日出

【编者按】 2018 年 10 月 20 日，西湖大学成立大会在杭州举行，标志着新中国历史上第一所由社会力量举办、国家重点支持的新型研究型大学诞生。[①] 据介绍，西湖大学的办学定位是"高起点、小而精、研究型"，致力于高等教育和学术研究，培养复合型拔尖创新人才。此篇为陈越光先生作为捐赠人代表在大会上的致辞。在致辞中，他向西湖大学的全体师生表达敬意和谢意，感谢西湖大学和西湖教育基金会为捐赠人搭建了一个寄托梦想、成就教育事业的一流科教平台，相信西湖大学将在时间的长河中行稳致远，西湖大学的捐款人也会在历史的长廊里代际相传。从这篇致辞中，可看出陈越光先生对捐赠人身份尊严和价值的体悟，他以捐赠人身份对西湖大学的全体师生表达敬意和谢意，实则是其内在谦卑精神的体现。

尊敬的施一公校长、西湖大学师生，尊敬的各位来宾：

[①] 诺贝尔奖得主杨振宁、James D. Watson、Jean - Marie Lehn、Brian Kobilka、Fraser Stoddart 等知名科学家，叶庆均、杨国强、张磊、陈一丹等知名企业家，圣路易斯华盛顿大学校长 Mark Wrighton、香港科技大学校长史维、清华大学副校长姜胜耀、北京大学校长林建华等数十位国内外大学校长及代表，浙江省委书记车俊、杭州市委书记等省市党政领导，以及西湖大学董事会成员、顾问委员会成员、学术咨询委员会代表，西湖教育基金会理事会成员，捐赠人代表，前期参加西湖大学筹建工作的人士和西湖大学全体师生员工参加了成立大会。大会期间，西湖大学还举行了西湖高等教育论坛、2018WE 论坛、西湖大学第一届董事会第二次会议、西湖大学顾问委员会第二次会议等活动。

大家上午好！

此刻，我们见证西湖大学的成立，站在这里，我们犹如在迎接心中的日出！那些投身西湖大学的老师们，被对未知世界的好奇与渴望所驱动并愿意以艰苦卓绝的努力去探究，他们就是我们心中的志士仁人；而西湖大学的朝气蓬勃的青年学子，他们就是我们心中的太阳。

西湖大学的创建，以国家重点支持为保障，以社会力量办学为基础。这就需要赢得社会方方面面的理解、认同、支持。为了实现创建一所高起点、小而精、向世界教育与科研高峰冲刺的研究型大学的理想，从 2015 年初到 2018 年 10 月中，单笔捐款几元或几亿元，已有超过 400 位捐赠人向西湖大学捐款。请允许我在这里代表这些捐赠人，向西湖大学的全体师生表达我们的致敬和谢意：感谢你们成全了我们对未来的一个共同的寄托。

西湖大学以西湖命名。西湖在几千年前是钱塘江的一部分，几万年前是东海湾的一部分，所以，她既有文人称颂的西子湖玲珑精巧的绝色之美，又有史家欣赏的钱江潮万马奔腾的英雄气概，更有科学家理解的日月天体推动潮汐、地貌地势接纳百川的大海本质。也因此，西湖是杭州的，是中国的，也是世界的。西湖有如此特色，我们期待西湖大学也具有如此品格。

各位朋友，科学探索在本质上是对人类心灵的伟大探险，那些精致的利己主义者，那些浮躁的急功近利者，是不可能像马克思说的那样不畏艰难险阻，勇于攀登，达到光辉顶点的。在这里恰恰是宁静致远、肯走长路、敢走难路的人领略了无限风光。西湖大学将在时间的长河中行稳致远，西湖大学的捐赠人也会在历史的长廊里代际相传。让我们假设在 2118 年 10 月的时间点上吧，那时候我们第一代捐赠人大多身上的元素和能量已经参与到大自然的变迁中了，就让我在此，委托那位将在西湖大学百年庆典上致辞的捐赠人代表，请您代我们向百年后的西湖大学师生员工说一句：谢谢你们！因为你们，我们当年付出的一切努力具有了超越我们个人生命的历史意义！

谢谢大家！

附4 给校长最大的治校空间

——《界面新闻》访谈

【编者按】此篇为"界面新闻"记者刘素楠女士围绕西湖大学的筹建对陈越光先生进行的访谈，原文刊载于"界面新闻"。在西湖大学的创始捐赠人中，敦和基金会是唯一一家以基金会名义出现的捐赠者；2017年，从签约到完成3亿元捐赠，敦和基金会只用了两周时间，且一次性全款完成捐赠支付。2017年陈越光先生应邀出任西湖大学举办方西湖教育基金会的理事①；在2018年西湖大学创校校董会第一次会议上，他又成为西湖大学创校校董。在访谈中，陈越光先生以捐款机构负责人①、西湖大学教育基金会理事②与西湖大学创校校董三重身份，回应了敦和基金会为何一次性捐赠3亿元给西湖大学、西湖大学将如何建立现代大学治理体系、基金会办大学面临哪些挑战等问题。关于西湖大学的成败，陈越光先生说，西湖大学与历史上那些先辈们的远大目标一样，也不见得必然成功，"但是历史的深邃迷人之处，恰恰在于那些平庸的成功在成功的同时就被平庸地消耗掉了，而那些没有成功的远大目标，却像灯塔一样召唤着后来人，感动着后来人。我们这些被前人感动的人，应该有勇气去成就一段感动后人的历史，而不是只计较于成败得失"。从陈越光先生对西湖大学的这一认知中，可看出他的智慧、激情与韧性。

---

① 陈越光先生当时为敦和基金会执行理事长、战略委员会主席、秘书长。

② 陈越光先生于2020年担任西湖大学教育基金会执行副理事长。

一 敦和基金会：一次性捐赠 3 亿元，做西湖大学的陪伴者

界面新闻：敦和基金会什么时候知道西湖大学将成立的消息？

陈越光：其实西湖大学要成立的事情我们早就听到，发起人之前也跟我们联系过。在敦和基金会里面，西湖大学最早联系的是我们的名誉理事长、主要捐款人叶庆均先生，施一公首先和叶先生谈了捐赠的事情。在我们敦和内部沟通之后，由我和施一公商定了该项捐赠具体怎么操作。作为执行理事长、战略规划委员会的主席、秘书长，敦和基金会所有执行事项我都要负责。

这笔捐款在我们基金会属于定向捐赠，由两位理事专项捐款。按照基金会的管理规则，这笔大额捐赠最终是以理事会决议的方式来决定的。

界面新闻：敦和基金会一次性捐赠了 3 亿元？这个数额是怎么确定的？

陈越光：在当时来说，政府有关部门对西湖大学的审批中，对主办方西湖教育基金会的资金有一定要求，当时需在一定时间内达到一定的资金量。2017 年 7 月，我们签约之后，在两周的时间内就完成了捐赠，一次性到账。在这笔捐赠上，我们基金会内部意见很一致。

界面新闻：为什么决定资助西湖大学？

陈越光：在捐赠那天，我们有个签字仪式。在捐赠仪式上我首先感谢西湖大学的创立者，其次再感谢两位捐赠的理事。为什么先感谢受捐者，再感谢捐赠者呢？

我的一个好朋友是神经外科的著名医生，她的导师是一位德国著名的脑科专家。这位导师曾经给一个五岁的孩子做开颅手术，手术很成功，孩子出院的时候，孩子的妈妈特意把孩子带到医生面前感谢医生。教授就蹲下身来接受孩子的感谢，没想到孩子瞪大眼睛说，为什么要我感谢他？应该是他感谢我啊！是我让他在我的脑袋上开了刀。这句话让教授非常震撼，因为这句话说出了医生职业的本质——患者用托付生命的信任来成就

你的职业尊严。其实，慈善事业也是这样。

一个真正的慈善家，总是在心里真诚地感谢他的捐赠对象，尤其是文化项目的捐赠对象，正是他们的努力和奋斗，成就了一个慈善家实现自我价值的过程。这个过程的完善是在对方的奋斗中实现的。而对于敦和基金会这样一个慈善组织来说，其职业尊严是在受资助对象的努力和卓越的工作中实现的。

作为一个资助型的基金会，我们的使命就是做求道者的同道，做步行者的陪伴，做探索者的后援。因此，它存在的一切前提，就是有人愿意坚守道义，有人愿意在漫长的道路上做步行者，有人愿意探索社会创新。所以在捐赠仪式上我称西湖大学的创始人，他们就是"志士仁人"。

这个词最早出自《论语》，孔子曰："志士仁人，无求生以害仁，有杀身以成仁。"从更广阔的意义上来说，如果我们把舍生取义的"舍生"理解为不仅仅是生命的结束，而是生命的贡献，那么，致力于社会创新进步的人们就是志士仁人。

我们来看看这所大学的创办者，都是功成名就的人了，可以说几乎都到"坐享"成果的时候了，而不是要靠做这件事情来谋取什么，在竞争中获得什么。他们是为了社会理想去贡献自己。

二　有勇气去成就一段感动后人的历史 不计较成败得失

界面新闻：资助西湖大学有没有哪些顾虑？

陈越光：顾虑有两个层面。从认知层面来说，任何事情都有成功和失败，问题是我们怎么衡量成败二字。我给你举个例子，我认为这也是西湖大学以后需要的一种内在文化。

我是西湖教育基金会的理事，而且是参与比较多的理事之一，同时我也是西湖大学建设委员会的委员。当时西湖大学校园规划设计方案招标，初选时有六家单位入选，之后由专家委员会评审投票，六选四，然后我参加的一个九人决策委员会再次投票，四选二。在这四选二的投票中，绝大多数票都投给了另外一家，而不是后来选上的德国海茵建筑设计有限公司，德国海茵建筑设计公司只有两个人投票。

当时在讨论中有个观点认为，德国公司的方案好是好，但难做，一难做就可能做不好，做不好反而不如另一个方案。另一个方案没有那么新意，但是从操作、便捷方面来看更容易实现。所以，投票的结果是多数人投了后者。

对此也有另一个观点，我认为应该是西湖大学文化所具有的一种精神——为了最好敢于冒不好的风险，而不能为了避免不好，宁可求次好。西湖大学的目标是做世界一流大学，在科学探索中如果没有大无畏的探险精神，都是以成功率为主，以成功率来判断一件事情该做不该做，那创新性恐怕不足了。

最后，建设方案的设计招标由筹委会几个创始人来决定，二选一，最终还是选了现在这个德国设计公司。

敦和基金会还和浙江大学合建马一浮书院，同样可以问我们会不会成功呢？80年前，马一浮先生自己建复性书院也不见得成功，但是历史的深邃迷人之处，恰恰在于那些平庸的成功在成功的同时就被平庸就地消耗掉了，而那些没有成功的远大目标，却像灯塔一样召唤着后来人，感动着后来人。我们这些被前人感动的人，应该有勇气去成就一段感动后人的历史，而不是只计较于成败得失——这也是我们对西湖大学的认知。

西湖大学当然有可能失败，天下如果有一件不可能失败的事情，那就是不值得做的事情。

这是从认知层面看，回过头来看操作技术层面，我作为敦和基金会的秘书长，要对理事会负责，要对基金会的捐赠人负责，我们当然要有约定，什么情况下算是违约。

我们捐给西湖教育基金会的钱只能定向用于西湖大学和西湖高等研究院的筹建和发展，这是资金使用方向的约定。同时，我们认定西湖大学是一个民办非营利性大学，这是对学校性质上的约定。所以，在操作技术层面上，对风控该约定的就约定了；在认知层面上，西湖大学恰恰需要更多对探索的理解和支持。

界面新闻：基金会办学最大的优势是什么？

陈越光：这个问题可以转换一下，为什么基金会办学？意义是什么？

中国的高等教育半个世纪以来基本都是公立的方式，取得了很大成绩，当然也会有很多问题。公立学校有一个矛盾——在教学中，任何高等院校都具有两个目标：一个是教育人、培育人；另一个是追求学术、科学研究的最前沿。这两个目标之间，指向有所不同。就科学和学术研究来说，以卓越、创新为指向，但培育人则要求公平，公立大学在教育中必须以公平优先，这是全世界的通则。

美国的一流大学大部分是私立大学，因为公立学校要坚持受教育的公平性、教育资源的均衡性，这是不可动摇的。

我们的公立大学要追求世界一流，但又需要追求教育资源的均衡和公平性，各方面压力也比较大，在这个意义上来看，民办大学的开放、促进是很有必要的。但是，现实中民办大学都是以职业教育培训为主，还很少有综合性、研究性的民办大学，很少以世界一流大学为目标的大学。西湖大学以世界一流大学为目标，这个目标本身就很吸引眼球。

民办大学分为营利性和非营利性两种。现在的民办教育促进法有一个新的规定，对于非营利性民办大学，任何投入只能扩大教育事业，举办者不能获利，所以国家对民办非营利大学可以像对公立学校一样给予补贴、奖励、捐资等扶持支持。

民办学校可以有不同的举办主体，可以私人办学，也可以企业办学，这样的办学主体相比于基金会，社会性就要弱一点。基金会是一个社会组织，它更具有社会办学的优势，因为它更有利于结合社会资源，更有利于吸纳社会智慧，也更有利于和社会各界的互动。我们认为筹资不仅仅是基金会办学要承担的一个义务，筹资的过程也是西湖大学把自己的宗旨和使命传递给社会的过程，同时反过来，社会各界对这个以世界一流为目标的综合性研究型大学的要求、期望、建议通过捐赠反馈回来，以使大学的创办者和执行者不断矫正自己的行为。

这就像产品的质量，如果消费者花了钱来用这个产品，这种对产品的验证本身就更真实更有效。筹资的功能对基金会办学来说，绝不能看成仅仅是几个数字、几个钱的问题。

我们西湖教育基金会的理事都是以一种社会责任感来参与的，理事会往往都是晚上开会，我参加的几次理事会次次都是晚上八九点开始，开到10点、11点多，现场开会和视频开会都是这样。大家都忙，只能凑这个时间，但大家都愿意为了西湖大学参与进来。因为西湖大学是社会的，并不是属于发起人的。

三　基金会办学的挑战

界面新闻： 基金会办学将遇到哪些挑战？

陈越光： 基金会办学的模式对基金会和西湖大学而言都存在挑战。

基金会主要面临两个挑战。第一个挑战是筹资，西湖教育基金会现在的目标是用10年左右的时间建立一个200亿~250亿元的资金池。如果资金没有这么多，也不是说西湖大学就不能办。这个目标在于建立资金池之后，以中等以上收益率的理财收入，就可以应对大学需要基金会支持的年度开支。

第二个挑战在于，西湖教育基金会作为西湖大学的举办方，要承担举办方的责任。举办方的责任通过章程的方式来落实，以基金会审核、确立校董会的方式来完成，这个工作现在已经告一段落。但是，作为举办方，基金会始终有责任和义务支持、保障好西湖大学按照章程执行校董会领导下的校长负责制。基金会作为举办方，如何既不逃避责任，又不擅自越权，这也是一个考验。

这个考验双方都有，如果西湖大学仅仅把基金会当成钱粮官，兵马未动粮草先行，这是不够的，西湖教育基金会如果这么想也是失职的。

界面新闻：对大学的挑战是什么呢？

陈越光：第一个挑战是能否在最短的时间内，集合起一流的队伍，建立起高效、开放、能最大限度促进和保障教学和科研的制度。我那天在校董会上也说，这个考验的核心在于施一公校长。现在人们对他最大的认知还是科学家，事实上，他要从杰出的科学家进而成为杰出的教育家，才能吸纳和包容最优秀的人才队伍，才能组织起有效的教学、科研秩序，来保障一流大学的追求。

第二个考验就是西湖大学能否成为世界一流大学。

媒体报道西湖大学往往热衷提"五年比肩清华北大、十五年媲美加州理工"，我要负责任地说一句，在西湖大学的章程、西湖教育基金会的任何理事会决议，包括西湖大学校董会的会议上和施一公校长的竞聘演讲、工作计划中，都没有提到过这个。

追求世界一流这个目标是坚定不移的，但是简单地以几年时间内说跟谁去比，这并不科学。我们的董事会主席钱颖一教授还特别在校董会致辞中强调，一个上市公司的业绩考核以季度为单位，一个非上市公司的考核以年度为单位，衡量一个大学则是以 10 年乃至百年为单位。我们当然不能是一种急功近利的心态，不是 5 年要跟谁比，10 年要跟谁比。但是，西湖大学能否成为一所优秀的、世界一流的综合性研究型大学，这是个考验。

第三个考验就是如何实现校董会领导下的校长负责制这样一种新型社会力量办学的学校治理结构，这本身就是一种使命。

如果校董会就是一年开一次会议，听了一个校长的报告，大家鼓个掌，在决议上签个字，那么校董会就真正成为一种荣誉，是荣誉性的、象征性的、程序性的，它并没有坚强有力地在学校的战略决策上发挥自己的领导作用。如果校董会常常在开会、事事在决策，或者校董会的主席在指挥一切，那么校董会自身就破坏了校长负责制这种治理结构。

所以这两种倾向都是要避免的：一种是只有校长没有校董会，校董会是摆设；另一种是校董会越权，领导变成干扰，校长失去负责权。

这里的探索创新还包括如何体现党委会在政治上的保障和领导作用。以上都是对我们的考验。

四 西湖大学：校董会制定制度 给校长最大治校空间

界面新闻：今年（2018 年）4 月 16 日，西湖大学召开创校校董会第一次会议。校董会如何产生？

陈越光：根据章程，校董会分几个渠道来推荐，基金会推荐的是基金会的代表和一些创始捐赠人的代表。

校董分为两类，一类是推举校董，另一类是当然校董，比如党委书记是当然校董，校长是当然校董，学生代表、教师代表都是当然校董，通过选举方式产生。

界面新闻：关于在西湖大学如何落实校董会领导下的校长负责制，校董会主席钱颖一曾提出三条建议与校董们探讨：以制度为基础按规则办事；给校长最大的治校空间；给教师最大的治学自由。您认为如何才能让校董制发挥其应有的作用？

陈越光：我认为钱颖一的建议非常好，我觉得可以成为治校三原则。

首先，在校董会来说，要确立校董会作为学校最高权力机构的领导责任。校董会不是荣誉校董，校董是一种责任，有学校治理的职责在身。

其次，要体现治理的能力，要有集体思考、共同决策，校董不能是个人很强势。要完成校董会的责任，体现校董会的能力、有集体思考的空间，最好的方式就是校董会在学校重要的制度规则上发挥作用。在制度规则确立以后，校董会就应给校长以治校的最大空间，学校的灵魂人物还是校长。校董会更多的是在道路上画线、装灯，开车是校长的事情。

界面新闻：第一次的校董会通过了预算和校长工作计划，这属于"画线、装灯"吗？

陈越光：校董会的决议有两大类，一类是制度性决策的事情，另一类是单向决策的事情。如果校董会通过一个预算编制办法或预算编制程序，这就属于制度性决策的事情。至于批准预算，是单向决策性的事情。我们希望，单向决策的事情放到制度框架里去。

界面新闻：西湖大学怎样才算达到世界一流？

陈越光：世界一流并没有一道整齐划一的门槛，一流大学也都各有特色。一般来说，大学的社会评价，第一个是教师，所谓大学不在大楼而在大师，西湖大学是否有世界一流人才。第二个就是科研成果，是否有顶尖科研成果，是否在世界一流学术期刊发表论文，引起全球关注。第三个，如果本科开起来后，跟招生也有关系，看招录比。对于大学的综合性评价，还有好几个有全球影响的榜，也可以作为参考。

在行业、专业上有专业评价，从社会关注角度说，就有舆论评价。现在西湖大学的成立引起了关注，之后会安静下来趋于平淡，那么以后再引人关注的是什么呢？希望是由专业评价引起的关注。

对于西湖基金会来说，筹资的目标实现得怎么样，和社会对西湖大学的评价紧密相关。西湖基金会一边在筹资，一边在收获社会对你的验证。

五 回应社会关切：马云是否捐款不该由第三方发问 警惕"赶美超英"的历史教训

界面新闻：有网友指出，西湖大学目前的专业就业门路窄、收入少、成果转化周期长，担心生源少，就业出路是问题，您怎么看待这个问题？

陈越光：西湖大学这几个专业都不是不可转化的，不管是在前沿技术，还是在生命科学，现在这方面的产业发展得很好。西湖大学能不能转化得好，现在还不好判断。

即使转化率低，是不是就不可能成为一个优秀的研究型大学？

就业和转化率有一定关系，有好的转化率的话，毕业生就可以去一些高精尖企业工作，但是，作为一个小型的研究型大学，满额的时候全校3000个博士，现在离满额还远。就业是不是一定走到企业去，这个很难说，现在也不是要以就业为最主要的指标来看问题。

界面新闻：有人担心民资办学会"急功近利"，会急于看到回报，对此您有何看法？

陈越光：这恐怕是把民间捐赠误解为民间投资了。这个完全没有必要，绝大部分的捐赠者基本上都没有回报之心。我们基金会去年对外捐赠4亿多元，没有一项在捐赠中的考量指标是对我们有什么回报。民间社会捐赠不能等同于民间投资，这是两个概念。即使有人捐款的时候有回报的想法，我想也基本是荣誉上的回报，而不是对学校有什么具体回报要求。从学校方面来说，也不会有任何这样的合约，给捐赠人什么具体的回报。学校会给捐赠人以荣誉上的回报，这很正常，这不影响学校的办学。

界面新闻：西湖大学在杭州，为什么马化腾、王健林进行了捐赠，而马云没有捐？

陈越光：这个问题很中国。公益伦理的第一原则就是捐款自愿，这和兴趣爱好一样，没有必要去猜测为什么。

马云已经做了很多公益了，如果马云来捐款，我相信西湖大学、西湖教育基金会会很欢迎，但是这个完全是他自己的考量，他自己的安排，完全尊重他自己。社会舆论不应该对马云或者对任何人提出为什么没有给西湖大学或者哪里捐款的问题，这完全是不应该的。

界面新闻：您和那些发起人大部分是1950年代、1960年代生人，经历了"文革"、改革开放，是否受到赶美超英时代思潮的影响？

陈越光：这个问题要分解开来说。

首先，为什么领导层以"60后"为主？办大学需要有相当的社会号召力，也需要有相当的资历和能力，"60后"的人，比如施一公今年（2018

年）51 岁，是做校长的黄金时代。

既然西湖大学发起人、领导层集中在"50 后""60 后"，那么这些人不可避免地有共同的时代背景。这个时代背景的人，当然有家国情怀。中国需要有自己的可以比肩世界任何一所大学的大学，中国需要有社会力量办的大学，这是几代人的想法。我在 20 多年前，就经常听季羡林先生、汤一介先生、张岱年先生这些老先生提起这个话题。季羡林先生认为，中国的教育几千年来都是两条腿走路，有官学、有私学，但现在我们没有私学，应该要发扬社会力量办学。汤一介先生梦想要办一所综合性研究型私立大学。我们这些人承载了时代的使命，也承载历史的使命，希望中国有民办的世界一流大学。从这个时代过来的人，家国情怀比较重一点，我认为这也没有什么不好。

其次，这样一个时代过来的人，是不是紧迫感特别强烈？也许。50 多岁的人，和二三十岁的人对时间的感觉不一样。

最后，是否受当年"赶美超英"的口号影响？我恰恰认为，我们要警惕过度地、急躁地、运动式地、盲目地办学。我们承不承认和世界一流大学有距离？承认了距离以后，是否承认消除距离需要时间？

牛津大学流传着一个段子。有一批美国旅游者去牛津校园参观，看到一片草坪，就问草怎么长得那么好。打理草坪的工人说，很简单啊，每天浇浇水打理打理。美国游客问，那为什么我们的草地怎么打理也没那么好呢？工人说，那就应该是还需要一点时间。美国人问，这片草地弄了多久了？回答是，也就五百年吧！

消除距离当然要一种勇气，但除了勇气是不是还需要时间？了解历史的人恰恰更应该了解历史的经验教训。

艺术与人文高等研究院：
标注时代新的思想高度

【编者按】2017年12月16日，中国艺术研究院艺术与人文高等研究院在北京正式成立，著名学者、中国艺术研究院终身研究员、中国文化研究所所长刘梦溪先生出任院长。据介绍，作为跨学科的高端研究机构，艺术与人文高等研究院以艺术与人文为主要研究对象，旨在推动中国文化人文精神之回归与重构。敦和基金会作为艺术与人文高等研究院第一个资助者，为其提供机构发展及项目合作等方面的支持。此篇是陈越光先生在艺术与人文高等研究院成立大会暨揭牌仪式上的致辞。在致辞中，陈越光先生提出了资助型基金会如何界定自己、如何理解自己与受助对象的关系的公益伦理问题。他的答案是，资助型基金会当作守道者的同道、步行者的陪伴、探索者的后援；而如果没有作为守道者、步行者、探索者的受资助对象，资助型基金会就无以表现存在，所以，恰恰是受资助对象成就了资助型基金会的尊严与价值、成就了基金会捐款人的善念和善意。

尊敬的刘梦溪先生，尊敬的各位嘉宾，各位朋友：

很高兴出席这个成立大会；受邀致辞，倍感荣幸。我的致辞就是想表达敦和基金会的感谢和我的祝贺。

首先，我代表敦和基金会向刘梦溪先生、向刚刚成立的高研院表示感谢。成立中国艺术研究院艺术与人文高等研究院这样一个新机构，敦和基金会是第一个资助者，资助者为什么要向被资助者表达感谢呢？这里有一个公益伦理问题。敦和基金会是一家以"弘扬中华文化，促进人类和谐"为使命的资助型基金会，我们不向社会筹资，我们的资金来源是理事会成员的捐赠。2017 年我们走得比较快，从 1 月 1 日到 11 月 30 日我们完成立项资助 46 个项目，资助金额 45104 万元，到 11 月 30 日已经完成支付金额 36174 万元。敦和基金会这样一个资助型基金会，它一般自己不直接单独地做项目，而是支持社会组织、文化团体和机构来完成它们的项目。这样一个机构就始终会存在一个问题：我怎么界定我自己？我们如何理解我们和受助机构的关系？

我们把我们的角色定位为：做守道者的同道，做步行者的陪伴，做探索者的后援。没有守道者要什么同道？没有步行者，何需陪伴？没有探索者，又何求后援？所以，受我们资助的对象，这些机构和人员恰恰是用他们的辛勤劳动和创造成就了我们基金会工作团队的职业尊严，也成就了我们基金会捐款人的善念和善意。正是在这个意义上来说，受助者是我们表现存在的根本。因此我们心怀感恩、由衷感谢。

各位朋友，如果我们追溯中华文化的源头，从孔子到我们，2500 年的时间之风吹皱了无数代中华儿女的脸颊，但无论遇到什么，哪怕是在历史的寒风中，只要我们静下心来，从利害得失的计较中，甚至从生死成败的挣扎中抬起头来，我们就会看到一抹阳光；阳光下，中华文化思想的山峰屹立，我们迎面思想的群山——先秦诸子、两汉儒家、魏晋玄论、隋唐佛法、宋明理学、清代思想、革命狂飙、文化反思……一座座青山相连！无论你东西南北，一个真正的文化意义上的中国人，只要你立定脚跟，背后山头飞不去。但是我们不能仅仅做文化的欣赏者，当代中国人不能在精神建设上只留下对过往的无穷赞叹。那就要问：我们能留下什么？当代的艺术和人文需要标注出这个时代的新的思想高度。

今天，我们会听到很多感慨和担忧。我们感慨艺术正在降低为技巧的竞赛，失去了艺术让人成为人的崇高追求；我们担忧科技已成为这个世界的唯一动力，而科技自身又像一匹脱缰的野马那样疯跑；人失去了对科技知识反思的能力，人就会被知识灼伤；等等。要是这样的担心、这样的感慨是成立的，我就想起 20 世纪 80 年代时费孝通先生说过的一句话，大意是，面对我国 2.3 亿的文盲、半文盲，中国知识分子应该闻鸡起舞！我们面对这样的担忧和感慨，不可能让科技放慢脚步，也不可能让艺术放弃技巧，我们可不可以说这正是人文思想建设的缺位？因此，可不可以说我们的哲学家、史学家、艺术家、文学家等一切人文的工作者、研究者、思想者，应该闻鸡起舞?!

要在这里祝贺，正是因为我们看到了这样一种"闻鸡起舞"。我们祝贺这个新机构建立，着眼的是机构背后的人。我和刘先生相识于 20 世纪 80 年代，30 多年来刘先生于我亦师亦友。今天我要祝贺刘先生依然不老，妙笔在手，道义在肩，天下情怀在胸！还要祝贺这一个充满奉献和创造的意念，从念起落实为行动，从一人之念而召唤出众人之行。

最后，请允许我把感谢留在心里，把祝贺留在今天，而把期待的目光投向今后。

谢谢大家！

马一浮书院：那里有热情动人的沉思

【编者按】2017 年 12 月 27 日，浙江大学马一浮书院在杭州正式成立。马一浮书院由浙江大学与敦和基金会联合创立；据介绍，它将继承国学大师马一浮先生创办之复性书院"尊经""重道""育人""刻书"的传统，以"复性明体，开物达用"为宗旨，开展学术研究、人才培养、出版书刊、传播文化四个方面的工作。此篇是陈越光先生在书院成立仪式上的致辞。在致辞中，他把马一浮书院喻为一艘"信念和使命"之舟，载负着保存和传递文明火种的信念和使命远航，其远方是"一个开放的面向全球的经学中心"，在那里有热情动人的沉思。这一崇高的目标能否最终实现呢？陈越光先生认为，创造可以感动后人的历史是责任所在，纵然终未能成功，它也依然能够像远方的灯塔一样召唤着后来人。

今天，浙江大学马一浮书院宣告成立。这是一艘载负着信念和使命的航船。此刻，我们就像在海岸边目送着它的启航。当我们把目光投向这样一艘启航之舟，我们一定会问：它的远方在哪里？

在人类文明史上，文明的火炬在时间的隧道中燃烧，在一代一代人的传递中留下火种；当然，火炬在燃烧中也一定会产生灰烬。所以，在历史的不同阶段，我们会看到有人默默地保存了文明的火种，也有人却在喧嚣地炫耀着文明的灰烬。中华文化的火种在哪里？我们认为它在中华传统学术的主脉——经学之中。孔子集夏、商、周三代历史文献累积之"六艺"，赋予新意，而成儒门"六经"。马一浮先生说："此是孔子之教，吾国二千余年来普遍承认一切学术之原皆出于此，其余都是六艺之支流。故六艺可以该摄诸学，诸学不能该摄六艺。"① 他说的"该摄"就是"统摄"之意。经者常道，离经不言道。学术史上每数百年就会出现一个以恢复经典中圣人真意为宗旨的所谓"回归原典运动"。今天中国文明又再次面临一个回归原典的选择。我们需要探源性发掘。这样，我们可以看到，在马一浮书院这艘启航之舟的远方，将是一个开放的面向全球的经学中心，而促使经学的学科化、专业化是一个必需的途径。

看到这个远方，我们就会问：会成功吗？我们能到达吗？七个月前，在这个项目的捐赠仪式上我就问过这个问题，我当时的回答是："马先生办复性书院也并非成功之举，但是历史的深邃迷人之处恰恰在于，那些平庸的成功在成功的同时就被平庸地消化了，而那些没有成功的崇高目标，却像远方的灯塔一样召唤着后来人。既然历史感动了我们，我们也有责任创造可以感动后人的历史。"

今天，经过了七个月的筹备期，当我又面对这个问题的时候，我想说，除了依然有这种敢于在面向失败中争取成功的情怀，我们还多了三条可以促成我们成功的条件。

第一，在这个筹备过程中，我们看到浙江大学站在落实文化自信和自觉的国家政策高度上，展现了对办好马一浮书院的坚定意志。这从吴校长、任校长、罗校长②都进入书院理事会就已经充分体现了。而我还要说一个细节：我们在（2017 年）9 月 10 日确立书院要在年内成立挂牌，但到 11 月下旬，一个最重要的关节还没有通——院长人选没有落实。于是任少波常务副校长和人文学院楼含松院长去北京请梦溪先生，但梦溪先生当

---

① 马一浮（1833～1967 年），单名浮，字一浮，号湛翁、蠲翁、蠲叟、蠲戏老人，为中国文化一代宗师，与梁漱溟、熊十力合称"现代三圣"（或"新儒家三圣"），是现代新儒家早期代表人物之一，曾为浙江大学教授，于古代哲学、文学、佛学、书法等方面造诣精深、自成一家。此处引文见浙江古籍出版社 2013 年出版的《马一浮全集》第一册（上）第 8 页。

② 这里分别指时任浙江大学校长吴朝晖、常务副校长任少波和副校长罗卫东。

时没有应承。11 月 28 日下午，吴朝晖校长亲自上门，那天我作陪，极冷的一天，又堵车，我还被堵在路上；吴朝晖校长先到，就在楼下等我到后一起上楼。吴朝晖校长的亲自登门礼邀，刘先生是感动的。当时刘先生的回答是："当年竺校长请马先生也就两次，梦溪何德何能，焉能有三？"因为两位校长亲自上门，书院院长人选问题在不到十天中圆满解决。所以浙江大学这一种坚定的意志，我认为是我们办好这个书院可以看到的第一个成功的条件。

第二，就是书院请到刘梦溪先生。刘梦溪先生是我国著名的文史学者，出文入史，从史入经，20 世纪 80 年代就是《中国文化》的主编，他和当时的汤一介先生、李泽厚先生、庞朴先生等著名学者一起，在学术文化界有相当的影响力和号召力。所以，以他的影响和人脉来引领这个书院，我们相信书院会有一个非常好的开局。

第三，我们初步建成了一个协同治理的治理结构。书院由浙江大学和敦和基金会两家联合举办，但它是浙江大学马一浮书院，它在浙江大学，属于浙江大学，当然是浙江大学为主。那又怎么联合办呢？我们形成了一套共同的工作机制，在院长人选的确定、财务管理、书院方向方针的落实、重大活动的拟定上，都是共同商讨的。光是今天通过的这一份理事会章程，往返就 5 稿以上。我们有争执，但我们不是固执己见的。我们是认真的，我们又是有主次的，更是协同的。因此，书院实行理事会领导下的院长负责制，是浙江大学教育研究的一个特区，也是改革创新的一块试验地。这样一种协同治理的机制，也是我们相信它会一路走好的保障条件。

各位朋友，马一浮先生曾经说过，"国家生命所系，实系于文化，而文化根本则在思想"①。文化和思想的差别是什么？马先生认为"从闻见得

---

① 　马一浮：《对毕业诸生演词》，《马一浮全集》第一册（上），浙江古籍出版社，2013，第41 页。

来的是知识，由自己体究，能将各种知识融会贯通，成立一个体系，名为思想"①。我期待着有一天，每当浙大的学子唱起校歌的时候，就会想到：哦，我们浙江大学还有一个马一浮书院，那里不仅有经学学位，而且有传道解惑的老师，而且有热情的动人的沉思！

---

① 马一浮：《对毕业诸生演词》，《马一浮全集》第一册（上），浙江古籍出版社，2013，第42页。

慧育中国：做社会底线的守道者

【编者按】"慧育中国：山村入户早教计划"是中国发展研究基金会与国家卫生和计划生育委员会妇幼健康服务司在中国农村合作开展的一项结合养育指导与营养干预的儿童早期发展项目，旨在通过改善农村幼儿与其看护人的互动质量，促进儿童认知、语言、社会性以及健康等方面的发展，探索适合中国农村儿童早期发展干预模式，并采用科学的评估方法，为儿童早期发展研究和政策制定提供依据。敦和基金会从 2015 年起资助该项目，累计投入 2400 万元；2018 年，敦和基金会加大投入力度，在 2018 ~ 2021 年项目周期资助人民币 3000 万元。此篇为陈越光先生 2018 年 5 月 24 日在敦和基金会与中国发展研究基金会"慧育中国 敦和同行"捐赠签约仪式暨媒体发布会上的演讲。在演讲中，他回答了敦和基金会连续多年且加大对"慧育中国"项目资助力度的原因与理念，但更为重要的是，他独具慧心地提出了一个"公益人的感情世界"的问题。他说：被贫困、不公平打动是公益人的感情基础，离开此感情基础，公益人的理想将是空洞无物、苍白无力的；而这感情基础又并非单纯情感的冲动，其背后是"只有在所有人都可以'立'的社会秩序和社会安排中，才可以真正做到立己"的思想的理性支撑。

我首先要说一说我们和"慧育中国"这个项目相遇的过程。刚才来的时候《财新》的记者访问我："敦和基金会是怎么了解到这个项目的？对这个项目的评价如何？"其实坦白说，2015 年开始资助这个项目时，我们并不了解这个项目。我们的关注并没有深入项目中，那时候我们的支持是基于对卢迈秘书长的信任，基于对中国发展研究基金会这个机构的信任。但是，一个好项目有它自身的魅力，我们是从执行项目的机构进一步走向项目。2016 年底，尤其 2017 年，我们的项目官员逐渐深入项目中去，我们的理事、项目官员也到实地去考察。"慧育中国"的项目评估显示，家访课程能够使当地儿童智力发育筛查的正常率提高 51%。这个结果是令人鼓舞的。我们 2015 年、2016 年、2017 年三年资助中国发展研究基金会开展"慧育中国""山村幼儿园计划"等项目 2400 万元，是一年一次资助800 万元，也就是说一年审核一次，一年一次签约。但是，从 2018 年开始，这个项目不但把资助额从每年 800 万元增加到 1000 万元，而且把一年一次的审核扩展为三年一次性签约。所以，今天的合约是签 2018～2021 年3000 万元的资助合约，不是签 2018 年一年的合约。之所以这样，是我们从对项目执行机构的信任，走向了对项目的信任，走向了对项目价值的认同，走向了对项目价值所撬动的方方面面社会资源支持以及带来的社会变化和社会进步的认同。这是我想说的第一点。

第二点，敦和的使命与在项目中的定位。敦和基金会以"弘扬中华文化 促进人类和谐"为机构使命，"慧育中国"是结合养育指导及营养干预方式帮助贫困地区儿童健康成长的项目，和我们的使命是一致的。我们这样一个资助型基金会，原则上说自己不直接操作项目，我们对自己的定位是"做守道者的同道，做步行者的陪伴，做探索者的后援"。在这个项目中，首先我们要做守道者的同道。这个项目在守一个什么道呢？"慧育中国"项目关注的是深度的贫困地区、贫困家庭，它在关注贫困中最弱势的群体儿童，它在关注儿童中最敏感、最脆弱，也是变化最大、可塑性最强的时间阶段——出生后的 1000 天。这么一个项目根本上来说，它要守一个什么道？我们的"中国梦"，我们要从中等收入国家向高等收入国家迈进，避免陷入"中等收入陷阱"，需要从根本上解决"能力贫困"问题，需要能充足提供高素质劳动力，再通过人力资本提升国家竞争力。"慧育中国"

项目就具有这样的功能。但就守道来说，我们守的是一个社会的底线。社会的底线是什么？社会的底线就是所有的人，无论境遇如何，无论能力如何，无论出身的家庭经济状况如何，都应该有一个基本的最基础层面上的公平正义。我们说做守道者的同道，我们的家访员，我们的地方政府，我们的学者，我们的中国发展研究基金会，他们在守这个道，而我们则是站在他们身边做他们的同道。

什么是做步行者的陪伴呢？大家刚才听到张灵娟家访员很动情地讲她去贫困儿童那里家访的故事，非常感人。我看到一个统计数据，从项目实施至今（2018 年），共 163 位家访员，在 3 年多一点的时间里，她们去家访的往返路途有 17 万公里，累计总和绕地球 4 圈多！她们是扶贫最前线的步行者，她们也是需要有人陪伴的。在这一点上，敦和就是要做张灵娟这样的家访员的陪伴者。

什么是探索者的后援？在这个项目中，有两种探索。一种是方法论的探索。源于牙买加的这套"国际家访课程"，作为一种幼儿教育干预的科学方法，它和任何一项科学成果一样，在推广执行过程中有本土化的问题，有在新环境、新因素、新变化前需要适应与变革的方面，这是一种探索。另外，按我们现在的贫困户标准测量，全国还有 300 多万名贫困户儿童，"慧育中国"这个项目的指向不是从 300 个到 3000 个、3000 个到 5000 个、5000 个到 100 万个乃至到全国的 300 多万名贫困户儿童，这个项目的指向是引起社会更大的关注，引起政策层面的重视，项目的最终指向是国家社会政策来兜这个底。对于社会政策的倡导是一种更艰巨的探索。从这个意义上说，这个探索者是卢迈秘书长领导的中国发展研究基金会，我们在做它们的后援。

最后，我想说说我们这些人的感情世界。敦和基金会是一个公益组织，中国发展研究基金会也是一个公益组织。我们的家访员，我们的媒体记者，从某种意义上来说，都既不属于政府的第一部门，也不属于企业的第二部门，而都属于第三部门，从这个意义上来说，都是公益人。当我们讲数据，当我们做项目分析的时候，我们要论证、理性审视。我们这样一些人，做慈善公益的人，我们的内心世界中除了说社会要进步、民族要发展、国家要强大、人类世界要前进等这些理性的追求，感情上我们要追求什么呢？当这个项目在我们基金会理事会审议的时候，我们的项目官员黄佳从头到尾说的所有介绍都是"我们""我们"，一位理事当场发问："这个项目是敦和在执行吗？你从头到尾说了那么多'我们'，你感情完全投入，作为一个项目的资助官员，你理性审视了吗？"这个批评是对的。项目资助官员去了现场，她介绍项目时下意识地想到的是那些孩子，下意识她就在项目执行中，所以口口声声都是"我们"，我们这位理事的批评就项目审议上来说是对的，审议项目不能从感情出发。但是，在这里，我恰恰要说，我们的项目官员在最深层的意识中有这样的一种感情是值得致敬的。

刚才《财新》的记者问我，你们去年（2017 年）支持了北师大跨文化研究院，支持了中国艺术研究院艺术与人文高等研究院，还有浙大马一浮书院、西湖大学等，你们在教育上有不少大手笔的资助，你们的理念是什么？记者也许要问的是我们基金会是不是刻意追求知识生产的"高大上"？其实，在精神创造上有什么高和低之分呢？知识创造者面对的是什么？大家都知道有一个著名的雕塑叫"思想者"，罗丹的作品，右手支撑着头，低着头沉思，命名为"思想者"。光看这个雕塑，我们看不到思想者面对什么；但是"思想者"这个雕塑原来是放在一百多个塑像的整体中间的，整个雕塑叫"地狱之门"，思想者是在门框上的一个塑像，低头沉思面对的是人类的苦难和死亡！思想离开了它的面对物就苍白无力啊！

我们做公益的人，在感情世界里都要面对尚未消除的贫困，都要面对各种各样的不公平，会被这些东西打动是我们感情的基础，在这个基础上才有资格来说理性的力量在哪里。我们之所以有这一点，得益于我们文化的基因。这就是孟子说的"无恻隐之心，非人也"；这就是孔子说的"己欲立而立人，己欲达而达人"；这就是写著名的"为天地立心，为生民立命，为往圣继绝学，为万世开太平"的宋朝大儒张载说的"立必俱立，成不独成"。只有在所有人都可以"立"的社会秩序和社会安排中，才可以真正做到立己。这样的思想又是我们感情世界的理性支撑。

所以，"幼有所育"既是党的十九大报告提出来的，也是中华民族一贯追求的理想。从这点上来说，社会力量的强大，如果没有所有人在内心感情上的这个基础的支撑，这个"强大"也可能会和那些弱势，残酷一点说，和那些"被抛弃"的人无关。如果是这样，这样的强大不会持久；如果是这样，这样的强大不是我们追求的。我们一定要说，只有每一个人都可能在公平正义中发展自己，只有坚持青年马克思的理想——所有人的自由发展是社会发展的基础，我们才有资格说这个世界是美好的。今天我们走在追求美好梦想的路途上，当我们老了走不动了，我们还可以目送那些在走的人，目送他们一直往前走。

一个伟大基金会的出发点是什么？

【编者按】此篇是陈越光先生为刘选国著的《公益黎明：中国基金会离伟大还有多遥远》① 一书所做的序文。在序文中，他认为，要回答怎么建成一个伟大的基金会，首先要剖析一个伟大的基金会的种子结构；在马秋莎《改变中国——洛克菲勒基金会在华百年》的启发下，他提出，一个伟大的基金会的种子结构可以是：一个伟大的愿景＋科学的基金会制度设计＋有伟大理想的专业人才。基金会作为第三次分配的重要载体，在公益慈善生态中占据核心位置，具有整合与配置资源、发挥价值引领、促进变革发生等的潜能和价值。改革开放以来中国基金会的数量也在逐年快速增长，但是，如何建设一个基金会、要建设怎样的基金会、基金会怎样才能施展出其潜能和价值，却始终是问题。陈越光先生的这篇序文是对这些问题的回应的一种。

刘选国的新著《公益黎明——中国基金会离伟大还有多遥远》行将出版，嘱我写序。之所以要我来写序，大概是因为我们有一段共同的经历：20 世纪 90 年代末，在南怀瑾先生倡议，并与张岱年、季羡林、王元化、汤一介、杨振宁先生共同指导下，我们在中国青少年发展基金会组织实施了"中华古诗文经典诵读工程"，先后 8 年有余，近 800 万少年儿童参与。

---

① 此书最终以《中国公益的修炼——从优秀到卓越》为书名，由中央编译出版社于 2017 年正式出版，其作者刘选国为中国红十字基金会副理事长。

这在国内各种弘扬传统文化的"读经"活动中，当时是规模最大也是启动最早的。选国正是因此而投身于公益组织，成为一位专职的中国公益机构领导人。

《公益黎明——中国基金会离伟大还有多遥远》汇集作者近年关于基金会、社会公益慈善组织建设的分析、评介和实践体会的60多篇文章而成。通读全稿，分为"中国基金会反思与批判""境外慈善事业学习和镜鉴""中国慈善传统钩沉与传承""中国基金会发展和创新"四大部分。其中关于中国基金会的反思批判和发展创新两部分的文章，多是作者任职中国红十字基金会副秘书长和副理事长的工作体会。一个行动者的反思，有热烈的感情倾注，也有冷峻的思想剖析。而关于境外慈善机构的评介与中国慈善传统的分析，有的源自他的实地考察，而更多的是来自阅读与思考。作者对这方面书籍的阅读之广、思考之深、落笔之勤，不仅让我深为敬佩，也确实在国内基金会一线领导者中罕见。这部分文章，对于慈善公益事业的从业者和对社会发展、治理有关注的读者，尤其具有启发作用。

中国基金会离伟大还有多遥远？书中并无答案，甚至对此直接的分析论述也不多。但篇篇文章背后所穿越的各种事例、各种数据、各种经验，甚至各种争论，几乎都可以引向这么一个提问。在不做论述的地方，引出思想的碰撞，不求以答案回应问题，而是把问题引向问题的深入，这正是本书的魅力所在，恰似"于无声处听惊雷"！

什么是"伟大"？今天，我们在中文语境中用"伟大"这个形容词，已基本脱离了对具象"伟岸""高大"的描绘本义，更倾向一种对精神的赞美。而且，"伟大"不是用来赞美"比较中更好"，无论是对个体还是群体，无论所突出的内容有何不同，"伟大"都必然包含一种超越性，是对这种超越性的称颂。这种超越性意味着原有局限的突破，开创了新的可能。一切伟大的运动员都意味着对体能局限的突破；一切伟大的思想家、政治家、科学家、企业家都意味着对时代局限的突破。美国政治领导学研究的先驱伯恩斯，在其荣获普利策奖和国家图书奖双桂冠的经典名著《领袖》的扉页上，曾引了一段罗斯福的名言："所有伟大的总统，都是当国家生活中某些具有历史意义的观念需要澄清时，作为思想的领导者挺身而出的……"① 是的，伟大就是超越，就是开创历史。

怎么才能实现"伟大"呢？有一个时尚的说法："伟大是熬出来的。"听起来也对，一棵参天大树，不是熬过雷电风雨、熬过天灾人祸、熬过同类对阳光和养料的野蛮争夺，再熬过时间，才长成的吗?! 但它要是一颗矮柳或矮北极桦的种子呢？怎么熬也长不成参天大树啊！平庸是"熬"不成伟大的，"伟大"是从伟大的出发点出发的。

而这个出发点不是单一要素，它是一个结构。20 世纪 80 年代轰动知识界的"走向未来丛书"中，有一本书叫《让科学的光芒照亮自己——近代科学为什么没有在中国产生》②，一下子就销售 30 多万册，曾经激励了许多思索变革与创造的年轻人。刘青峰在探讨这个著名的李约瑟难题③时提出：整体的东西只可能由原始的整体发展起来，各部分之间的联系就是原始的结构，犹如种子中的遗传密码已经决定了树的发育和形态。近代科学技术结构就是这么一个有生命的系统，不可能凭空而来，要研究为什么西欧在 16 世纪后能确立近代科学结构，就必须去剖析其原始科学结构形成及其社会化的条件。

同样的道理，要回答怎样建成一个伟大的中国基金会，首先需要剖析

---

① 〔美〕詹姆斯·麦格雷戈·伯恩斯：《领袖》，常健等译，中国人民大学出版社，2007，扉页。

② 刘青峰：《让科学的光芒照亮自己——近代科学为什么没有在中国产生》，四川人民出版社，1984。

③ "李约瑟难题"（Needham's Grand Question）的主题是"尽管中国古代对人类科技发展做出了很多重要贡献，但为什么科学和工业革命没有在近代的中国发生?"其由英国汉学家、科技史学家李约瑟（Noel Joseph Terence Montgomery Needham，1900 年 12 月 9 日 ~ 1995 年 3 月 24 日）在 20 世纪 30 年代研究中国科技史时提出，美国经济学家、教育学家、哲学家肯尼思·博尔丁（Kenneth Ewart Boulding，1910 年 1 月 18 日 ~ 1993 年 3 月 18 日）在 1976 年正式命名。

一个伟大基金会的种子结构。刘选国根据马秋莎《改变中国——洛克菲勒基金会在华百年》①的观点，归纳说："一个基金会成为伟大的基金会的要素构成：不以营利为目的的弘善资本＋科学的基金会制度设计＋有伟大理想的专业人才。"无论洛克菲勒基金会，还是盖茨基金会，在欧美的一流基金会中大多是以一笔数目不菲的弘善资本为起点，所谓弘善资本就不仅仅是一笔钱，而是具有使命感的资本。

在中国呢？需要募集基金的公益慈善基金会呢？刘选国在书中介绍的华人世界中最伟大的基金会——慈济基金会，就是证严上人法师凭着"慈悲为怀，济世救人"的宏愿，在1966年成立时组织30个信众每人每天节省5毛钱菜钱开始的，目前它已在全球52个国家和地区有分支机构，为慈济捐款的慈济会员超过1000万人，参与慈济慈善活动的志愿者近200万人。在这里，是使命召集了资本。所以，我想就中国的需要募集基金的基金会来说，这个三要素的种子结构似乎可以做一点修订：一个伟大的愿景＋科学的基金会制度设计＋有伟大理想的专业人才。

如果中国慈善事业社会化的条件保持持续的进步，那么，有了这种具有伟大出发点的基金会，就可能锻造成伟大的基金会，时间也许并不遥远。

---

① 马秋莎：《改变中国——洛克菲勒基金会在华百年》，广西师范大学出版社，2013。

理解敦和基金会：
方向与方法，胸怀与情怀

【编者按】在 2016 年 12 月 24 日敦和基金会第二届理事会一次会议上，陈越光先生正式被确定为敦和基金会新一任的秘书长。此篇是陈越光先生所作之就职演讲。在演讲中，他从如何看待历史和前任，怎么划定"我们"，如何理解目标与指标、成功与失败，如何建立工作伦理，如何对待路径和过程，2017 年的三件大事六个方面试图表达自己对敦和基金会的理解。他认为，理解敦和基金会必须理解其方向和方法、胸怀和情怀以及内在的坚守，这种理解将转化为他日后管理敦和基金会的工作思路。在中国当代慈善行业的秘书长就职演讲中，陈越光先生的此次演讲所展现出来的决心、担当、热情、愿力和思想令人敬佩。

在昨天（2016 年 12 月 24 日）的敦和基金会①第二届理事会一次会议上，我受命主持敦和基金会的日常工作。我感谢理事们的信任，期待同人和朋友们的支持和帮助。

我做任职演讲，不想像企业新任 CEO 一样，展示一套策略图景和各种指标体系。我们是一个有文化使命的基金会，中华文化不仅仅是一个外在的知识体系，它更是一个生命体验和人生修为的目标规范体系，是一种内在的行为规则，一种内在的信念支撑，一种内在的做人做事的自我约束。

---

① 以下有称"敦和"处，皆指敦和基金会。

所以，我想，要理解敦和，理解它的方向和方法，就必须理解她的胸怀和情怀，而理解敦和的情怀，就要知道它的内心坚守着什么。

今天这一场演讲，我企图来表达我对敦和基金会的理解，这种理解会渗透到我以后的工作中去，因此这种理解本身就是我未来管理敦和基金会的工作思路。我希望我的理解能得到大家的赞赏，同时我也期待你们的批评。

我讲六个问题。

一　如何看待历史和前任

我们都知道，一张白纸可以画最美的画，可以写最新的文字。但是，历史从来不提供白纸。有历史就有历史的痕迹，这是历史丰富的地方，也是历史对人苛求的地方。一个机构只要有历史就会有前任，就会有前任留在机构历史上的痕迹。怎么评价历史、怎么看待前任，是一个严肃的文化问题，是一个严肃的价值观问题，所以我首先要谈这个问题。

评说的是前任，表现的是自己。评前任一无是处，对历史一笔抹杀，似乎后任的业绩就凸出；此外，往往每一任都新起炉灶。这种后任对前任的否定性放大是一种文化病。我们在体制内的机构或者在一些国有企业中，屡屡见到这种现象。这种病在我们的公益机构里面也很突出。这些年来，一些公益机构引进了所谓职业经理人制度，也是一任一任，自己任上的事情就大事小事如数家珍，而对于前任的创业则少有记录，鲜有提及。这是对自己机构历史的不尊重。

我们敦和要警惕，尤其是我要警惕。

敦和基金会的主要捐款者，敦和基金会的发起者，第一届理事会和第一届秘书处的同人们，他们使敦和基金会无中生有，创立了这份事业，并且确立了"弘扬中华文化　促进人类和谐"这样一个使命。从 2012 年 7 月 5 日到 2016 年 11 月 18 日，敦和一共资助了 337 个项目，在这 337 个项目中有 77 个项目还没有执行完毕，还在执行过程中，但是完成的项目资助总额已经超过 3 亿元。这些项目既支持了中国文化公益慈善事业的发展，也形成了敦和基金会在业界一定的知名度和美誉度。

这就是前人栽树。我今天是站在他们所栽的树下。虽然我不是为乘凉而来的，但是我不能不认账，不能不感谢。昨天，敦和基金会第二届理事会一次会议聘任我为秘书长的时候，我有一个发言，我发言的最后一句话是"有几句话我不得不站起来说"，当时我是站起来的，我说，"请允许我在这个场合，在这里向在第一届理事会担任过秘书长的王水华先生、刘洲鸿先生和兼任过代理秘书长的沈旭欣先生表达敬意！他们成功的地方成为我们的积累，他们失败的地方成为我们的经验，他们以往付出的努力并没有离开敦和，依然和第二届理事会、第二届秘书处的同人们在一起，将和我们一起推进敦和的事业。"

以一种什么样的文化心态和准则对待前任的工作，这要成为敦和基金会的一个文化传统。人可以弘道，道不可以弘人；人可以成就事业，当然事业也会成就人，但是事业不是为了成就个人而展开的。敦和基金会的事业是一个长远的目标，我们都只是在过程中走一段的人。这就是说公益基金会永远不会成为个人成就的手段，这是第三部门和第二部门的一个差别。从这个意义上说，公益姓公，它是社会的事业。2020 年我任期结束，我希望新一任接任的人能够以什么样的态度对待我和我的同人们所做的工作，我今天就必须以这样的态度来对待我前任的工作，这一点就是孔子所谓"己所不欲，勿施于人""己欲立而立人，己欲达而达人"。

如何对待历史和前任？敦和要确立这样一个原则，而且这个原则要传递下去，这就是：以致敬的心意叙述历史；以审视的态度表示尊敬；以感恩的心情接受成果；以设身处地地心态分析失误。

致敬是对历史和前任的总体态度。但是我们并不是要搞萧规曹随，我们是要审视的，而一种严肃的审视甚至批评，本身就是尊敬的表示。在审视的过程中，我们总是会发现前任有做得好的也有做得不恰当的地方，前任们总是有成功也有失误的。对于他们的成功，我们要有感恩的心情，因为这些成功不是轻而易得的，而是他们付出巨大的努力所取得的，是为我们打了一个好的基础。对于他们失误的、欠缺的、做得不够的地方，我们要有一个设身处地地心态，既要看到人为的不足，又要理解当时环境等各方面的制约。所以，这四句话是我在敦和基金会要确立的文化原则中间首先想要表达的。

二　怎么来划定"我们"

如何划定"我们"？这是学术史上现代民族国家起源研究中的一个重要问题，而我认为，这也是每一个机构在讲团队文化、强化凝聚力时要关注的一个重要问题。

在这个问题上，我想说的是，敦和要建立一个开放的平台，我们不能把"我们"只局限在敦和几十个理事、监事和秘书处员工的范围里。我甚至不主张用所谓"敦和人"这样的概念，敦和需要一个大的"我们"圈。所以，我们今天开理事会的扩大会议，邀请了十几个合作机构、合作伙伴来参加我们的会议。

敦和的大"我们"圈，就是：敦和理事会、监事会成员，秘书处人员；离任、离职的同事；前前后后的志愿者；我们的合作者，包括我们主管单位的领导者，受资助项目机构的成员们；还有我们的朋友们，包括跟我们联系过、提出过资助申请的或者参与过我们活动的机构的人员；等等。他们都在敦和实现使命的过程中形成一个大的"我们"。

这是一个开放的"我们"，这是一个在边界线上不明确划界的"我们"。今天你来了，你在，你就是"我们"；明天你走开了，你依然是"曾经的我们"；后天你可能会来，你就是我们"期待中的我们"！敦和的门口永远为你点着一盏灯，不管你来了还是没来，你来过或者你或许会来，这盏灯永远为你点着。

在这个"我们"里面的人有不同的角色，但是他们都起着一个在这个过程中推动敦和、影响敦和、扩大敦和、为实现敦和的使命往前走的作用。

昨天我就遇到个很感动的事情。我在9、10月份确定要来敦和任职后，前前后后和敦和的多数理事以及绝大部分秘书处的成员都谈过话，但是和一位员工没有谈过话，因为我到杭州了，她出差了，机缘不巧。前天下午到以后，我就和她做了一个30多分钟的电话谈话。在谈话中说到今天的报告会，她给我提了个要求，陈老师你能不能把你演讲的PPT先发给我，让我可以先考虑考虑我们在传播上怎么做。我答应了，但一直到昨天中午才有时间把PPT发给她。昨天晚上11点的时候，我看到我的邮箱里有一个邮件，她说：陈老师，我在学习你这个PPT的过程中发现有一个文字错误，我实在不敢班门弄斧，但是我想我还是如实指出来比较好，我改正了发给你。这真让我感动，我们提倡用批评来表达尊敬，严肃认真的批评指正就是最好的尊敬。我记得我的忘年之交、著名历史大家庞朴先生，曾经为了他出的一本书，编辑给他改正了一个错字，而特意向这个编辑鞠了一躬，现在我也应该向这个员工鞠一躬（走到台前一鞠躬，全场热烈鼓掌）。

我还要说一件事情，也是令我感动的事情。12月21日那天，沈旭欣理事长转给我一个邮件，是一位4个月前离任的敦和员工在离任时为工作交接做的一个PPT文件，他写了整整17页的交接PPT，写得非常好，把他经手的项目是什么，他对这些项目的分析、建议，以及他认为敦和基金会需要认真改变的地方，一一写出。看这个PPT，我很感动也很受鼓舞。我不认识这位员工，但我想他一定是一个很年轻的人。据说他昨天晚上刚刚结婚，在这里祝贺他。

当时我在读这个PPT的时候，就好像在跟一个忘年之交在交流一样。我突然觉得很讶异，这么好的一个员工离职了，而我马上要去就任这个机构的负责人，我不是应该感到很遗憾吗？但是，我没有什么遗憾的感觉，为什么？我就追问自己这种"不遗憾"。在追问的过程中我写下一段文字，当时我把我的这段文字作为我和这个员工的一个聊天，一个精神互动，现在我和大家分享。

"敦和基金会就像一条河，我们都是把自己的一盆水注入其中。这条河是大是小，是长是短，取决于我们这些前前后后的参与者所注入水的多少。在这里，我们的品德、才华、能力、作为，像星星一样闪烁，构成了敦和基金会银河一般的灿烂。有的星星看起来亮光多一点，有的则暗淡一点，差别很可能来自不同的视角和距离。这里，'泰山非大，秋毫非小'。"

我想这就是我对于"我们"中不同角色的人的价值和意义的理解。

三　如何理解目标与指标、成功与失败

我首先的态度是，我们不追求"做大做强"，我们追求"做长"，敦和要做"百年基金会"。我们不追求"做大做强"，追求"做长"，那就有人会问了，难道"大和强"就和"长"矛盾吗？不能说它们是矛盾的，而且前者还可以成为后者的条件，但它们是不能等同的。大有大的难处，强有强的脆弱处。"木秀于林，风必摧之"，这句话大家都熟悉，出自三国时候的李康。李康写过一篇文章叫《运命论》，他谈人的运势和命时，提出一个观点叫作"木秀于林，风必摧之。堆出于岸，流必湍之。行高于人，众必非之"。他指出这个现象，然后问了一个问题，既然谁都知道"木秀于林，风必摧之"，为什么还有那么多的人要这样做呢？他说，"志士仁人，犹蹈之而弗悔"，他们走在这条路上不后悔，为什么呢？因为"将以遂志而成名"，因为他们要实现他们的志向，要成就他们的名声，所以摧之也罢，湍之也罢，非之也罢，顾不得了。个人的选择可以这样，但是作为一个追求长远的机构来说不可，因为机构的发展不是个人的选择，不是为了实现个人的名望，某种意义上说，也不是为了实现个人的抱负，而是要许许多多人去共同推动的一个长远过程。所以追求"做长"，就要特别警惕

那些耀眼的辉煌。耀眼的辉煌还可以用一个词，叫"瞬间辉煌"，而"瞬间辉煌"还可以用一句俗话来说，叫"过把瘾就死"。这是我们要警惕的东西。追逐一时的炫耀，一时的辉煌，一时的轰轰烈烈，一时的让众人口惊目呆，这种事情敦和不做。

然而，如果有个年轻人，过了18岁了，成年了，问他：你这一辈子追求什么？这18岁的青年胸脯一拍说：我就追求好好活着，长命百岁。那你肯定摇头啊，你这孩子18岁，什么志向也没有，就想要长命百岁，那不就是一个平庸的存在吗？那是不是敦和基金会不追求做大做强，追求做长，就有可能同样陷入一个平庸的陷阱里面呢？我想不会。坚守敦和的使命可能会平淡，但不会平庸。我们可以轰轰烈烈，也可以平平淡淡，轰轰烈烈和平平淡淡都只是外观，都是人家看的感觉，不是我们的追求，我们追求的唯有使命，"弘扬中华文化 促进人类和谐"。

决定是否接受敦和邀请的最后一次谈话，我和敦和创始人约好要谈9个小时，分3个下午谈，每次3小时，把所有想到的问题都谈清楚。我是做了认真准备的，列出了几十个问题，每一个问题我也都写出我的理解和判断。我们讨论的第一个问题是，各自叙述"你对基金会以往工作最满意的是什么"；我们两人不约而同，最满意的都是"对确立的使命非常认同"，这是方向在感召我们，也是方向在凝聚我们。所以在这一点上，需要特别感谢我们的康晓光理事，这个使命的确立，康晓光理事对敦和基金会是有特别贡献的。

我们长远来看，要建立一个百年基金会，有三个要素——弘善资本，被文化和信念凝聚的参与团队，以及一套科学的工作机制。一个资助型基金会的弘善资本，就是一笔带有使命的资金；被文化和信念凝聚的参与团队，就是被使命所凝聚起来的人员，不是有多少人的问题，而是有多少被使命所凝聚起来的人；再就是一套科学的工作机制，这套机制里面必须包含着各种避险的机制，包括避开刚才我说到的那种特别耀眼的辉煌。

实现使命我们有所谓"目标三原则"，这三原则我在7月份给敦和理事会做的一个文化专题演讲中曾经讲过。当时讲，我们面对使命，使命面对什么？使命面对的是中华文化。中华文化又面对的什么？中华文化面对的是时代的挑战！我们面对五千年历史风雨在凝练过程中留给我们的东西，和新一代人怎么去理解这一种凝练的时代落差；我们面临着在不同文明碰撞和融合的时代潮流中，如何认识自我、更新自我和发展自我的历史挑战。当时，我是以分析这个问题的角度来看我们坚守使命的原则的；今天，我要重申我们选择目标、确定目标、坚守目标和实现目标过程中的这三大原则。

第一个原则是做冰山，不做浮冰。海明威在给年轻作家讲写作的时候讲过一段话，大意是作家的工作是写书，但作家不光是写书的，而首先是在写人生。他说，你们看冰山在海面上，显得那么壮观，为什么？因为它的7/8在水下。他是在告诫作家们，写作的功夫在于人生的锤炼，作品的凝练来自人生的凝练。做冰山，不做浮冰，我们要看到冰山和浮冰的差别是什么。冰山和浮冰的差别就在于，冰山是在海浪中屹立的，浪打冰山就像水泼山崖一样，冰山岿然不动，但是，浮冰呢？再大的浮冰也是在浪中起伏，只是随浪逐波而已。所以，我们要做冰山，不做浮冰。我们看到的要多，想到的要更多，但做得可以少一点。社会无限大，在无限大面前，再多也是沧海一粟。不在多，贵在做好、做精、做持续。

第二个原则是后退一步看自己。这一步退多远？不远，一百年。既然我们要做百年基金会，我们想事情就要想到2116年时候的基金会是什么样的，以2116年的敦和基金会的规范来要求我们今天的所作所为。甘地说过"善是以蜗牛的速度前进的"，我们甘于做一只善的蜗牛，只要方向是对的，慢慢走，走着就是。

第三个原则是选难不选易。如果在实践使命的时候，我们前面摆着两条路，一条是捷径、容易的，另一条是艰难的，我们选艰难的走。当代人聪明有余，坚忍不足，脑筋总是动在机会主义上，一会儿一个点子，一会儿一条妙计，南怀瑾老师称之为"不在疑中，就在悔中"，还曾经讽刺为

"晚上躺下千条计，早上起来一个屁"。既然我们明确了要什么，那就从一个"久"字上着眼，从一个"难"字上立志，立行鸟道之志。所谓蜀道难，李白说，"西当太白有鸟道，可以横绝峨眉巅"。王船山说，你立志在鸟才能过的道上攀登，这边是悬崖，这边是峭壁，你没什么地方可以绕近路，退又退不回去，因此你唯一可走的就是一步一步往前，"为之而成，天成之也；为之而败，吾之志初不避败也。"① 你一步一步往前走，达到你预期的目标，你不要沾沾自喜，觉得自己很了不起，这个成功包含了社会条件、历史条件等。如果失败了呢？失败了，也没必要回避失败，就像人的生命，谁没有七病八灾呢？哪有说发个烧、生个病就不活了的道理！生命是一个有机体，生病只是对生命自稳态的扰动而已，它本身就包含在生命的有机体之中。实践使命的过程也就是一个生命过程，成功和失败本身也包含在这个过程之中，而并不是在这个过程之外，也不是这过程的终结。所以，我们选难路走，有利于我们更纯粹地理解这个过程，而不会在患得患失中失去目标。同时，既然我们在成功和失败上是这样一种境界，我们对于在工作中、探索中失败的同伴，既包括在敦和机构内部的同伴们，也包括敦和的联络网络中的同伴们，包括我们资助的对象们，就会有更多的理解。

四　如何建立敦和的工作伦理

讲使命，首先要从内向外。这个"内"由两方面构成：一个当然是你的内心是不是真有这个信念，你自己怎么去实践，这是你修身的部分；另

---

① 王夫之（1619～1692年），因晚年隐居于石船山著书立传，自署"船山病叟"而被称为"船山先生"，与顾炎武、黄宗羲并称为"明清之际三大思想家"。引文参见其《读鉴通论·东晋元帝·三》："宗国沦亡，孤臣远处，而求自靖之道，岂有他哉？直致之而已矣。可为者为之，为之而成，天成之也；为之而败，吾之志初不避败也。如行鸟道者，前无所畏，后无所却，旁无可逃，唯遵路以往而已尔。旁睨而欲假一径以行吾志，甚则祸及天下，不甚则丧其身，为无名之死而已。"

一个是在机构工作中的内部文化，什么是对的，什么是错的，工作中以什么样的标准来衡量对错，这些都构成一个机构内部的制度文化。

敦和基金会要以基金会的使命、内部文化和我们所做的项目来赢得业界的认同和尊重，而不是以资助资金。我们不套用商界的职业经理人概念和文化，我们还是要讲究对使命的内心认知，对目标的持久坚守，讲究修德、敬业、仁爱。

我们很多理事同时是敦和的捐款人，他们愿意把自己艰辛劳动的成果奉献给社会，已经表现了一种内在的善。但在昨天的理事会上，大家发言时一再说，我参加基金会的活动，我真是感觉到一种生命的提高。这样的发言我是很受感动的，但作为理事会来说，不能只停留在个人对生命意义的感悟上，我们还需要有内部文化，并且要对有些东西有共识，它们要成为我们工作制度文化的凝聚与约束。

我们在理事会战略规划委员会的会议上，专门提出了相互之间要以"天下为公，坦诚相见，各思其过"作为我们的总原则。讲"天下为公"就是说还是要讲些大道理，而不能只靠利益来平衡，也不能只靠兄弟感情做事情，要有大道理在。坦诚相见，互相之间绝不要猜测，你讲出来的我就相信你是真诚的，不能说我知道你讲是这么讲，但其实心里是那样想，不做这个猜测，要坦诚相见。当然谁都不是圣人，所以，都要对自己保持一份警惕，各思其过。

我们想在决策中建立一种什么样的文化？敦和基金会的战略规划委员会受理事会的委托，在理事会闭会期间处理决策事务，这个委员会昨天通过了一个"议事与行为规则"。我自己先陶醉一下，这是我起草过的最好的文本之一。这个委员会的总原则就是"要讲天下为公、坦诚相见、各思其过"。这个规则强调信息共享的重要性，认为"充分获知信息是委员的第一权利，也是委员承担责任的基础"，所以委员各自对于所讨论事项掌握的信息，他也应该在委员会内公开、分享，尽可能避免在讨论、决策中的信息不对称状况；并且，规则中特别提出"我们认为故意隐瞒信息是不道德行为"。我写上这一点，主要是对自己的约束。我在负责执行，需要决策的时候，我如果为了让大家能通过，故意屏蔽一点信息，便于通过，这是不道德行为。把这个话写在这里，让自己明白，要做这样的事情就要有道德压力，而且作为规则、制度定在那里，总是会有点约束力的。对于信息，我们具体提出，"信息中包含有认知的成分，这种认知总是有局限性的，对这种局限性要保持警惕"。要"知之为知之，不知为不知"，不能说我提的东西都是对的。信息中间还有一些部分是判断的部分，恰恰在这个问题上我们要强调，"只有言者无罪，才能知无不言，言无不尽，才能够保证信息提供的流畅和讨论的充分性。委员或与会者在讨论过程中提供的信息和判断，即便有误都免于担责"。我们对所有的委员提出学习的要求，我们要建立一个学习型的委员会，敦和理事会以后也要建成一个学习型的理事会，我们要"以学习自律，保持反省精神"。勤奋是学习的便道，是每一位战规委委员不断提高参与水平、决策水平的必修课。

现在各种企事业机构讨论规则，都很流行"罗伯特议事规则"。"罗伯特议事规则"有很强的规范性和可操作性，对保障议事流程和节奏，保障议事各方公平行使权利很有作用。但它是对 19 世纪末西方议会会议秩序的制度总结，也有它严格的针对性和局限性。我们强调公益机构理事会决策过程中讨论的重要性，认为"讨论是决策的前提，讨论是实行协同治理的重要环节，讨论是充分掌握信息、厘清问题、激发创意、一致百虑、凝聚共识的必须过程"。没有这个讨论的过程，休谈凝聚共识，那只是服从权力而已。我们对"讨论"下个定义：我们的讨论不是发布，发布是单向的，不是聊聊，聊聊是无目的的，不是辩论，辩论是要争输赢的，不是谈判，谈判是讨价还价的；我们的讨论是倡导一种以开放、参与、责任、效率与和谐为出发点的"对话"精神。这种"对话"精神蕴含着一种古老而又全新的思维方式，甚至是一种生活方式，一种领会和反映世界及其意义的方法。这种方法归纳成四句话，即以通过倾听来获取向他人学习的喜悦；以通过批评来表达对对方的尊敬；以通过改变自己的观点来影响他人；以通过等待来赢得共同的提高。我冒昧地说一句，我讲的这个方法论，包括你们在对待家人时都可以试一试，但是有时候我们往往在家人面前是最不愿意等待的，是最不耐烦倾听的，是最不希望改变自己的，只想改变对方。

我们在这里讲的是方法论，但是这个方法论的背后是一种人文精神，一种人文支撑。对个人修为的支撑是孔子的君子境界，"毋意、毋必、毋固、毋我"；对治理结构的支撑是《中庸》的意义世界，"发而皆中节为之和。中也者，天下之大本；和也者，天下之达道也"。由个体体验自然准则的感应，而通达于万事万物。至于这个后面的人文精神，其实可以用中国文化的精神来理解，可以用希伯来宗教的拯救精神来理解，可以用印度宗教的解脱方式来理解，也可以用发自两河流域、形成于希腊欧洲的人文主义思想来理解，这个没有关系，它们的支撑系统不一样，但是它们外在的方法论表达却是一致的。

我们怎么样做决定？我们要求我们在决策中要尽可能实行协商一致，而不是动不动就靠少数服从多数；举手，七个委员，四票通过，还有三个人，少数，说了白说，不说活该。这是我们要的大家一起做事的状况吗？不是！所以，在规则中，我们专门写了对决策的一段话："尊重不同意见，尊重少数观点，在决策异见中善于沟通，敢于放弃，肯于等待，是一个人胸怀和修养的体现，是一个机构成熟的表现。敦和基金会是一个资助型慈善基金会，既无营利组织商场如战场的急迫性，又无筹资机构客户要求的无奈性，从容、放远是我们的优势，拿得起、放得下、等得住是我们的智慧。一旦非程序要求而不得不以票决，我们承认我们的无能。"我们追求的是协商一致，我们在这个追求的过程中，前面讲过四种方法，现在我们来讲一个情怀。因为我们这个机构的"不那么急"的特殊性质，所以我们可以从容地来对待，可以放远来思考，这是我们的优势，因此拿得起、放得下、等得住，我们用这样的智慧来对待。有的事程序要求必须表决，那就表决，但表决我们也得全票通过，大家都一致。但是有时候我们实在没有办法，就是有分歧，我们没有更多的智慧来变换一个角度，没有更多的手段来换一种思维、换一种心智模式来达到目的，我们不能做到一致而百虑、殊途而同归，没有这个智慧，没有这个能耐，或者是我们气度不够，等不起，只能赶快决定了，虽然程序上没有要求我们表决，我们在这种情况下也只好表决，但是，当这样做的时候，我们的内心会感觉到我们自己的无能，承认自己的无能。

我们前面所讲的是理事会文化，它的工作伦理就叫作责任伦理。从责任伦理来说，权利与责任永远是一个共生体，凡是有权利的地方，责任同时存在，责任贯穿了权利的所有过程。在这个意义上来说，权利就是责任。在这个意义上来说，更好地体现了你的责任感，更好地体现了你的责任实现，也就更好地维护了你的权利。为什么强调责任呢？因为在主体和他者的关系中间，在群己关系中，以权利为中心还是以责任为中心，这是东西方文化的一个差别。东西方文化没有优劣之分，但是有差别。比如我们经常在电视上看到，一个老妈妈跑到银行非要转钱，银行一听情况，判定是电信诈骗，就说你上当受骗了，劝她不要转，但她不听，最后银行没有办法了，只好把取款机的电线拔掉，不让她去转款。西方人很难理解，钱是她的，你银行已经尽到告知义务了，已经提醒她了，她要上当受骗也是她的权利呀。但是换一个角度，如果这个老妈妈就是你的母亲呢？就是你们家里的老人呢？角度从权利转到责任，以责任为中心，保护客户资产安全是我的第一责任，其他的是我的工作方法问题，我明明已经看到你是受骗，我能不千方百计制止你吗？这中间的不同解读强调的是不同的东西，一个在强调责任，一个在强调权利，我们很难说哪个一定更好一点，哪个一定更差一点，但是我们要说，在中国文化体系里，在中国历史形成的过程中，更多地看重这个责任。

对于责任感，我们的理解是它有四个维度——责任是对使命的理解，责任是情怀的中流砥柱，责任是团队的安全带，责任是一切成就的第一个台阶。

《约翰·克利斯朵夫》的作者罗曼·罗兰曾经回忆，他第一次受到人道主义的感召是在五六岁的时候。当时，他不到三岁的小妹妹病了，全家到地中海海边度假，温暖的气候有利于小妹妹养病。母亲常常让两个孩子在沙滩上享受地中海的阳光，而这小男孩自然每每跑开去撒野了，留生病的小妹妹独自坐在沙滩上。一次，小罗曼·罗兰玩耍时被人欺负了，一把一把地抹着鼻涕、眼泪跑回到妹妹身边，这时候，他的小妹妹突然举起手学着妈妈的样子一边抚摸着他的头，一边说着："我的小曼曼，别哭了，你回家了什么都不用怕。"这个五岁的受了欺负的小男孩就在这个三岁的生病的妹妹的安抚下安静了下来，泪眼中看到地中海一抹绚丽的晚霞，一个深沉的将要入浴于大海的太阳，他心里突然被一种精神感召了。晚年的罗曼·罗兰说，这是人道主义的感召力第一次充裕了他的胸廓，他从此一生追随。

而我第一次被责任感所感召，是在一种恐惧的警悟中，那时我三年级，还不满十岁。我读的小学杭州众安桥小学以前是个岳庙，据说就是岳飞遇害的地方，也是当地人把他埋葬的地方，后来建为岳庙。1958 年教育"大跃进"的时候，这个庙改成了一个小学。1960 年我去上小学的时候，里面还有很多牌位；但是，岳飞、岳云的墓在 1966 年"文革破四旧"时被扒掉了。我二、三年级的班主任是一位严厉的女老师，她上语文课时创造了一种教育方式，就是让学生站起来用自己的话把一篇课文叙述一遍。这种场合，她最得意的学生是我，我想我的演讲大概就是从那时候开始练出来的。有一天下午放学时她给我一张入场券，是晚上工人文化宫的一场演出，让我带着她三四岁的小女儿去，她说，孩子她爸在后台呢，你进去后把孩子交给她爸就可以了。那时候看演出是一件非常让人向往的事，我就兴高采烈地带着孩子去了。结果到门口，检票的死活不让一张票进两个人，我就想，她爸不是在里面吗，那我把她爸叫出来。于是，我就跟那个小姑娘说，你在边上等着，哥去里面把你爸叫来，你爸来了他们就让你进去了。一个九岁的小孩子嘛，一进去，正好里面有音乐、舞蹈，乐傻了，把找人的事给忘了，连座位都没找，进了门站在那里就看上了，一会儿，掌声四起，一个节目完了，才突然想起门口还扔着个孩子呢！赶快跑出去，小孩没了！闯大祸了！当时，我站在门口才几分钟，但大汗淋漓。当然后来没发生什么事，小女孩是被另一个认识的人带走了。这大概是我第一次从"责任感"三个字中受到的警示和感召，一种恐惧中的警悟。我一生不忘当时的场景，成年以后还做过相关的梦。我就此看重责任，在责任感中警惕自己，在责任中挺立自己。

如果我们把理事会的议事规则、决策文化看成我们敦和基金会工作伦理的第一个层面，把我们对权利与责任的认知看成第二个层面，那么，就必须有如何确立工作中操作性原则的第三个层面。

这个责任伦理的第三层面，就是我们的日常工作规则。比如，授权的原则是什么。第二届理事会一次会议已经完成对我的授权，我也要逐步完成对秘书处内部的授权。我们授权的原则是"个人担责，团队用权，过程透明，刹车有效"。领头的这个人，责任就是你的，你在责任面前要顶天立地，天塌下来你得顶，地陷下去你得填。但是，你个人用权，还是团队用权呢？你越是团队用权，可以给你的权就越大，你越是说除了我以外，这几个小帮手还不够添乱的，给你的授权就会越小。因为你"好汉没有帮，篱笆没有桩"，更因为我们的事业是公益，没有团队说明你胸怀、情怀都不够。而且，权力不能搞私相授受，不能在交头接耳、单线联系中决策，团队用权必须会议决策，必须信息共享，过程透明，绝不搞"草船借箭"。"草船借箭"为什么诸葛亮能瞒天过海？就是因为屏蔽了过程。我们不允许搞"草船借箭"，过程要透明，这样才能该刹车的时候刹车有效。这些，今天不能展开讲，只是理出个思路。

在第三层面，还要讲讲"进一步思维"和"三种题解"。任何事情都要有一个"进一步"的比较意识。什么叫进一步的比较意识？意思是，你做了，进一步就要问：做好了吗？你抓了，进一步就要问：抓紧了吗？你布置的，进一步就要问：落实了吗？最根本的问题，我们要问：一个资助型基金会，秘书处干的是什么？资金不是你的，是捐款人提供的，大方向是理事会提供的，那哪一部分是我们加上去的东西呢？我说300个机构提出项目资助申请，我选了50个，这选择就是我加的，对不对？对，但"进一步"就要问：你是怎么选的？医院里面专家挂号，300个人去挂号，挂号员挂出去50个，说这是我选的，但确实如此吗？不是，是人家排队排的。如果是你选的，那么你加上去的这部分就是你形成的选择机制；这个选项目的程序、标准和规则就是你加的东西，你要做好这个工作。进一步，我们敦和资助的不仅仅是资金，还要有我们的方法论建议，还要有为资助项目社会化推广的助力。而且，讲"进一步思维"，有不同的参照系。你在比较"做"和"做好"的时候，它的参照系在哪里？不在内部，而是在同行的标杆中间。在"抓"和"抓紧"中，参照系在你自己曾经做得好的范例中间。在"布置"和"落实"之间，参照系在于你布置的对象的主动性是不是起来了。如果你把一个事交代出去，对方只是懵懵懂懂地听了，那不叫落实，因为只有当他的主动性起来了的时候，这个事才能落实。

人生、工作其实都是在解决问题，有三道题：暂时没有解决方案的问题，叫"难题"；问题在这里，但条件不成熟，没有方案。需要复杂性、系统性阐述的问题，叫"思考题"；这是要在一个复杂、系统的阐述过程中才说得清的问题。需要在利弊得失中下决断的问题，叫"选择题"；往这边走，砸三个锅，留两个板凳，往那边走，板凳丢掉了，但锅保住了，到底是留锅还是留板凳？在这之间做抉择，就是选择题。这些题目该怎么解呢？这三种题：难题，留给自己思考；思考题，必须自己能把思考结果写出来的时候才上报；让领导做选择题，如果在授权范围内，由你来做选择题，那么，过程要公开，结果要备案。所以，有"三要三不要"：不要给领导出难题，要让领导做选择题；不要连你自己都说不清楚的问题就要别人去解决，要厘清思路再提交讨论；不要未经授权就擅做选择题，做了选择题既要担责也要备案。

这些第三层面的规则，都是我们将要在责任伦理的原则下建立的工作规则。

五 如何对待"路径"和"过程"

我们的使命是"弘扬中华文化 促进人类和谐"；我们的目标是建一个百年基金会；我们的方法是做冰山不做浮冰，是选难不选易。那我们的路径呢？队伍专业化，项目平台化，流程制度化，资源数据库化，这是我们的路径。

队伍专业化。我们每个人要在自己工作的领域里有专业素养，有专业资源，建立专业的数据库。我们的队伍不求专职，欢迎兼职，以及各种形式的志愿工作者，但必须有专业水准。怎么理解专业？专业就像一把锁，首先要锁得住，然后要打得开。锁得住，就是在你的专业领域你是专才，你必须在这个领域的平均水平之上，否则你就是一把锁不住的锁，只是个摆设；锁住了打不开，里面的东西就成了死东西。所以，队伍专业化既要求专又要求通，保持高度的专业性，又要有足够的开放性。

项目平台化。当然不是所有的项目都要做成平台型项目，但是现在我们需要项目有更大的集约性。建立大项目平台，小项目进入平台管理，不进入平台管理的项目要并类分组管理。

流程制度化。项目的选择－立项－审批－执行－评估流程、授权－监督－评估（考核）流程、请示－报备的流程、官网－内刊－微信平台的发布与更新流程等，都需要建立或完善。

资源数据库化。我们已经有300多个资助项目，还会以每年50～100个项目的速度扩张，这将是一个巨大的资源库，必须重视对老项目资源的整理、总结、跟踪，它们永远是我们继续往前的起点。公益支持类项目要做好，不能不研究行业的现状与进程，政策与法规；国学支持类项目，要对国学研究机构、民间研究与弘扬机构、传统文化人才与项目发展，做出专题分析研究；公益文化类项目，就不能不不对已有研究、出版状况先有基本了解和把握。如果我们对这一切都不甚了了，都不去做基础性的工作，我们的忙忙碌碌就会落入盲人瞎马的危险境地中。

根据我们的路径，现在我们秘书处基本上会分成三个大块，它们的内部功能大家都清楚：一个是职能与协调，人事、行政、财务都在这里；一个是传播与研发；一个是项目选择与执行。但这里的要点是"三轮驱动"，三大板块都要成为主动轮，而不能是项目轮子是主动轮，其他两个只是跟着的从动轮。我们要始终强调的一个核心问题，是激发和保障每个参与者的主动性。我们讲的责任伦理是建立在每个人的基础上的，只有有了个人基础上的责任伦理才能建设团队的责任伦理，当然也只有有了团队的责任伦理氛围才能更好地激励和约束每个个人的责任伦理的完善。但是，责任伦理能够建起来，首先在于你自己的主体性、主动性要起来。

在项目上，我们的项目分三个大类，国学传承、慈善文化、公益支持。

慈善文化项目，要兼顾中国与世界、历史与当代、理论与实践。慈善文化中要有中国的历史资源，但现代慈善是从西方发源的，所以又要有许多西方的经验和西方的理论，这两者都可以为我们所研究吸纳。既要有慈善历史研究，更要有当下现实的总结；不仅仅是理论研究，还要有当下实践经验的归纳总结，以及当下实践经验和历史慈善文化的比照。

公益支持项目。公益支持我们要有三个注重：注重国家关注与所在地倾斜；注重行业性建设；重视模式创导。敦和在公益项目支持上，开始的两年做得比较多，今年（2016年）有所回调，但是公益项目依然是我们三大类之一，所以我们依然要做好公益项目。为什么提出第一要注重国家关注和所在地倾斜呢？敦和是在浙江注册的基金会，关注浙江理所当然，在这方面我们做得还不够或者说做得很不够，这是我们要开始有所调整的。对浙江当地项目要有更多关注，对行业性建设要有更多关注，对公益界新的模式探索、新的项目形态我们也要有更多关注。

对于国学项目，在今年（2016年）7月给敦和理事会做文化讲座时，我曾经归纳了国学项目的四个方向性：探源性发掘；原创性研究；体悟性实践；传播性弘扬。现在这已经写到我们敦和基金会的章程里了。今天不展开讲。

前面讲项目平台化，作为项目平台除了规模要比较大，还一定要符合三个条件：第一个是共建，敦和基金会是参与方，不是单纯的资助方；第二个是必须要开放，不能只是组建方封闭运行，一定要是开放系统；第三个要考虑凡是平台必须要能持续，一两年、两三年的合作期构不成平台持续的条件，原则上来说，这样的合作期最起码要五年到十年。

我们不准备搞月度、季度、年度的指标考核体系，但是不是我们就不重视考核评估了呢？恰恰相反，我们要把评估做到极致！比尔·盖茨曾说，他发现很多项目做不好，都是源于他们对整体评估投入得太少，他称为"评估节约型"。我们要对评估做更多的投入，但评估不只是给项目打分，而是还要在评估中出经验、出方法、出资源、出创新。

我们说过敦和的目标是百年基金会，目标长远，但也要重视过程。而且，我们不但要重视过程，我们还要关注过程；我们不但要关注过程，我们还要管理过程。而这个管理过程就是"四个一切"：一切项目有策划，一切执行有记录，一切过程可追溯，一切结果有总结。最终的一切要汇总到我们的数据库。

我今天讲了一系列的理念，而在所有理念中间，我要特别强调主体性。责任伦理是要建立在每个人的主体性上的。所以，我们在管理过程中有一条"铁律"，它对那些制定规则、下达任务的人是特别重要的，那就是，要把创造性的空间留给创造过程。当我们布置一个任务的时候，当我们安排一项事情的时候，都要想到，你留了多大的空间给执行的人。如果他没有空间，他怎么创造呢？怎么要求他的主体性能够不断地得到激发呢？创新是要有条件的，他的条件就是要有自由的空间、创造的空间。

六　2017 年的三件大事

2017 年是敦和基金会新的出发，要做的事情很多。有 77 个项目已经签署，还在执行过程中。我们的团队真是非常辛苦，新年还没有开始，就已经有 77 项工作压在身上了，可谓负重而行。而且，还要做新的项目，还有新项目的选择，标准的确立，整个秘书处团队人员的扩大，激励机制的建立，包括和我们业务主管部门、主管机构更好地沟通，对于当地项目更多地关注，秘书处管理的内部分权和内部授权，部门之间的协同和配合，等等。

2017 年有很多事要做，但是我作为秘书长最关注的是三件事：第一是贯彻责任伦理；第二是整理以往项目；第三是把握平衡度。"责任伦理"这四个字怎么样能够贯穿到我们的日常工作中去，是头等大事。我们已经立项的 330 多个项目，要有更好的整理，我们已经完成了对这些项目的数字化登记，但是还不够，要更好地做项目分类、执行分析、资源整理。再一个是把握平衡度，包括把握速度的平衡，快了慢了、多了少了的平衡，包括公益支持、慈善文化、国学传承这三者之间的平衡，也包括机构内部人员的平衡。我们期望建成一个开放的基金会，所以，还包括在这个开放逐步扩张过程中的平衡。这三件是我 2017 年特别要关注要投入来做的事。

最后，我想说，我们做文化的，对我们所做的总要有一个评价，但该如何评价呢？辜鸿铭先生是 20 世纪初的传奇人物，这个老先生很怪异，留学欧洲，懂十国文字，传统派，主张歌颂皇太后，主张纳妾、留辫子，但是对西方文化也很了解。李大钊对他的评价是，中国 2500 余年文化孕育出一个辜鸿铭先生，在 20 世纪的世界足以扬眉吐气。[1] 为什么？他的著作都

---

[1]　参见李大钊《评〈春秋大义〉》，载辜鸿铭著《中国人的精神》，黄兴涛、宋小庆译，海南出版社，1996，第 272 页。

是德文版、法文版、日文版先发表，再翻译成中文版。他的观点我当然不是完全同意，但是他有一句话我还是很赞成的，他说："要估价一个文明，我们必须问的问题是，它能够生产什么样子的人（What type of humanity），什么样的男人和女人。事实上，一种文明所生产的男人和女人——人的类型，正好显示出该文明的本质和个性，也即显示出该文明的灵魂。"① 所以，如果要评价我们的工作有没有成就感、有没有成绩，不是在于项目的规模多大，不是在于知名度多大，不是在于传播率多高，而是在于我们在这个工作中到底能够培育出什么样的自我，什么样的团队，什么样的合作伙伴，什么样的人！

13 年前，我主持"中华古诗文经典诵读工程"——这个工程最后有800 万少年儿童参与——2003 年的时候，这个项目已进行了 5 年，有近600 万人参与，在全国政协礼堂举行一次五周年表彰大会。在大会上，我对那些跟我们一起读了 5 年经典的孩子们说了这样一段话：

> 只要有人生，就需要面对困难和选择，就会有压力和烦恼。一个人，能够在一生中无论遭遇到什么，既始终保持奋斗精神，保持内心高尚的情操和善良的热情，又时时具有荣辱不惊、得失不乱、笑看成败的胸怀，这样的人才可能既创造成功又享受快乐，才可能是一个真正幸福的人。而这不是凭金钱、权势所能做得到的，这要看一个人的精神境界和文化定力。

今天我用这段话结束我的演讲，希望和诸位互勉，谢谢大家！

---

① 辜鸿铭：《中国人的精神》，黄兴涛、宋小庆译，海南出版社，1996，第 3 页。

敦和基金会团队中的责任伦理

【编者按】此篇是陈越光先生 2017 年 10 月 31 日为敦和基金会新员工入职培训所做演讲。这很可能是理解敦和基金会组织文化最重要的文本之一,其中不仅有陈越光先生对责任伦理观比较完整的阐述(包括责任与权利义务的区别、责任伦理在个人和团队之间的体现、责任伦理在项目审批中的体现、强化责任伦理的几个原则等),还有《敦和基金会战略规划委员会议事与行为规则》的完整文本——这个规则文本呈现了陈越光先生的管理思想,既融汇了现代议事规则,又创导性地注入了中华传统人文精神,方法、机制与哲学兼具;陈越光先生自评这个规则文本是他在敦和基金会执笔的最好的文本,没有之一。

今天这个会议主要是要给新员工做培训。我们的培训不能只是一个部门层面上的入职手续,而是要从机构整体上来看,一个新员工到来后应该怎么样认识基金会的使命和文化,怎么样在团队里面寻找自己的位置和价值。

我想,一个新员工到敦和来任职,人家都会问你,敦和是做什么的呢?你一定会回答,敦和是一个基金会,对吧?人家进一步会问,那这个基金会是做什么的?而你还会进一步说,敦和是一个资助型基金会,我们不是一手募钱,一手去做公益慈善事业,而是理事会出资金资助其他公益慈善机构做公益慈善项目。然后人家又问,你们资助什么?你会说,我们主要是资助文化(项目),我们要弘扬中国优秀的传统文化。到这时候,问题会进到一个实质性的层面，那就是，你们理解的中国文化是怎么样的？而且，你们是一个支持文化的基金会，你们自己有什么文化？后一问和前一问的差别是什么？前一问是讲，你们对优秀文化，对于自己要弘扬的东西，是怎么认识的，对不对？后一问则是，你们消化了一点什么东西没有，有什么成为你们自己的文化了，是吧？从这一思路出发，我想说，我们是有些我们自己的文化的，而且我们自己的文化确实是和其他一些团队的文化是有差别的。

讲团队文化，不管是企业、是公益组织、还是研究机构，只要是讲自己的团队文化，一定至少有四个方面的内容要说明。

第一，你的团队文化是什么，从哪来？像我们这样一个基金会，我们要讲的团队文化一定是源出于中国优秀传统文化的。要是你说我们是弘扬中华文化的，然而自己的团队文化全都是西方权利规则、企业竞争所需要的狼性文化，你怎么能说自己是弘扬中国优秀传统文化的呢？

第二，源自中华优秀传统文化，那是不是我们会背《四书五经》就行了呢？在这次党的十九大报告里面，我听到至少有两次讲"创造性转换"和"创新性发展"。这 10 个字，"两创"，我希望大家要非常熟悉。党的十九大报告往前，今年（2017 年）1 月 25 日的"两办"文件里面就有这个提法；再往前，2014 年在国家层面上就已提出了这个概念。所以，"两创"的概念实际上已经是我们国家执政党和政府的一个基本的文化方针。弘扬优秀传统文化要以"两创"为方针，不忘本来，吸收外来，面向未来。那么，我们团队的文化也一定是要符合"两创"的原则，为什么？因为如果不符合这个原则，我们就不能说自己已经消化了传统文化，传统将还是传统。传统文化必须经过创造性转换，才能够面对和回答今天的命题。

第三，团队文化一定要能够促进团队目标的实现。我们的目标是要做一个"百年基金会"，我们的文化就一定要能够促进我们目标的实现，而不能是背道而驰的。总不能你的文化就是要搞"短、平、快"，就是要急于做大、做强，就只是要炫耀一把，"过把瘾就死"也不在乎，然后你还说"我要做百年基金会"，对吧？因为这样，你的文化和你的目标是背道而驰的。

第四，团队文化必须要贯穿机构的战略、策略和管理。

这是讲团队文化的普遍规则，也是前提。第一个基本条件是团队文化的源出要符合使命；第二个是团队文化在源出的基础上必须要有创造性转化、创新性发展；第三个是它必须要能够促进团队目标的实现；第四个是它要贯穿团队全部的战略、策略和管理，也就是说，团队文化要融入团队整个系统的日常生存和发展中去。

今天，我要讲五个问题：第一，权利义务与责任；第二，我们团队中的责任伦理观；第三，责任伦理在个人和团队之间的体现；第四，责任伦理在项目审批中的体现；第五，强化责任伦理中的几个原则。

一 权利义务与责任

法国法兰西学院通讯院士汪德迈先生的《中国文化思想研究》是北师大跨文化研究院出版的"跨文化系列丛书"里面的一本。在这本书里，汪德迈先生提出了西方的"权理"（juridic）与中国的"礼理"（ritualism）两个概念。

"西方讲因果律，因果律属于结缘性的逻辑。结缘性的逻辑导致'权理'（juridic），权理重视权利或权力的道理。"[①]

"中国文化从占卜学开始，讲关联性的关系，这在思想范畴上属于关联率。关联率属于形式逻辑，被用来制定社会生产关系。形式逻辑引起'礼理'（ritualism），礼理重视礼仪的道理。"[②]

---

① 〔法〕汪德迈：《中国文化思想研究》，金丝燕译，中国大百科全书出版社，2016，第74页。
② 〔法〕汪德迈：《中国文化思想研究》，金丝燕译，中国大百科全书出版社，2016，第72～73页。

这两个概念其实对我们是有启发的。它们的关键之处在于点出了，在各种社会关系之间、团队关系之间、群体关系之间、群体和个人的关系之间，西方主要讲的是权利本位，中国主要讲的是礼仪本位，而这是两个很大的差别。

权利是什么？权利是根据法律或道德，有权利、资格拥有某物和做某事。义务是什么？义务是法律、契约和道德上的责任，从生活或团体中产生的强制性的任务或职能。这是来自韦氏词典和牛津词典"权利"和"义务"词条解释的概括。从中可以看出，权利和义务是一对矛盾，权利的对应物是义务。一般来说，熟悉现代管理的人都非常会用这个工具，就是拿权利和义务来说，你有多大的权利，你要承担多大的义务。这个不错，到今天为止，处理个人和群体之间关系或者处理群体和群体之间的关系，无论是人的关系，还是物的关系，权利义务依然是最简明清晰的一套法则。

责任又是什么呢？这是我们要考虑的问题。在权利和义务以外，其实我们还在讲责任，但是责任这个词一直不是那么明确，它有点像是权利的婢女，又有点像是义务的影子。"责任：分内应做的事；没有做好分内应做的事，因而应当承担的过失"，这是词典里的解释。① 从中我们可以看出，"分内应做的事"，基本上就可以概括为"义务"，对吧？"应做"的事情，为什么应做？因为它是根据权利衍生出来的义务。后面一句，"应当承担的过失"，我们在处理责任中间用得很多，经常动不动就说"这是你的责任"，可见，责任有时候是一种处罚的依据，所以有担责、问责之说。

西方的权利和义务是人和人之间关系的一种外在叙述，可以和你的内心无关，和你的感情无关，是外在于你的。西方的观念体系里面为什么要出现这样一对概念？在西方的思想体系里面，权利的渊源最终可以推到哪里呢？比如，为什么要民主选举？为什么政府的领导人、公务人员要是选出来的？因为在西方思想的解释里面，政府的权力是公民个人权利的一种私权利的让

---

① 参见《现代汉语词典》（第 7 版），商务印书馆，2019，第 1637 页。

渡，公权力的来源是私权利的让渡。那么，再问一句，个人的权利、私权利又是哪来的？私权利是天赋人权，是神赋予的，所以，在上帝面前人人平等。因此，在西方思想体系里面，权利最终源于上帝。由此，最根本的义务是什么呢？是人对神的追随与服从。这也是西方哲学思想和法治思想背后深层的东西。西方法治思想为什么神圣？为什么说法律是神圣的？法律跟神有什么关系？因为在西方思想体系里面，法律的神圣性源自新教的一个观念，加尔文教的一个观念，叫作人在上帝面前的立法等同于上帝给人的立法。好的方面，它产生了资本主义的契约精神，但是它也留下了问题。这一种叙述方式是希伯来拯救型宗教的根本叙述方式，最终归结到神。

但是，中国人的思想体系不是这样的，它不是可以一切归结到神。中国人也有一对观念，"礼"和"德"。礼是什么？礼这个字在古文中间和"履"是谐音，它是一个转变关系，穿上鞋子能够保证我们正确的走路姿势，而有礼、坚持礼仪可以保持我们良好的行为方式，是由外到内。而责任这个观念，就像我们的德，德是什么？德是由内而外的，因此可以说"我欲仁，斯仁至矣"。

西方的权利和义务就相当于我们的礼，是外在的约定、外在的规则、外在的义务，而责任是从内向外发生的，相当于我们的德。权利义务观念是一个法治社会必须有的基本观念之一，千万注意，不是要去否认这个观念。但是，如果我们只有这个观念，是不足以来完成我们自己的文化建构的。那么，我们怎么来看责任这个规则以及责任在我们的团队关系中间可以起怎么样的作用呢？

二　我们团队中的责任伦理观

下面来讲我们团队中的责任伦理观。可以从五个维度来理解。

第一，责任源自个人的选择和认知，体现在为人处世的关系中。

真正的责任是个人自己的选择，是由内生发的，这是它和权利不同的地方。但光有选择还不够，还要有认知，因为没有认知就只有责任，而不会产生责任感。选择中间一定就包含了认知。你要选这件事情，你要选承担这样的一个责任，你的选择一出现，你的认知就必然跟随其中。在这一点上来说就是王阳明的"知行合一"，你有多少知就必然有多少行，行没有到知也就没有到。所以，你对责任的认知没有到，你对责任的选择就没有真正到位。

为什么又要讲"责任体现在为人处事的关系中"呢？为什么讲"关系"？就讲体现在为人处世中，不就可以了吗？加上"关系"两个字，是要突出体现他方认知。理解社会其实就是理解各种关系，社会是由各种关系组成的。如果用佛学的观点来看，不但社会是各种关系组成的，世界也是各种关系组成的，是在各种缘起和缘灭之间形成的关系中建构出来的，对不对？那我为什么特别说责任的体现是在为人处世的关系中间呢？我主要想强调的是，离开关联方就无所谓责任了，也就是说，责任的承担在己，体现在他。在这一点上来说，责任的体现是在他者眼光中的自我实现。

第二，责任优先，权利和义务在责任中体现。

这话怎么讲呢？我也反复斟酌这句话，是时间上优先吗？还是在倡导上优先？当然我是说在倡导上优先，但时间上是不是也优先？可能也优先。为什么？我举个例子。比如，我们今天的新员工，你到敦和来就职，你在就职的时候，我们之间会建立一种契约关系，在契约关系里面就规定了你的权利，当然也规定你的义务，由此你和敦和之间的权利和义务就产生了。那这是权利义务在先，责任在后，你要在后面来体现你的责任，对不对？但是，如果我们问你怎么来的呢？又不是把你绑来的，对不对？所以，就你自己的心念启动来说，你的选择在先，而你的责任源自你的选择，换句话说，你已经首先选择了敦和的使命感，要为弘扬中华文化、要为促进人类和谐去努力、去工作、去奉献，去体现你生命的意义和价值，而这意味着你愿意在这个过程中去承担责任。在这个意义上，在时间上也可以说是责任优先。

　　我再举个例子。比如，一个员工说我有责任感，在工作时间我会非常好地承担应有的责任，但是，八小时以后下了班，周末、节假日，我和机构之间的所有信息都要卡断，你们不要找我，我也不找你们。在外企，这是很正常的。权利优先，无可厚非。从机构规则来说，我们也不会说这样就认为这是违规的，因为在我们机构的文化中间，难道是要把人累死吗？难道看到大家在休息日有个好的休息，在节假日能够和家人团聚，当领导的心里就不舒服吗？我想，这不是我们要的东西。但是回过来说，如果是责任优先，权利和义务体现在责任中，这里就又有一个问题：一个公益慈善机构，如果这时候有一个急事要找你，怎么办？就我们的愿望出发，我们希望大家有更好的状态和更多的时间能够休息好，能够把家庭照顾好，中国文化照顾好家庭是个大事儿，所以，当我们的员工愉快地和家人在一起的时候，当领导的人应该由衷地感到开心才是。但是，一个有责任感的人是在责任中间来体现自己的权利和义务的。

　　第三，选择和认知优先，未经本人选择和认知的责任，只是处罚和追究的理由。

　　这是第二点的进一步的说明。第二点我讲责任优先，但是，责任优先的前提是什么？前提是责任是选择和认知优先，也就是说，责任是从你自己的选择和认知出发的，你有多少认知就有多少责任感，有多少责任感就会体现出来多少责任担当。凡是未经本人选择和认知的，在我看来都成不了责任，就都是外在的，叫作外加义务，它就只能成为处罚和追究的理由，是被动的。在主动的意义上，所有的责任都要强调选择和认知。换句话说，一个新员工到一个团队里面，一定要一直做一个功课，那就是要明确自己对自己选择进入这个团队的认知是怎么样的。

　　第四，权利可以转让，责任和尊严一样，不可转让。

　　权利可以转让，谁都知道，对吧？物权可以转让，行政权力也可以转让，转让的方式就是授权。大概26年前，1991年的时候，8月份，因为我要出任中国文化书院的副院长，汤一介先生带我去季羡林先生家拜访。我到现在依然记忆深刻，那是我第一次见季羡林先生，第一次到他的家里去，也是第一次进他的书房。我们是在他的书房里站着谈话的，其间，季先生说了很多客气的话，但是，在我觉得已经谈完而准备要告辞的时候，季先生突然问我："从梁（漱溟）先生到后来的，你看出书院有什么传统吗？"他真把我问住了，我有点愣，那时在边上的汤一介先生就来给我解围，他说："就是季先生八十寿上，庞朴说的康德那句话，有价值（有价格的东西）和尊严，价值是可以转让的，尊严却是不可转让的。"然后，季先生又补充一句，就是"骨气"。他把"骨气"视为尊严。

我今天要讲的是，权利可以转让，但责任和尊严一样，不可转让。在工作中，我们会有授权，但是不是一旦授权给其他人，就意味着我们的责任就没有了呢？不是。授权过程中会产生新的责任，即获得授权者的责任，但原有的责任即授权者的责任依然存在，它不会随着授权而消失。也就是说，在授权过程中，授权的人和接受授权的人在两个不同的层面都存在自己的责任，而这些责任都是基于他们各自的认知和选择而内生出来的，不会随着各种权利的转让而转移。

第五，权利使人强大是外在的，责任使人坚强是内生的。责任出自内心：发乎心，出乎情，行乎义，立乎敬。

敦和是一个资助型基金会，我一再告诫我们的项目官员一定要时时警惕自己。要警惕的是什么？要警惕的是，你是资助方，那在人家看来是有点权力的，但这种权力的强大是外在的强大，你没有敦和这个平台，你就没有了这个强大，所以一定要学会区分，人家对你的称赞，是他真的感觉到有启发，还是他言不由衷，不是真的要赞美你，而只是希望你尽快把他申请的资助完成。我也总是这样来告诫我自己。凡是有新的人来找我，说陈老师说得这么好怎样怎样，我就总是要想：有多少是我的意见、我的建议、我的分析，对他真正有启发呢？在这个时候我们要做的工作有两种，一种就是我们要更加专注于自己的业务，使自己的建议意见和分析真的有价值，另一种就是切不可沾沾自喜，切不可在人家的赞美和奉承中觉得自己好生了得，不管对方是不是真心的，我们都千万不要起这个念头。所以，我们要的一种是被责任激发起来、凝聚起来的内心的坚强。这种坚强使我们可以克服各种各样的困难，为什么？因为它发乎心，出乎情，行乎义，立乎敬。

三 责任伦理在个人和团队之间的体现

下面来讲责任伦理在个人和团队之间的体现。责任感最后要体现在关系中，可以从四个维度来看。

第一，责任感是一切成就的第一个台阶。第二，责任感是对使命的理解。我们这个团队要体现的是我们基金会的使命，我们基金会的使命是要"弘扬中华文化，促进人类和谐"，你对这个使命有多少理解，你就会产生多少责任感。第三，责任感是情怀的中流砥柱。做公益的人总是有情怀的，但你空有满天下的情怀而没有责任感，你的情怀撑得起来吗？讲情怀的时候，支撑你的情怀的是责任感。第四，责任感是团队的安全感。我们讲责任体现在关系中间，责任是由他方来感知的，一个人没有责任感，和他共事的人就没有安全感。

责任伦理在个人和团队之间体现有一个原则，那就是压力要往下传，责任要往上传。责任如果层层往下推，当秘书长的推给部门主任，部门主任推给员工，那么就会人人谨小慎微，最终一事无成。而压力如果层层往上顶，则必然是少数人忙，多数人看，不知道干什么，所以在有问题的时候，就上面几个人在团团转，而且远距离着力，隔靴子搔痒，成事不足，败事有余。你们在做资助，你们在做传播，到底是哪一个合作者合适，你们一定比我懂，一定比我知道，大家各有长的地方，你们在一线工作的人，对于一线的事情最了解。所以，该完成的事情一定要放到下面去，一定要一层一层地分解压力。

有两种情况会造成反方向运转。什么情况？一个是上面的不撒手，什么事情都攥在自己手里，不愿意分解，不愿意下递，这是一个。另一个是觉得要爱护员工就别让他压力太大。但是，一个人面对工作中的压力是人生的正常状态，一个人去扛工作压力是人生成长的必要途径，在这个过程中，一个人自身的才华和精神力量才能够被激发出来。在这个意义上说，把工作的压力交给部下也是对部下的爱护。但是，责任要你担，做得不好的时候你要来担责任。在这个意义上来说，你有没有一个做领导者的胸怀就体现在你是否敢于把压力往下传而承担责任。以后我们经常要反思，我们的团队中有没有出现有人忙得要死而其他人都觉得插不上手的情况？出现这个情况，我们就要反思，因为这不是符合我们的文化的。责任伦理要求我们压力往下传，压力往下传就是要让在第一线的人有一定的权力来决定工作，当然也要承担责任，只有这样他的责任感才能被激发起来，但是，就我们每一层的担任职务的人来说，有要更多地为具体工作的人承担各种过失的责任。工作过程中难免会出现一些过失，谁都是在过失中成长的，过失的时候总是要有担责。我一再说，任何事情我不会让我们团队的任何一个人因为他的工作过失而到理事会去说这个事情上是他干砸的，除非存在严重违规或品德问题，就能力问题造成的一切秘书处工作过失，最终责任都在我。回过来，各个部门的负责人，你们也是要有这样的一个担当的，这个部门交给你，这个部门里面的任何过失，你都要认为这就是你的过失，但不是任何事都叫你做，事情还是要更多地放到每一个具体工作的人身上去做。

在责任伦理中，有三道题：暂时无解决方案的，叫"难题"。解决一个问题，要各方面的条件，如果时机还没到，条件还不成熟，但是问题出现了，这种问题就叫作"难题"。可以解决，但是需要复杂性、系统性才能讲得清楚的，叫"思考题"。而事情很清楚了，但有利有弊，有得有失，要下决断，要做权衡的，叫"选择题"。怎么解这三道题？难题留给自己思考，一个有责任感的人不能总是把难题推给其他人；思考题只有在能把自己的思考结果写出来的时候才上报，为什么？因为对于需要复杂性、系统性阐述的问题，你首先自己把它想清楚，而你是否真的想清楚了，只有在你动笔写下来的时候才能知道。对于领导、上级，尽量让他们做选择题。如果是在你的授权范围内，由你来做选择题，你做完了以后要备案，因为有得有失，不要光讲得而不讲失。你这三道题怎么解，你自己要放在心里。

这也是我在任职演讲上说过的，凡事有"进一步思维"。不管你做了什么事，不管你做得多好，受到大家多大的赞扬，你都要进一步去想：还可以怎么样？做和做好是什么关系？抓和抓紧是什么关系？布置和落实是什么关系？这是一系列问题，大家都可以去思考和比较。比较过程中，会有不同的参照系。做和做好的参照系是同行中的标杆；抓和抓紧的参照系在自己做成的范例；布置和落实的参照系在对方的主动性是否起来。在这个过程中，我们要求一切项目有策划、一切执行有记录、一切过程可追溯，一切结果有总结。项目不仅仅是指资助项目，也可以泛指任何一个单项的工作单元。

四　责任伦理在项目审批中的体现

在项目审批中，责任伦理总的原则是"集体用权，个人负责"。责任，一定要由个人担当，但是一定不能只有一个人自己来决定一切，一定要有集体的过程。所以这个过程是"两头个人，中间集体"。什么叫"两头个人"呢？在项目审批中：前端的个人是指项目官员，项目官员要个人作业，个人去调查，个人去走访，个人有思考，并做出个人的判断；后端的个人是最终的项目审批者。这两端中间要有一个集体的过程，也就是说，所有的项目都要经过部门的讨论，要在集体的会议上决策。于是，这里有一个边界问题，我总结为"三个不"：不以少数服从多数票决，不许个人指定项目，不许非会议决策。我们基金会以前曾经搞过少数服从多数的票决，效果不好。而不许个人指定项目说的是，不可以在项目官员没选择权的情况下把项目交给他去做，就算有的项目直接到上级手里，上级来让项目官员做，而项目官员如果觉得对这个项目不了解或不看好，就都是有权利说不做的。

最后是"刹车有效"。"刹车"要有两个条件：一是如果存在否决权，必须事先明确；二是使用否决权，必须限时。我们在项目管理条例里面也明确地规定了，否决权谁行使，要在多少时间里面要行使，过了这个时间没表态，就表示不行使否决权了，而如果没有行使否决权，就意味着承担责任。但最高层面上，都是我来承担责任。我一再说，我到敦和来不是来做教授的，而是来做教练的。教授和教练的区别是什么？教授活在哪里？活在自己的著作中。而教练是活在他的队员中的，他的声誉、他的生命就在这个团队的表现里。教授可以讲，我讲课，我的学生们都不怎么样，但是我自己的著作做得不错，我的研究做得不错；但是，对于驾驶教练来说，上了路，出了事，那就是教练的责任。所以，在具体的工作中，你们要承担责任，而在最高的层面上我要承担责任。

五　强化责任伦理中的几个原则

最后一个问题要讲，强化责任伦理中有几个注意的原则问题。

第一个原则是"指向在己原则"。责任源自自我选择与认知，所以责任是对自己的期许，责任不是对他人指责的工具，这是一个原则问题。我很有责任感，不是表现在今天批评这个、明天指责那个、后天抱怨那个。孔子怎么说的？"不怨天，不尤人""不二过"，对吧？所以，在这一点上，我们讲的责任，就一定要从自己出发，在责任中磨砺自己。在这个过程中，我们与他人相处，要"讲天下为公、坦诚相见、各思其过"。讲天下为公，讲的是我们判断事情的规则，不是讲谁跟人处得好，谁跟谁是谁的人，而是讲在大观念上我们的判断。讲坦诚相见，就是说不要背后说人，而是当面真诚沟通，并且相信对方的表达。当然，坦诚相见也不是当面互相指责，我们还要更好地各思其过，也就是我们总是要想想自己有什么不合适的地方，能不能思过是一个人还有没有学习能力、还有没有进步空间的一个重要标志。

第二个原则是"内外边界原则"。一个人的自由的边界是什么？一个人的自由的边界是另一个人的自由，也就是说，一个人的自由以不侵犯另一个人的自由为边界。这是英国哲学家约翰·穆勒（John S. Mill，也译作约翰·密尔）在《论自由》中提出来的。这本书的第一个中文版本是严复翻译的，书名翻译为《群己权界论》。同样的道理，责任源自内心，源自自己的认知，那么两个人对责任的理解发生了碰撞怎么办呢？责任的边界怎么划分？外以法规为界，内以良知为界。也就是说，一个人行使责任的行为对外不能冲撞法律和团队规则，对内要"己所不欲，勿施于人"，要发乎情，立乎敬。"情"在这里讲的是"恕道"。恕道里面有没有情？当然有情。要在情理上来理解别人。一个人的情商高不高就在于你能不能理解别人，跟别人能不能有共情能力，对吧？要去想在这个事情上人家的难处在哪里。

第三个原则是"贯穿全程原则"。责任伦理是我们机构文化的重要支撑，必须在范围上贯穿全局。我为什么先从项目审批中去阐述它？因为项目审批是我们最对外，也是我们最日常、最量化的工作，但是责任伦理并不局限于项目审批，而是要在我们机构所有的工作、所有过程中间贯穿，我们的各项规则也都要在其中体现出来。关于规则，我这里有个范本，是我写的而经由敦和基金会第二届理事会战略规划委员会会议通过的《敦和基金会战略规划委员会议事与行为规则》：

敦和基金会战略规划委员会、应邀参与战规委会议及工作的人员，在战规委会议、工作中的议事与行为，必须遵循本规则。

（一）总则

根据《浙江敦和慈善基金会章程》和《浙江敦和慈善基金会理事

会战略规划委员会工作制度》制定本规则，作为委员与相关参与人员的议事与行为规范，其总原则为：要讲天下为公，要坦诚相见，要各思其过。

（二）知则

在战略规划委员会，遵循信息公开的原则。充分获知信息，是委员的第一权利，也是委员承担责任的基础。委员不仅有权获知提交委员会讨论事项的所有信息，并可以要求秘书处提供与其有关联的信息。委员各自对于所讨论事项掌握的信息，也应该在委员会内公开、分享。要尽可能避免在讨论、决策中的信息不对称状况。

我们认为，故意隐瞒信息是不道德行为。

信息中包含有认知的成分，提供信息时需要尽可能区分和说明。我们的认知总是有局限性的，要对这种局限性保持警惕，"知之为知之，不知为不知"。

信息中包含的个人判断更不可能全面正确，但"言者无罪"才能"知无不言，言无不尽"，才能保证信息提供的流畅和讨论的充分性。委员或与会者在会议过程中提供的信息和判断，即便有误，免于担责。

战略规划委员会要建设成一个学习型机构，保持反省精神与勤奋是学习的便道；以学习自律，是每一位战规委委员不断提高参与水平、决策水平的必修课。

（三）议则

讨论是决策的前提，讨论是实行协同治理的重要环节，讨论是充分掌握信息、厘清问题、激发创意、一致百虑、凝聚共识的必须过程。

委员和应邀出席战规委会议的人员都应重视讨论过程，在讨论中须以问题为导向，充分表述情况，积极而明确地表达本人意见，以集思广益、充分沟通。

我们的讨论不是发布（单向的），不是聊聊（无目的的），不是辩论（争输赢的），不是谈判（讨价还价的），我们的讨论创导一种以开放、参与、责任、效率与和谐的观点为出发点的"对话"精神。这种"对话"精神蕴含着一种古老而又全新的思维方式甚至生活方式，一种领会和反映世界及其意义的方法：以通过倾听来获取向他人学习的喜悦；以通过批评来表达对对方的尊敬；以通过改变自己的观点来影响他人；以通过等待来赢得共同的提高。

这种方法论的背后的人文支撑，对个人修为是孔子的君子境界："毋意、毋必、毋固、毋我"；对治理结构是《中庸》的意义世界："发而皆中节谓之和；和也者，天下之达道也。"由个体体验自然准则的感应，而通达于万事万物。

（四）决则

在敦和基金会的决策过程中不存在代表不同利益立场的冲突，决策分歧将主要是思路和判断的分歧，重视非主流意见，反复权衡都是必要的。所以，本届理事会战略规划委员会在理事会授权事项的决策中尽可能实行协商一致原则。协商一致后以鼓掌方式通过。

尊重不同意见，尊重少数观点，在决策异见中善于沟通，敢于放弃，肯于等待，是一个人胸怀和修养的体现，是一个机构成熟的表现。敦和基金会是一个资助型慈善基金会，既无营利组织商场如战场的急迫性，又无筹资机构客户要求的无奈性，从容、放远是我们的优势，拿得起、放得下、等得住是我们的智慧。一旦非程序要求而不得不以票决，我们承认我们的无能。

对于理事会授权事项中按章程规定应该表决的事项，在讨论中无法协商一致的事项，战规委主席或1/3与会委员提议表决的事项，行使表决程序，表决限在委员范围内进行。委员在行使表决权时，可表示"赞成"或者"反对"或者"弃权"。表决事项须在有2/3以上的委员出席的会议上，1/2以上委员通过为有效；经表决未能通过的事项，战规委主席认为有必要的可提请下次会议再表决或提交理事会裁决。

（五）纪则

战略规划委员会的表决事项及重大事项以议决形式发布，决议需与会全体委员签署；日常会议决定及一般事项以纪要形式发布，纪要由主席签发。

战规委的决议和纪要既是理事会授权的决策记载，也是机构决策层工作方向和思路的昭示，对于秘书处各部门具有重要的指导意义。因此，战规委决议和纪要除统一存档外，一般要及时发布。

（六）行则

凡战略规划委员会形成决议的事项，委员均有义务模范遵守和执行；即使是以表决通过的事项，并在表决中投了"反对"或"弃权"票的委员同样有义务无条件地执行委员会通过的决议。

涉及机构秘密、尚未对外公布的信息、委员或与会者在讨论中对内部人与事的个人看法与判断等等，委员及战规委会议与会人员均有保密义务。未经授权，委员及其他个人不得擅自发布战略规划委员会的信息。保密有言明时间、内容与密级的明确保密事项，也有根据常规的职业操守和伦理责任自觉遵守的沉默义务。对于前者，战规委将努力完善制度；对于后者，与会者个人应着意加强修养。

战略规划委员会委员需要从秘书处获取信息或传达信息，均通过战规委主席进行。

2016 年 12 月 24 日

这个文件其实可以作为我们团队责任伦理文化的一个范本。战略规划委员会也是按照这个规则尽量在做。我也希望我们的各个部门都有这样的文本出来，并且成为你们的得意之作。但这个文件一定要是各个部门的全体成员一起参与形成的。

最后我要说，文化，尤其是中国文化，它不是一个外在的知识系统，不是一个离开人而存在的独立的客观世界的一种表述，而是发乎心、出乎情、见乎行的，要和你所认识的责任融合起来。所以，最根本地来说，责任伦理不是一堂课，不是一个规则，不是一篇文章，也不是一本书，而是我们这些人共同的一段生命实践。

谦卑精神的理解与践行

【编者按】2019 年 2 月 26 日，陈越光先生在敦和基金会秘书处全体会议上，以"谦卑精神"为主题，做了 2018 年度工作总结与 2019 年工作计划报告。报告全长近 4 小时，内容包括谦卑在中国文化中的传承，2018 年给我们留下了什么，践行谦卑的原则与约束，2019 年的工作思路、总体计划与预算、机构层面的几项工作，2019 年的工作机制和理解谦卑的思想与方法八个部分。此篇为报告内容摘编，核心是谦卑在中国文化中的传承、践行谦卑的原则、约束和理解谦卑的思想与方法三部分。谦卑精神是陈越光先生在敦和基金会继责任伦理之后提出的又一组织文化精神。以公益为志业者，无论是以公益为职业，还是以公益为天职，都有一个共同的实践与追求指向，即助人向好、向善，助社会向好、向善，无论是物质上的，还是精神上的。那是否因此以公益为志业者就可以自我崇高化，或心安理得地沉浸在他者的感谢与赞赏之中呢？这是一个以公益为志业者如何界定自己、如何为人处世的关键问题，而对于这个问题的回答，陈越光先生对于谦卑精神的思考与阐释值得借鉴。

敦和基金会的历史现在到了一个节点，我们的自信、我们的能力以及社会对我们的评价汇聚在这个节点之上，如何把握好它，我们需要有一种谦卑精神。我们已经讲了两年责任伦理，在责任伦理的边上，需要有一个能够陪伴它，也能够照亮它的精神，那就是谦卑。

一 "谦卑"在中国文化中的传承

"谦卑"这个词最早的使用记录，可以回溯到公元前三四世纪的战国时期。当时有个著名哲学家出自稷下道家学派，名叫尹文子，他的著作后来也叫《尹文子》。在《尹文子》一书中记载了一个故事：齐国有一位黄公，他有两个女儿，"皆为国色"，特别漂亮；但黄公"好谦卑"，经常在外面"谦辞毁之"，说自己的女儿长得丑。结果，他的两个女儿"丑恶之名远布"，过了婚嫁的年龄，也没有人来聘娶。当然，最后大家都知道黄公的两个女儿其实很美。尹文子是个哲学家，他当时讲这个故事是为了举例说明名实相副与名实不副的问题；但是，用词的时候，他用到"谦卑"这个词，成为这个词早期的用例，而且他所使用的意思也和我们现在一致，即美而自谦为丑。

在中国最早的字典《说文解字》[①]中：对"谦"的解释是"敬也"，讲的是态度恭敬，侧重在内心的恭顺谨慎；对"卑"的解释是"贱也，执事也"，讲的是地位低下，被迫劳作。去查《现代汉语词典》[②]，会发现："谦"字义为谦虚，它下面所列举的"谦卑"等12个多字条目，全部为褒义词；而"卑"字义为位置低、地位低下或品质低劣，它下面所列举的15个多字条目中，有11个是贬义词，4个是中性词。可见，当"谦"和"卑"这两个字在组成词语"谦卑"时，是以"谦"字来立意，以"卑"字来表达形态，即"卑"是因为"谦"而显现，是不卑而卑。

在历史上，谦卑精神有哪些体现呢？

三千年前的周公大概是中国最早、最完整践行谦卑精神的人物。汉朝思想家贾谊高度评价周公："文王有大德而功未就，武王有大功而治未成，

---

① 《说文解字》由东汉许慎编撰，始作于汉和帝永元十二年（公元100年），被认为是中国第一部按照偏旁部首编排的字典，也是世界上最早的字书之一。
② 《现代汉语词典》第6版，商务印书馆，2012。

周公集大德大功大治于一身。孔子之前，黄帝之后，于中国有大关系者，周公一人而已。"周成王即位时年幼，周公监国、主理朝政；他的儿子伯禽去封地鲁任国君出发前，周公对他说：我是周文王的儿子，周武王的弟弟，周成王的叔叔，位置不低，如今我监国，我是怎么做的呢？洗发时，或吃饭时，有人来访，为了不怠慢来者，擦干头发或把嘴里的饭咽下去都等不及，握着湿淋淋的头发，或把吃在嘴里的饭吐出来，就去会客了；因为来的人特别多，所以常常"一沐三捉发，一饭三吐哺"；你去到鲁国，切记不可"以国骄人"。从中，可以看到周公的谦卑。显然，他的谦卑不是由于外在压力，而是来自内在责任感，这种责任感化解权力的戾气，并促使权力的拥有和行使者成为道义的践行者。

董仲舒比周公晚约一千年，是"罢黜百家，独尊儒术"的提倡者，汉武帝采纳这一主张，使以儒家思想治国成为中国两千年的大传统。他曾经提出"治国者务尽卑谦以致贤"[①]，也讲的是谦卑与治国的关系，其思想和周公一脉相承。

比董仲舒晚约八百年的唐朝宰相娄师德文武双全，他带兵跟吐蕃打仗曾八战八捷。他待人包容宽厚，成语"唾面自干"讲的就是他的故事。有一次，他的弟弟被委任去外地当官来辞行，他对弟弟说，我是朝廷宰相，你现在也做了高官，如此一来我们娄家就很显眼了，一定会有很多人有各种各样的看法，对此，你认为我们应该怎么做呢？弟弟回答，我已想过这个问题，您放心，如果有人对着我吐唾沫，我也不会计较，把唾沫擦了就算了。可是，娄师德说，当一个人到要向你的脸吐唾沫的地步，说明他有很大的积怨要发泄，你把唾沫擦了，好像是不计较，但其实也是在拒绝他的发泄，只会使他更加愤恨，你应该欣然受之，让唾沫不擦自干。这是一个很极端的例子，它的要点并不在于是非如何，而在于体现一个有权力的人的自我警惕与约束，是一种强者的修养。可是，如果反过来，在以下对

---

① 参见西汉董仲舒《春秋繁露·通国身》。

上的关系中这样做，这就变成逢迎媚上的"溜须拍马"了。

娄师德以后七百年，有一位明朝重臣叫夏原吉。《明史》评价他："原吉有雅量，人莫能测其际。"据说，夏原吉原在惠帝帐下，叔侄帝位之争中明成祖胜出后，有人主张杀了他。面对死亡，夏原吉却说，等我把工作做完再杀也不迟。这话让我想起阿基米德。据说面对举刀冲进来的罗马士兵，正在地上画几何图形的阿基米德大喊："不要动我的圆！"罗马士兵没有被阿基米德对学术的大义凛然所喝止，还是杀了他。明成祖朱棣却非但没有杀夏原吉，还屡屡让他升官。后来，夏原吉因为直谏被皇帝痛骂甚至抄家、下狱，可见他不是一个八面玲珑四面讨好的人，但他最终历五朝而不败，人际关系相当好，这和他宽和对人、善待异己不无关系。有人问，你的雅量能学吗？夏原吉说，年轻的时候，我也遇事会生气、会发怒，但后来我先学习忍住，不表现出来，让大家都有个余地；然后，我学习在心里不去怨恨，多想想别人的难处，而不是去猜疑别人的用意；久而久之，我就发现并没有什么是要强忍的了，一切都很自然。这就是所谓"始忍于色，中忍于心，久则无可忍矣"。从中，可以看到，为夏原吉雅量托底的是位高权重者宽容待下、目中有人的谦卑精神。

夏原吉以后约四百年的曾国藩，是晚清政治家、军事家、外交家、思想家，在中国近代化过程中产生过重要影响。他会看相，曾经在日记中写下观人四福相，提出人的两大贵相和两大富相。他说："端庄厚重是贵相，谦卑含容是贵相。事有归着是富相，心存济物是富相。"其中，他把为人谦卑、包含、宽容归纳为贵相。

关于谦卑，我还想起20世纪末中国学界公认的泰斗季羡林先生。季先生在担任北京大学副校长的时候，发生过一个广为流传的故事：北大开学，一位新生扛着行李来报到，注册时手忙脚乱，就随手把行李托付给旁边一个穿着中山装的工友模样的老头，让他帮忙看一下。这位新生办完注册手续回来，从老人手里接回行李，说了声"谢谢"就别过了。没想到几天后的新生入学大会上，这位新生突然发现坐在台上的副校长、著名学者季羡林先生竟然就是那天给他看行李的那位老人。这个故事广为流传，是否真有其事，我也没有问过季先生。但是，我可以讲一个亲身经历的故事，从侧面印证季羡林先生在这方面为人处世的原则。

1996 年冬的一个星期天，中国文化书院院务委员会开会，妻子出差了，我只好带上当时 9 岁的儿子一起去。在北大治贝子园的小院里，我们在屋里开会，他在外面玩。中途，季羡林先生去上厕所，好一会没回来，我就出去看看，结果看到他和我儿子两人聊得正欢。我赶忙把季先生迎进去。我问儿子，你知道这位爷爷是谁吗？他可是大名鼎鼎的学者。哪料儿子不以为然地说，他还不如我呢！我说，你胡说什么呢！儿子说，这爷爷厕所在哪里也不知道，是我告诉他的；他问我读什么书、考多少分、学习怎么样，我都跟他说了，他自己说他不如我，读书没我好。听儿子这么一说，我明白是老人家在逗孩子玩儿。开完会，我们送季先生回家。在季先生的家门口，儿子和季先生拍了个照片。我要送季先生进屋，他不让，反而要站在门前送我们先走。季先生有个规矩，除了像我们这样常来常往的人，凡有访客，离开时他一定是送出房门，再送出楼门，等客人走了，他才回屋。无论是国家总理，还是一个学生或读者，进了他的门，他都一视同仁。季先生的规矩我当然知道，但当时是一个大冬天，又是一个小孩子，我劝季先生进去，一个孩子嘛就别讲这规矩了，可他只说四个字："都一样的。"然后就站在那里。我没办法，只好上了车。在车的后视镜里，我看到一个老人在寒风中站着目送我们。这就是季先生。

从上面所讲的这些，我们可以看到，谦卑精神在周公那里体现的是责任，在娄师德那里体现的是忍让，在夏原吉那里讲的是修炼，在曾国藩那里讲的是克制，到季羡林先生那里讲究的是一个教育家待人的一视同仁。在他们身上，谦卑精神是他们人生责任的一部分。

谦卑是强者的修为，但并不是说要等一个人功成名就了才再想到谦卑，那很可能走样而成为一种装模作样。一个人的修为和他的立志有关，这就要看他们当初如何在最卑微处吸取力量，又如何在最困难时忍辱负重。所以，我们理解谦卑，还要理解屈辱跟谦卑的关系。

韩信是西汉的开国功臣，但他出身贫贱，很早就成了孤儿，曾受过不少磨难和屈辱，其中最有名的就是受"胯下之辱"。韩信在屈辱中立志，但功成而未能善终，这个故事司马迁在《史记》中有生动记述，并为之叹息："假令韩信学道谦让……于汉家勋可以比周、召、太公之徒。"韩信在忍辱时没有谦卑精神的支撑，所以在尊贵后也缺了一个谦卑的回望。

司马迁本人也是一个忍辱负重的人。他在韩信去世后五十一年出生，与韩信不同的是，他家世显赫，但在公元前九十九年，他为战败后投降敌人的名将李陵辩护，使得皇帝大怒，要杀他的头。在当时，如果愿意接受宫刑，可以免死。但接受宫刑是奇耻大辱的痛苦啊！司马迁后来留下了一封信《报任安书》，在里面详细讲述了自己的心路历程。他说，"悲莫大于伤心，行莫丑于辱先，诟莫大于宫刑"，我为什么还要接受？为什么要受宫刑而活下来？那是因为当时他已经接受了父亲的遗命写《史记》，他要坚持完成他的使命，使命赋予生命意义，生命是完成使命的载体，使命未成，他司马迁哪怕摸遍地狱每寸土也不能死！

在司马迁忍辱的过程中，有一种凝聚谦卑的历史精神在支撑他，他那段名言，大家应该都会背："盖文王拘而演《周易》；仲尼厄而作《春秋》；屈原放逐，乃赋《离骚》；左丘失明，厥有《国语》；孙子膑脚，《兵法》修列；不韦迁蜀，世传《吕览》；韩非囚秦，《说难》《孤愤》；《诗》三百篇，大底圣贤发愤之所作为也。"司马迁在最困难的时候，把中国精神史中那些触底而生的例子、那些显赫人物在最黑暗时刻凝聚力量以成就未来辉煌的例子一一列举出来，并立下大志，要留下一部"究天人之际，通古今之变，成一家之言"的《史记》。所以，他的忍辱中凝聚了谦卑。对此，我于正在写的《谦卑》一文中，写了这样一段话：

　　屈辱是人生的沼泽地，它是你的出发处，或是你的落难地，或是你先辈曾经遭遇过，没有人可能完全拒绝它。它阴暗深沉、刻骨铭心，但大抱负总是在这至暗时刻凝聚。谦卑，就是铭记这种凝聚，就是你由用充满耻辱的恨去探索，转化为用深沉的爱去创造。①

在忍辱中凝聚谦卑是如此，在责任中如何坚守谦卑呢？

人的内心本来是一条泥路，同情的泪水可以沁入心头。当了官，就如托尔斯泰说的，在良心的路上铺上了沥青。铺上沥青的路面自然可以承载更大的负荷，但泪水也可能再不能渗入了。唯有谦卑可以使两者兼具。谦卑是责任对自己的审视，也是责任不断深发的动力。在权力面前要讲责任，以责任界定权力；在责任面前要讲谦卑，以谦卑充实责任。

最终，"一切有谦卑精神的历史人物都会被历史厚葬，这是他们的善终，他们在历史中安息是他们最终的谦卑，也是因为谦卑而得到的最后安宁。历史是什么？历史是可以被一代又一代后人在心中复活的往事，所以他们又因此而不朽。而那些傲慢残酷凌虐众生的弄权者，因生前的强梁与暴行，要被无数代人鄙视的目光之剑批判，永无安宁。历史在尘埃中穿行，人们在经验的世界中更多的记忆往往是被权力的傲慢伤害或欺凌。历史也在人心中穿行，谦卑被人崇仰，但与谦卑者的相遇却常是'众里寻他千百度。蓦然回首，那人却在灯火阑珊处'"。②

希望从敦和基金会走出去的人，也能使我们的受助人、受益人感觉到这样一种相遇。

谦卑为什么在中国文化中被如此推崇呢？它的思想源头在哪里？

马一浮先生曾提出著名的"六艺论"，认为《诗》《书》《乐》《易》《礼》《春秋》是中国两千多年来的学术的源头，所以"六艺可以该摄诸

---

① 《谦卑》一书已于 2019 年 4 月由中国大百科全书出版社出版。
② 这两段话写入了 2019 年 4 月由中国大百科全书出版社出版的《谦卑》一书中。

学，诸学不能该摄六艺"。① 六艺也叫六经，而《易》为其首。故而，我们要找寻谦卑的思想源头，也可以回到《易》。

司马迁说"文王拘而演《周易》"，指的就是周文王在被关羑里城时根据《连山》《归藏》两份古易推演出《周易》。《周易》讲的是变化，所以它的卦总是凶中有吉、好中有坏。在它的六十四卦中，唯一六爻皆吉的是第十五卦"谦卦"。谦卦的爻辞涉及言语、劳动、交往、处邻、辅佐和战争等，各种情况都因为谦而吉利。它的卦辞是"谦，亨，君子有终"。它的卦体上"坤"下"艮"，坤为地，艮为山，也就是山在地下，象征地厚而不高、山高而不显，所以，谦卦在传统上也称为"地山谦"。

为什么谦卦"无不利"呢？《象传》是解释六十四卦卦辞的书，关于它的作者有争议、有探讨，但这并不影响它在两千多年历史中沉淀下来的文化价值。它是如何解释谦卦的"无不利"的呢？有四句话："天道亏盈而益谦，地道变盈而流谦，鬼神害盈而福谦，人道恶盈而好谦。"意思是，天道的规律是减损满盈而补益谦虚，大地的规律是改变满盈而流向谦虚，鬼神的规律是忌害满盈而护佑谦虚，人间的规律是厌恶满盈而喜欢谦虚。在其后两千多年，中国人在对待盈与谦的态度上，都不约而同地向这四句话所呈现的方向推动。

这里有个故事。据说，孔子在参观周庙时看到欹器，他听说欹器装满水就倾覆，空了就倾斜，唯有装一半水的时候才能保持垂直，但是不是真的如此？孔子让子路拿水来试，发现果真这样。孔子感慨地说："恶有满而不覆者哉！"一旁的子路请教，那怎么对待持满呢？孔子说，要自抑。子路又请教，如何自抑呢？孔子说："德行宽裕者，守之以恭；土地广大者，守之以俭；禄位尊盛者，守之以卑；人众兵强者，守之以畏；聪明睿智者，守之以愚；博闻强记者，守之以浅。夫是之谓抑而损之。"② 在这

---

① 马一浮：《楷定国学名义》，《马一浮全集》第一册（上），浙江古籍出版社，2013，第8页。
② 参见韩婴《韩诗外传》。

里，孔子提出来的恭谨、勤俭、卑弱、敬畏、愚笨、肤浅的自抑减损之法，我们都可以归为谦卑之道。

学习中国文化，一定要看它内在的精神是什么。我在马一浮书院的成立仪式上说过一句话，大意是，文明的火炬在时间的隧道中传递，总有人在炫耀那些燃烧后的灰烬，但也有人保存了文明的火种。我们要做保存文明的火种的人，而不是那些成天炫耀文明的灰烬的人。所以，对于刚才孔子的那番话，我们也应当去注重其内在的精神，而不是外在的具体方式。那它的内在的精神是什么呢？就是一种大地般的厚道、浅显，在最低处接纳、承载一切的精神。

二　践行谦卑：原则与约束

在敦和基金会，我们讲谦卑。谦卑是地下有山，所以，我们首先要把心里的那座山立起来，也就是信念上要首先有所追求。我们要能够深入研究问题，能够对时代的走向、思想史和文化史的大脉络有所了解，能够对历史重大问题有自己的看法，然后，我们还要能够努力地工作，与合作的各个机构和睦相处，互相帮助、互相支持，并且愿意在最微小、最微弱的事情上鞠躬尽瘁。这才是我们真正有力量的地方。

在践行谦卑的过程中，不同的主体有不同的原则。

机构践行谦卑最重要的原则是开放。首先，只有开放才可能容纳异己，容纳不同意见和差错；只有开放才能海纳百川，吸引精彩的人物来一起做精彩的事情。其次，只有坚持开放，机构才能成为学习型组织。最后，也只有坚持开放，才能做到殊途同归，一致而百虑，机构才可能出一些精彩的人物，机构里的人也才能够具有精彩的人生。我一直讲，敦和基金会要做冰山，不做浮冰。作为冰山，在水面的是项目，在水下的是文化、机制和我们的队伍。践行谦卑精神的机构一定是开放的机构，否则，它势必不会思想活跃，也不会出现精彩的队伍。

　　领导者践行谦卑的原则是为公。为公不是简单地说要公而忘私，而是说领导者唯有坚持为公才能有大格局，有远见，有定力。在个人与机构的关系中，敦和基金会不允许个人当"替罪羊"的情况出现，如果万不得已，总要有一个人去当"替罪羊"，那就应该秘书长去。这应该成为我们的一个文化认定和原则。机构的声誉高于个人，但如果有一天，机构遇到风浪，机构领导者把错误和过失推诿给员工，牺牲个人来成全机构，那他应当被机构所有人所唾弃。去年（2018 年）行业对性骚扰事件的揭露和抨击中，我们种子基金项目资助的机构里有人涉及其中，网上也有文章"骂"了敦和。不论那篇文章的是非曲直，我多次说过，文章作者有一点我很赞赏，那就是他点名"骂"的是陈越光，而不是我们的项目官员！我们总是要面对风浪的，因为我们的工作难免会有这样那样的差错，也因为社会总是会有各种各样的矛盾，而天下也总是有各种心理的人；但如果让我们的同事在风浪中感觉孤立无援，那就说明我们的机构领导者做得不够好，应该进行反思。机构给人的安全感不在机构的对外声明中，而应该在每个人的感知中。要让每个人感觉到，只要做事符合机构的原则和使命，不管最终出现什么结果，机构都不会因此而怪罪个人；如果需要承担责任，也应该是领导人首先站出来。领导者要践行谦卑，不是表现在姿态上，而是要内心的原则就是为公。

　　员工践行谦卑的原则是恭慎，即谦恭和谨慎。领导者在领导岗位上要为公，但作为个人也要谦恭和谨慎。个人的恭慎要表现在处事和言谈中。孔子说："仁者，其言也讱。"他又说："为之难，言之得无讱乎？"意思是说，做起来很难，说起来就很容易吗？"讱"这个字的意思就是说话缓慢而谨慎。恭慎这两个字要每个人自己琢磨和实践，才能做到既有个人风格，又能体现内在谦卑的力量。

　　敦和作为资助型基金会，处在公益行业的资源上游端，我们一定要践行谦卑。为此，我们要自己建立约束，我将之概括为"五慎""五戒"。

　　第一，要慎言"资方"，戒以钱压人。资助型基金会客观上是资助方，也简称资方。资助过程中要根据标准、根据原则、根据使命去沟通，不可动辄说"我们资方……"绝不可以钱压人。

第二，要慎提指标要求，戒为方便自己烦劳受助方。作为资助方，我们在提指标要求时要很谨慎，要多考虑从对方的项目出发，而不是从我们的自以为是出发。例如，在面对草根组织的时候，我们提出财务管理和统计的要求固然是对的，但我们要多自问，这样要求是为了我们自己的方便，还是为了项目的提高？即便是为了项目的提高，我们还要注意这些要求是不是符合对方现阶段的能力水平。如果不符合，而这个要求对项目确有必要，那我们就要问，我们在赋能上又能做些什么？

第三，要慎在受助方的主场唱主角，戒以资助垫高自己。受助方举办活动，如果邀请我们去，我们作为资助方要谨慎，要知道自己有多少分量，是不是在这个问题上真有发言权，不可随意在受助方的主场唱主角。

第四，要慎为申请资助者提路径，戒随意以资助暗示改变受助方案的已有设计。如何方便资助申请者，是我们应该做的工作；但是如果我们的项目官员过于主动提示对方该如何申请以符合我们的工作程序，反而容易诱使对方把注意力放在如何获得资金上，而不是项目设计上。我们更不能让项目方为了获得资助而轻易改变项目设计，这种改变会走向为资助而设计项目，使项目背离初心。

第五，要慎用影响力，戒随意给受助方人员"派活"。别人越是在意我们的意见，我们就越要谨慎，越要谦虚和低调，越要慎用这种影响力。这方面我自己是有教训的，曾经有个活动请我，我婉拒了，对方就提出能否请我帮助联系一下北师大的一位教授，正好这位教授是我们的项目受助方，和我很熟，我就发短信问他是否方便参加。事后我知道：对方此前联系过这位老师，但因他已有其他活动安排，所以一开始是推辞了的；在收到我的短信后，这位老师说"连陈老师都出面邀请了，那我把原先的活动辞了去你们那里"。我深为我的不慎重自责，你们吸取我的教训。至于把受助方看成我们可以随便使用的"资源"，要给受助方人员"派活"，更是不能允许的。

　　践行谦卑还要考虑几种关系，包括谦卑和责任的关系、谦卑和权利的关系、谦卑和是非的关系、谦卑和能力的关系、谦卑和抗争的关系。谦卑和责任在一起，是强调承担责任中的自我警惕；谦卑和权利在一起，是强调明确权利后的一种谦让；谦卑和是非在一起，是强调辨明是非中的"恕"道；谦卑和能力在一起，是强调理解与沟通是一种重要的能力；谦卑与抗争在一起，是强调行义知命、见义勇为而"忿思难"。

　　其中，关于谦卑和能力的关系，我们也可以把谦卑本身作为一种能力来理解，即沟通的能力，而在沟通中首先要有真情。但只有真情也是不够的，家庭沟通中真情当然是有的，但当你用抱怨来表达爱，用数落来表达关心，效果不是也不好吗？因为沟通除了真情还要共情，真情与能力无关，但共情和能力有关。语言表达比文字表达复杂得多，因为语言表达中除了包含内容本身的信息外，还包含语气、声调、语速、面部表情、肢体动作等。这是一种非常重要的能力。

　　而在谦卑和抗争的关系中，是不是说谦卑了就不要抗争了呢？肯定不是。谦卑是一种软弱胜刚强的内在精神。这里有两个要点要注意：第一个要点是"行义知命"。"义"是什么？"义"是应该去做的事情，关乎人的主体性和内在生命的原动力，孟子说"虽千万人吾往矣"，正是此意。"命"是什么？孔子说"五十而知天命"，人们常把这里的"天命"理解为"天意"，即上天决定你该做什么，把天理解为一个人格神，但我认为不是这样的。孔子讲"命"更多讲的是条件的限制，"知天命"是有能力理解这种条件限制，也就能真正理解命运。理解能成什么，不能成什么，是不是就可以只做能成的呢？也不是，孔子还说"知其不可为而为之"，其中，可不可、成不成是受外在条件限制的，但为不为是人自己决定的，知其不可而为之呈现的实际上是一种追求道义的精神力量。所以，在谦卑与抗争的关系中，还是要见义勇为，见义不为非君子也。但还有第二个注意点，那就是君子九思①中的"忿思难"，即在生气的时候要想到后果，不可以意气用事。

三 理解谦卑：思想与方法②

理解谦卑的思想和方法可以分为五个问题，今天时间不够了，只能过一下 PPT。

第一，谦卑是对"道"的体悟。文化大家余先生③认为，西方的超越世界（或称"彼世"）完全超于现实世界（或称"此世"）之外或之上，而中国的两个世界是不即不离的。中国先秦思想家建立起的超越世界，以"道"字为象征。这个"道"的超越世界便可用来检讨、反思以至批判现实世界。西方的超越形态是"外向超越"（outward transcendence），中国的超越形态是"内向超越"（inward transcendence）。然而，这个超越世界的"道"，是不是一种流行在宇宙间的精神实体？余先生说自己没有过"体道"经验，但"承认古人有此认定"。④

古人如何"体道"呢？《老子》提出"为学日益""为道日损"。《论语》也说："可与共学，未可与适道。"可见，"为道"与"为学"不同。冯友兰先生解释说，为道所得的是一种精神境界，为学所得的是知识的积累。可见，为学是一个积累增益的过程，为道是一个对自我偏见和贪欲的克服减少的过程。而从佛教哲学来看，修行就是一个"体道"的过程。关于谦卑与修行的关系，《普贤行愿品》说：诸佛如来以大悲心而为体，"因于众生，而起大悲；因于大悲，生菩提心；因菩提心，成等正觉"。所以，"一切众生而为树根，诸佛菩萨而为华果，以大悲水饶益众生，则能成就

---

① 出自《论语·季氏篇 第十六之十》，"君子有九思：视思明，听思聪，色思温，貌思恭，言思忠，事思敬，疑思问，忿思难，见得思义"。
② 以下内容参见陈越光著、中国大百科全书出版社出版的《谦卑》。
③ 均指余英时先生。
④ 参见陈致《余英时访谈录》，中华书局（香港）有限公司，2012，第 59~62 页。

诸佛菩萨智慧华果。何以故？若诸菩萨以大悲水饶益众生，则能成就阿耨多罗三藐三菩提故。是故菩提属于众生。若无众生，一切菩萨终不能成无上正觉"。

第二，谦卑是崇高向卑微的致敬。在现实世界的人与人关系之中，总有能力和资源的强者与弱者，总有解困纾难者和被解困纾难者，总有地位和身份的高贵者和卑微者，这样的关系远非完美，既有合理性又有不合理性。这里最重要的合理性在于：我们生前并不知道自己会是哪一个角色，生后也不好确定目前的角色会有什么变化。谦卑就是当你处在前者时，你对后者保持敬意。卑微是崇高的起源，是崇高的成就者，你向此源此因致敬，就是保持谦卑。即使你此刻地位卑微身处困境之中，眼睛向下，就会看见还有需要你帮助的人；心想崇高，就会依然地下有山，人穷志高，君子方可以穷则独善其身。这时候，你还是需要谦卑，这种自律和涵养，使你避免落魄者的狂躁和无所不为。

第三，谦卑是自知之明。自知之明不仅仅是对自己知识能力不足的正确判断，懂得知识之球越大其与未知界的接触面也越大，更主要的是对人的妄念的警惕。西方用一个造通天塔的故事，告诫人们上帝对人的狂妄的惩罚。中国文化中没有外在的超越主体，靠人自己的理性来克服自己的妄心，这就需要"夕惕若厉"。"夕惕若厉"出自《周易》，意思是日夜对自己警惕戒惧，就像遇险或涉水过河时一样。保持这种警惕，就是谦卑，也可以说，有自知之明的人是谦卑的，而谦卑使人具有自知之明，谦卑也就是自知之明。

第四，谦卑是换位思考。儒家的"恕道"是人类最早的换位思考。2500年前，子贡问孔子"有一言而可以终身行之者乎"，孔子告之"其恕乎"。如何行恕道？孔子说"己所不欲勿施于人"，对此，孔颖达解释说"恕，忖也，忖度其义于人。他人有一不善之事施之于己，己所不愿，亦勿施于人，人亦不愿故也"。换位思考是方法，谦卑是其价值，而这个价值观的内核就是"己所不欲勿施于人"的人类伦理底线。

第五，谦卑是在聆听中学习。谦卑使我们具有一种朝气蓬勃：谦卑使我们尊重不同意见，尊重少数观点，善于沟通，敢于放弃，肯于等待；谦卑使我们可以以一种开放、参与、责任、效率与和谐相融的姿态，与不同观点、立场乃至不同文明开展对话，领会和反映这个纷繁的世界及其意义；谦卑使我们通过聆听来获取向他人学习的喜悦，通过坦诚评价来表达对对方的尊敬，通过改变自己的观点来影响他人，通过等待来赢得共同的提高。因为，谦卑使我们驻神于听，终身学习。

最后，我以这段话来结束。

亲爱的同事，你在这里有了一份你自己选择的工作。如果你还不确定是不是喜欢，那么，希望你勇敢地去尝试或者放弃；如果你确实喜欢，那么请你用学习来表达珍惜，用责任来探索意义，用谦卑来展开你对它的热爱。如果你正在和已经这么做了，那么，让我们一起走，我们自己就是诗，我们也代表了远方，我们的人生，我们内心的追求，就像诗一样绚丽多彩，同时，我们这样的人就代表了未来，未来也就是我们！在这一点上，我们应当有信心。但是这样的人，他一定也知道自己的弱点，知道自己的不足和渺小，因此，他一定也是一个谦卑者。

附 5　敦和要做百年基金会，这是和使命匹配的必然

——《中国慈善家》人物特写

【编者按】2018 年初，陈越光先生入选《中国慈善家》杂志评选的"2017 年度中国十大社会推动者"，同时入选的还有马云、许家印、何享健、刘强东、徐永光、马蔚华、施一公、陈行甲、胡舒立。此篇是《中国慈善家》杂志前记者张玲女士对陈越光先生专访后写成的"人物特写"，介绍了他掌舵敦和基金会一年来的思想、理念和实践，原载于《中国慈善家》2018 年 2 月刊。

2015 年，敦和慈善基金会（以下简称"敦和基金会"）确立了"弘扬中华文化，促进人类和谐"的使命。因与敦和基金会的名誉理事长、主要捐款人叶庆均在使命上不谋而合，陈越光于 2016 年底受叶庆均之邀，身兼敦和基金会的执行理事长、战略规划委员会主席、秘书长三职，掌舵敦和基金会。

做出这样的选择，对陈越光而言并不奇怪。年轻时代，他对自己有期望——"即使白发苍苍，心里依然能够响起咚咚战鼓"。

"就理解这个时代的内在命运而言，恰恰不是拥有了多大财富，取得多大成功让我们感到荣幸，"陈越光说，"而是这个时代所提出的挑战和它面临变化的深邃魅力，让那些愿意去应战的心灵受到召唤。这是时代对我们的吸引力"。

敦和基金会的使命是"弘扬中华文化，促进人类和谐"。"中华文化面对着时代的挑战。"陈越光说，"中华文化思想的山峰屹立，我们迎面思想的群山——先秦诸子、两汉儒学、魏晋玄学、隋唐佛学、宋明理学、清代思想，再到近当代的革命狂飙、文化反思……一座座青山相连！"

要弘扬中华文化，需要纵向观照自身的发展逻辑，也需要在全球化背景、跨文化语境下，横向思考在不同文明碰撞和融合的时代，中华文化如何应对时代的挑战。

陈越光提出，敦和要做百年基金会。在他看来，着眼于文化的事情，一定是一个长远的过程。"以百年为单位来做，这是和使命匹配的必然。"

百年基金会需要传承，需要一代又一代的人传好手中的接力棒。"如果一个机构总是不断洗牌，每一批人都另起炉灶，它怎么积累呢？"陈越光说，"真正有责任感的领导在上台第一天就要想好怎么下台，怎么负责任地把这一棒交出去"。

一　布局领域与区域

2017 年对敦和基金会而言是"体现使命的布局之年"。

2015 年，敦和基金会提出了系统性资助的项目资助战略，经过 2016 年的探索和调整，在 2017 年整合、构建了以社会组织为伙伴网络的系统性集群化项目群。这些项目因其自身特征形成系统。

"种子基金计划"是针对传统文化领域的社会组织，敦和基金会正在做十年资助一百家机构的规划。除了给予一定的资金资助外，也会搭建平台，帮助受助方建立互相联系的网络。"除了'送钱'，我们还希望能跟受助方有观念和方法上的互动。"陈越光说。

"竹林计划"则面向研究慈善文化的青年学者，该计划在 2016 年的基础上新增了"搭建交流平台"。"知识创造属个人，但完成知识创造的过程，必须有知识交流的环境，所以开放比封闭要好。"陈越光希望促进青年学者之间的交流，进而促进知识的创造。

从表面上看，相较于往年，敦和基金会作为资助型基金会，其明显变化主要在于资金使用量上的大幅增长。

敦和基金会从 2012 年 5 月成立到 2016 年 12 月，对外签约资助额共计 4.16 亿元。2017 年签约金额为 4.57 亿元，比之前四年零七个月的签约总额还多了 0.41 亿元。"这并不是敦和基金会在 2017 年特意提速，数字背后是布局。"

具体关注敦和基金会的资金走向，不难发现绝大部分资助集中在高等教育机构，尤其是 3 亿元用于支持创办西湖大学，1 亿元用于共建浙江大学马一浮书院。

"我们总的项目四百多个，跟高校结合的大概不超过 3%。"陈越光说，"过去的四年零七个月里，没有在这一块发力，所以 2017 年比较集中。"

2017 年，敦和基金会提出弘扬中华文化的四个原则：探源性发掘、原创性研究、体悟性实践、传播性弘扬，并在修改章程时，将这些原则纳入其中。

"中华文化要复兴，要实现创造性转化和创新性发展，需要看清两个现状：一是在全球化背景、跨文化语境下进行；二是不同于 3000 年前，当下的文化发展需要思想家、学问家的创新研究和社会文化热潮的互动。"陈越光说，"这两种力量，我们比较早地看到后一种力量，但不能说这一次的文化复兴和中国学术领域的高端研究是无关的"。

细究敦和基金会在高等教育机构的资金分布，对西湖大学和浙大两所高校的资助金额达 4 亿元，占 2017 年签约总额的 87.5%。敦和基金会作为在浙江成立的基金会，对这两所位于浙江的高校如此大力度的支持，难免让人猜想其在地方性和项目自身价值之间究竟如何考量与决策。

"无论是西湖大学项目还是浙大的马一浮书院项目，我们首先都是就内容而非地点来选择的。"陈越光解释，"敦和基金会在浙江注册，对于区域性问题，我们在 2017 年确定了'以北京为龙头，以杭州为中心，以深广为后续'的区域战略"。

如此布局，敦和基金会有自己的考虑：以北京为龙头，因为无论是文化、公益还是慈善行业性组织，北京都是重镇；以杭州为中心，因为敦和基金会在杭州注册，机构主体在杭州，纵观长江三角洲，杭州有其重要的位置；以深广为发展后续，因深广在行业组织、行业分布的相对集中度和活跃度方面，以及在国际交流与合作，新业态、新形态的形成方面，相较于北京、杭州来说，更具有业态的年轻性。

2017 年，敦和基金会完成领域与区域的布局，并将在 2018 年持续深耕。敦和基金会领导班子三年一届，陈越光希望能在这一届形成敦和基金会内部机制功能的配套。

敦和基金会的传播部、研发部、财务部、行政－人力资源综合部，以及南北两个项目部，"相互之间，不是一个横面的部门设置，而是能够形成具有自我学习能力、进化能力的一种机制，指导这种机制的是敦和的文化"。

二 不做浮冰做冰山

在 2016 底的就职演讲中，陈越光提出敦和基金会要做冰山不做浮冰，浮冰再大都是随波逐流，一座冰山在海面上像有根一样立在那里。正如海明威在《午后之死》中所说："冰山运动之所以雄伟壮观，是因为它只有 1/8 在水面上。"

敦和的 1/8 是什么，7/8 是什么？

"1/8 是项目，大家都看得到，我们在业内的地位和职业尊严是接受敦和资助的项目伙伴们成就的。"陈越光说，"敦和的 7/8 包含三个东西：数据化信息汇总，机构的文化，一批一批的人成长起来。"

从 2017 年第三季度起，敦和基金会开始着手建立一个庞大的数据库。"这里面包含我们所有的项目信息，对业界的观察和搜集的信息，文化研究的结果和信息，内部机构程序和管理信息，等等。这个数据库将是我们研发的实验室，支持我们汇总和分析使用行业信息、伙伴信息、管理信息，实现一切策划有分析，一切过程可追溯，一切成果数据化。"陈越光说，"敦和一代一代的工作者将让它丰富、完善起来，一代一代的人都可以用。后面的人可以看到几年前、几十年前，我们的问题是什么，我们在做什么"。

敦和基金会致力于文化的使命不仅仅是向外的，更需要由内而外，在机构文化中践行中华文化精神。

"中国慈善事业在大发展的进程中，只靠引进一些外来思想文化和工作策略做支撑是不够的。在群己关系中间，以权利为中心还是以责任为中心，这是东西方文化的一个差别。西方权利为本的思路有它的合理性，在大社会层面，有简洁的一面。"陈越光说，"权利是可以转让的，而责任和尊严一样是不可转让的。中国有'位卑未敢忘忧国''伤心不许问家国'（的士子之心），就是因为心中有责任在"。

敦和基金会的机构文化强调责任伦理，以"讲天下为公、坦诚相见、各思其过"为原则。机构决策强调协商讨论的"对话"精神，而非仅仅投票决定的制度。这套方法论背后的人文支撑，是孔子的君子境界："毋意、毋必、毋固、毋我。"

陈越光践行"知行合一"的理念，并强调"来敦和是当'教练'不是当'教授'的"。"二者的区别在于：教授即使教不出几个好学生，有几部好著作照样是名教授"；他说，"教练如果书写得很多，但带什么队伍都打不赢，这不是一个好教练"。

刚到敦和基金会时，陈越光坦言最大的挑战是卸任之时，怎样才能把手中的"接力棒"负责任地交出去。"如果我的工作方式是我做'大脑'，员工都是'手脚'，拼图都在我这里，那么这个活儿是交不出去的。"他说。

人称"清末狂儒"的辜鸿铭曾说："要估价一个文明，我们必须问的问题是，它能够生产什么样子的人。"

对应今天的敦和基金会，陈越光认为："我们的工作有没有成就感，不在于项目的规模有多大，知名度多高，传播率多高，而是在这个工作中到底能培育出什么样的自我，什么样的团队，什么样的合作伙伴，什么样的人。"

以自己的脚步所至，走出一个远方

【编者按】深圳国际公益学院是首家独立注册的公益学院，于 2015 年由比尔及梅琳达·盖茨基金会、北京达理公益基金会、老牛基金会、北京巧女公益基金会、敦和慈善基金会五家机构联合发起，以慈善引领社会文明为愿景，以培育全球公益典范为使命，致力于中国与世界公益慈善人才的培养。2019 年 11 月 29 日，深圳国际公益学院举办 2019 年毕业暨开学典礼。作为学院的董事，陈越光先生发表了此篇致辞。在致辞中，他对在场学员表达了三个期望：用理想的眼光看待和评价理想；用志业的态度献身工作；做中国最好的学生。

我参加此次典礼只有一个愿望，就是前来感受各位同学在此艰难而充满希望的时刻，在此应对变革和重重危机的时刻，投身中国的公益事业的精神与信念。

我想和大家交流三句话。

第一，我想对新同学说：对理想要用理想的眼光去看待和评价。

在 24 岁之前，我没有去过大海、没有上过渔船，经常想象渔船在海上白帆点点的美景。24 岁时，我在青岛海边上了一艘渔船，看到船上一堆破布，我问渔民这是什么，他们说是帆。怎么远看是美丽风帆，近看却像一堆破布呢？年轻的时候去投奔理想，大抵总会有这么一次失望。

如何看待这种失望？首先，距离产生美。最深沉、最迷人的爱情不也是距离产生美吗？事业中也如此，这也是长期存在的一个现象。另外，除了距离，事业与理想中也有其在历史进程中亟待完成的使命。投奔理想和事业，要去理解使命在进程中的大势所趋。我们会看到各样不满意之处，但这不应该干扰我们对理想的追求。所以，我要说的第一句话是：我们会有失望，这很正常；但是，请用理想的眼光去看待和评价。

第二，我想对毕业的同学说：艰难时刻、特殊时期，我们需要以志业的态度来献身工作。

在国际公益学院学习比较特殊，大家都是一边工作，一边学习，接下来学业告一段落，要去继续从事自己的工作。那么，应当如何对待工作？我们学院的发起人之一瑞·达利欧先生在《原则》里有一段话，大意是，工作可以是你用来养家糊口的一份职业，也可以是你的使命所在，也可以两者兼有，他敦促年轻人，以使命所在的方式对待工作。职业是一个台阶，事业是一个更高的台阶。在事业之上，还有更高的境界和更高的台阶叫志业。志业的第一层意思是终极行业，更深的意思是天职，就像信徒对宗教信仰，有一种终极的价值所在。因为有终极的价值所在，所以也有献身的热情所在。我们不能要求每个从事公益的人都以志业的方式从事公益事业，但我们一定要以热爱事业的方式对待工作，来面对人生和事业的挑战。

艰难时刻、特殊时期，我们需要以志业的态度来献身工作。人生永远不会是完美的，但是，人生是可以追求完美的。追求完美，就是在一个阳光绚丽的平常日子里，兢兢业业工作，在遇到所有需要付出努力的工作的时候，以投身事业的心态去专注于此。当特殊的困难、特殊的挑战来临时，也可以奋不顾身。这样的状态对于我们的事业和人生来说，就可以像苏格拉底所说，"是一种经过审视的人生"。

第三，我还想对所有的同学说一个期望：希望你们做中国最好的学生。我匆匆忙忙过来是要感受你们，你们对我有吸引力，因为你们代表着未来。我希望你们做中国最好的学生。中国历史上最好的学生，大概就是古代孔孟弟子，在孔子去世五百多年之后，弟子们不但留下了老师的《论语》，而且把这种思想系统发展成为中国主流思想，并在此后 2000 多年来，完成了代代相传。这是人类历史上最伟大的一批学生。现代史上最好的学子，不是清华北大学子，而是西南联大的学生。到 1946 年 7 月 31 日西南联大结束为止，九年间，它共培养本科生、专科生和硕士研究生 3882人；在它的师生中，有 2 人获得诺贝尔奖、3 人获得国家最高科学技术奖、8 人获得"两弹一星"功勋奖章、154 人被评为中国科学院院士……①希望国际公益学院的学员以孔子的弟子、以西南联大的学子们为楷模。21 世纪的中国有一所学院将要代表未来的事业，开创性地培育一批开创未来的人们。

在前几天中国基金会发展论坛 2019 年会上，我总结时说："我们都向往着诗和远方，什么是诗？哪里是远方？一个以公益为事业的人，应该有勇气让自己成为诗，以自己的脚步所至，走出一个远方来。"今天我要对你们说：

当你们把自己做成了美好的诗，请允许我做你们的朗读者；而你们脚步所至，将要走出的远方，就是我的注目所在。

---

① 参见西南联合大学北京校友会编《国立西南联合大学校史（修订版）：一九三七至一九四六年的北大、清华、南开》，北京大学出版社，2006，前言第 2~3 页。

附6　我更愿意做一个幕后支持者

——《公益时报》访谈

【编者按】此篇是《公益时报》前记者文梅女士对陈越光先生的访谈，原载于《公益时报》。在访谈的"记者手记"中，文梅女士如此描述陈越光先生：

"与陈越光交流，浓郁的文化气息扑面而来。他谈吐儒雅亦不失谦逊，语调温和亦铿锵有力。他引经据典信手拈来，所感所叹时时流露出本真自然的家国情怀。他是一个理性温和的思考者，更是一个坚忍执着的行动者。在激情澎湃的期许或者冷眼旁观的质疑过后，他总能回到当下，拿出可能参照的实践依据和行动方向。

陈越光毫不吝惜对同道中人的欣赏与夸赞。谈到与他有着近30年交情的老友、南都公益基金会理事长徐永光时，他笑得很开心。他说：'永光的宽容和胸襟远胜于我们这一代人的大多数，他是个愿意托起别人的人，这种品质在这个时代是稀有品，极为可贵。'

陈越光已过花甲之年，言谈中却涌动着年轻的激情与活力。虽然有时候他会痛心疾首地说'你们真是让我失望'，不过他始终相信，世俗意义的'成功'是供后辈青年砸烂的锁，未来这些年轻人必将达到前辈一代人经验所不可能达到的高度。"

一　基金会办大学要克服集中性和专注性不足的短板

《公益时报》：2017年，敦和基金会用两周时间一次性完成对西湖大学的 3 亿元捐赠，可见敦和对其期待。作为社会组织，基金会办大学的优势在于更有利于集结社会资源，那它的劣势可能会是什么？如何扬长避短？

陈越光：这是一个好问题。从逻辑上来讲，凡事有利必有弊，有优势也一定有相应的劣势，所以此时你一定要考虑的是需要警惕什么。我们讲"集中力量办大事"，力量得以集中，这是优势。那它需要注意的风险就是，这种优势并不一定能够保障办好事。因此这种情况下我们恰恰要注意决策的慎重科学，包括一定的民主机制来平衡。这才可以说集中力量办大事，也才能达到利国利民、有利于人类进步和谐的初衷。否则，如果你集中力量办的事情是反方向的，那不是很可怕吗？

从 1949 年新中国成立以后，我们国家陆陆续续办起来的大学都是由政府主导的。就体制特点来说，民间社会力量办学有两点优势。第一是更容易贴近需求，力求整体决策的科学性；第二，凡是政府办的大学用的是纳税人的钱，必须追求公平第一、卓越第二。而民间社会力量办学的时候，就可以是卓越第一，适当兼顾公平。基金会办学本身并非与政府办学做类比，可以相较而言的是同样的民间力量办学的其他主办方，比如企业和个人办学。相比之下，基金会办学具有更好的社会广泛性，更有利于吸纳和接收社会资源。与此同时，它可能存在的短板就是集中性和专注性。如果企业和个人有办学愿望，那么他们会将全部精力和专注倾覆其中，而基金会这样的机构则不同。首先基金会的理事都属于兼职，因为无法专注和集中，而往往使得举办方的责任旁落、规制建立的意见不统一，导致责权利过于分散。

所以在此过程中，我们要强调的首先是分工原则，基金会更多的责任应体现在筹资，大学日常的管理落实在校董会，当然许多校董是由基金会提名的。其实紧随其后的各种挑战会持续，校董会也面临着此类问题，即他们是否有能力成为一个坚强领导的集体。这中间当然有一系列的机制，我们也在努力地摸索这方面的工作。

比如为了便于校董会工作，更好地体现专业性，第二次校董会就专门成立了三个专业委员会。财务与审计委员会，我担任主席，我们在财务与审计委员会第一次会议上就决定，聘请财务与审计的专家来参与这方面的工作；薪酬委员会，由校董会主席钱颖一兼任主席；发展委员会，主要任务是进一步吸纳和扩大资源，由校董张磊任主席。以后，还可能设立更多的专业委员会。校董会的决策性思想尽可能经过专业委员会的进一步评估，拿出评估的意见和建议，然后再进入校董会决议。这样的基本架构搭建完成后，不仅明确了各自责任，也为将来长远地开展工作奠定了基础，慢慢磨合，逐渐找到最佳的工作方法和协作配合流程。

二　非凡愿景＋科学制度＋专业人才＝伟大的基金会

《公益时报》：您认为"要成为伟大的基金会，必须具备三要素的种子结构：一个伟大的愿景＋科学的基金会制度设计＋有伟大理想的专业人才"。可否结合敦和基金会的具体实践阐释？

陈越光：作为一家非公募基金会，敦和基金会的愿景和使命是"弘扬中华文化，促进人类和谐"，这两者是一致且递进的。因为我们相信中华文化中自身包含了和谐的种子。中华文化讲"天地人"，认为和谐是天道的自有规则，这在《易经》中是有具体体现的。之所以说"递进"，是指中华文化的扩散力和传播力越来越发散，而且这种愿景的实现是可期的。从某种意义上来说，我也是因为认同这个愿景而来到敦和基金会。

所谓"科学的基金会制度设计"，其实质是基于文化支撑。在文化上面，我们会提炼出一些原则，这些原则会变成我们的规则和制度，在这些规则和制度中也会越来越创造出丰富的操作手法。我们讲基金会的文化建构，在西方体系里，一般是权利本位的，先确定什么是你的权利。而中国文化则不同，我们提倡责任本位，是通过责任来体现出一定的权利，或者说用责任来充实权利。其实你很难界定这两种哪一个更好，但无论哪一种强化过头了都有弊病。个人权利强化过头，导致社会整合度就差；责任权利过头，就会影响甚至侵犯他人的权利。这里面有个度的问题。

如果拿这种文化元素来分解我们工作中的权利和责任问题，提炼对比，你会发现：权利是外在赋予的，可以转让；而责任是自我认知的，属于内生，不可转让。那么在含义和文化解读之后，如何结合我们自身工作进行认知和总结？

作为一家资助型基金会，我们采取的是集体用权、个人负责的原则。即两头个人、中间集体。一头是项目官员，其个人完成对项目的评估、判断并提出申请。另一头是授权的项目审批者。但这个审批的工作流程必须在中间阶段完成，须经过集体讨论。所以我们规定，审批者不准指定项目，包括我也没这个权力。中间集体就是我们不准"非会议决策"，任何一个项目必须经过会议决策，当众拍板、当众决策，最后当众宣布是否同意这个项目，也不搞票决制。

最后就是我们要汇聚一批有情怀有能力的人一起来做事。海明威说："冰山之所以壮观，是因为它 7/8 在水下。"我曾经说过："做冰山，不做浮冰。"有员工就问我，冰山水上的 1/3 是什么、水下的 2/3 又是什么？我告诉他，水上的 1/3 就是我们的公益项目，水下的 2/3 包括两部分，一个是我们的机制和文化，另一个就是我们的人员和队伍。其实我认为这部分是最应该花力气的，但目前还有很大的提升空间，就是以什么样的方式给予团队赋能，需要思考。

《公益时报》：您认为可提升的层面是？

陈越光：一是可以期待，但不能着急的东西：经验。这东西只能一路慢慢走慢慢磨。第二就是需要我们花功夫钻研琢磨的——工作的建构能力、举一反三的能力。这不仅需要经验，还需要悟性和专业精神的努力。

你想到一点，你还要想到"可能还有哪几点"。一个项目起步了，你要想到三五年以后会怎么发展，它和其他项目的关联度如何。我们要求从专职到专业，从专业到专家，这也是队伍培养的途径之一。这其中最重要的不是说你正好找到一个敬业、有悟性、肯钻研的个人，而是如何变成团队的工作机制、一种集体的学习。这种提升值得期待。

三　中国慈善文化发展呈"梯度滞后"

《公益时报》：《中华人民共和国慈善法》第88条提出了"采取措施弘扬慈善文化，培育公民慈善意识"等方面的内容。据您观察，当下实际现状与此要求是否匹配契合？

陈越光：这件事情没法量化。作为法律法规，它只能讲范围和方向，而不是可实现的占比指标。关于慈善文化领域的评价，我有一个基本的判断和归纳："梯度滞后现象。"当下中国可以说是中国慈善发展最快、形成最好，也是规模最大的历史时期。但总体上来说，慈善事业发展滞后于中国社会经济文化整体发展。在慈善事业内部来说，慈善文化滞后于慈善组织的发展；在慈善文化内部来说，慈善教育研究滞后于慈善传播的发展；在慈善研究领域内，对慈善最深层次的意识、伦理文化对慈善行为的支撑滞后于慈善项目研究和方法研究。

《公益时报》：原因是？

陈越光：一是我们对于慈善这个问题的认识是有转折的。在改革开放之前，我们认为慈善并非社会主义的命题，而被认为是资本主义表象虚伪的要求。所以新中国成立以来，我们并没有发展出一套轰轰烈烈的慈善体系，有民政部专设的救灾职能部门就可以了。基于此，中国的当代慈善事业其实完全是和改革开放同步的，观念和时间都是趋同的。

二是当我们开始认识到社会对慈善有需求并开始学习西方慈善组织的做法。但因为背后的文化和意识层面有所区别，所以中国的NGO组织基本都是从方法层入口，然后在其表面层、物化层来结果，因而会比较缺乏对深层文化支撑的关注和研究。这中间涉及我们对中国慈善文化的结构性研究，它总体是三层结构。其内层是哲学的、伦理的。

从儒家文化而言，你可能崇尚"仁者爱人"，是"己欲立而立人，己欲达而达人"。而且中国文化里面不认为"贫"为恶，而是认为"君子固贫"。若你是基督徒，你会认为上帝就是融入穷人当中的；若你是佛教徒，你会认为众生是根，菩萨是果，以"慈悲成果"。

中国开始发展社会慈善，是在明清之间。而真正开始学习西方，就要关注其治理结构、操作手段以及项目产品化问题。再往后又借鉴了非营利部门、第三部门等，集纳了对于社会组织的基本理念。

西方国家是16、17世纪慈善聚焦社会，20世纪前半叶就出现了各种现代基金会、公益组织和慈善组织，中间融汇了大量的理念和方法问题。而我们是缺乏这些轨迹的，有很多东西都是后来学来的。但如何将我们内在固有的文化基因和你的项目完成一种有机的联结，这是我们做得很不够的，也是最薄弱的、最需要加强的东西。否则，你永远是两张皮——你内心的情怀是责任本位的，但实际操作却不同，你会很别扭，没有从内心认知和理解，没法在现实中很好地体现出来。而且我们如果把本机构的制度搞成权力本位，这种情况下，你的慈善理念和认知也很难生根发芽并且将其持续下去。

四　商业手段融合慈善力量须警惕手段异化和"水土不服"

《公益时报》：近年来中国商业氛围的浓厚和资本市场的强大会否对慈善文化形成冲击和影响？

陈越光：其实商业化也是一种文化。只不过是用商业规则的文化来等同于慈善规则的文化。这只能说在文化中间的区别问题。而商业规则的引进对慈善文化的发展是两方面的作用。一方面是推动和促进，它扩大了慈善的范围，但与此同时没办法的是增加手段也会异化某些方面。我不主张站在慈善文化领域的门口当守门员，说："但凡不属于慈善文化的都出去，我们要让内部纯而又纯！"

我们要允许在慈善领域内部丰富多元的机制参与慈善，让慈善具有更好地开放性，从而更好地解决社会问题。在这一点上不用区分你是什么出发点，但必须有所鉴别的是慈善主体。参与个体的认知需要自我完成，当参与者是法人主体的时候，就要根据法律法规的界定，你是营利还是非营利。但不管是营利还是非营利，我们都欢迎商业机构参与慈善事业，扩大慈善力量。而在慈善非营利机构中使用了营利机构的手段，这中间要注意手段的异化和水土不服。要对手段有一定的加工改造。

非营利机构在借鉴一种商业模式的时候，不可能 100% 地照抄，否则就是两种结果：一种是在商业机构用得很顺畅的模式在非营利机构用就磕绊很多，包括 KPI 考核，如果你不进行改造，效果就会大打折扣；另一种是当你采用商业模式之后，你自己的项目导向就完全变成绩效导向，本来是以助人为出发点，最后变成单纯绩效观，甚至以追求商业利益为中心了。

所以，一定要以非营利机构、慈善机构、公益机构的本质属性去改变商业手段，在改变中借用和利用商业手段。

五 世俗意义的"成功"是供后辈青年砸烂的锁

《公益时报》：您倡导慈善文化研究领域的青年学者要有"青年性"，然而那种无畏无惧、敢于挑战创新并打破一切枷锁的不俗，该如何在世俗的洪流中坚守？

陈越光：提到这个问题，我们首先要明了，青年性的本质是什么？那就是你满腹的衷肠还没有被世故人情所玷污和冲淡，因此你还会热泪涔涔，而不仅仅是因为个人的不幸。因此无论天涯海角，你还看得到、听得见不公平、不正义的事情；因此你不会被高高在上的权威所吓倒，而是本能地产生一种挑战的热情。在你眼里的成功，是供后人和年轻人去砸烂的锁。一个人具有青年性，就是回到他的本质和本元，回到内心最自然的状态。

《公益时报》：做到这一点何其难。

陈越光：人其实是这样，要看自己往哪头去付出。即便你要去追逐名利，也是要付出很大代价的。你要把自己变得城府颇深，喜怒不形于色，要学会拍马屁，要揣摩领导心思，然后去换取自己祈求的一点利益，那也是很累的。保持青年性当然也是很难的，但这是你本来就有的东西。正如在王阳明看来，一面镜子模糊了，照不清东西了，不是要在镜子上加什么，而是要擦拭干净才能看清楚。

保持青年性就是擦镜子，也是同样的道理。凡人的目光总是短浅的，也许大多数人还是选择去做了违背自己本心的事情。那么我们来看最后的结果是，并非所有的人都能永远保持青年性。就像巴尔扎克说："十全十美是上天的尺度，但追求十全十美是人间的尺度。"历史会有一个平衡。

当我们讲"保持青年性"的时候，历史会给你做两种修正。第一种修正是，历史会用它经验的尺度，修正年轻人的思虑不足；第二种修正是，历史是在尘埃中穿行。也一定会有这样那样的人在世俗中妥协甚至堕落，但程度因人而异。此时历史就会进行自然修正，予以平衡。最后呈现的就是：老年人更宽厚，因为他们有更多的经验，更谨慎；中年人更有担当，上有老下有小，负重而行，因此具有更多的责任；年轻人具有更多青年性，勇敢而无畏。并非所有的人都热情蓬勃、一往无前就是好事，这样的民族也容易狂躁。但如果所有的年轻人都老气横秋、沉闷势利，那么这个民族的前景也是黯淡的。

六　坚韧·无畏·创新：企业家精神的永恒追求

《公益时报》：在 2018 年 10 月份举行的"公益与商业的关系国际论坛"中，您抛出"如果企业的社会责任往前推，最后的走向是不是企业责任的最大化就应该是企业本身成为一个社会企业？而如果最终企业都演变为社会企业，那我们现在所讨论的社会企业又该何去何从？"等问题，现在您有答案了吗？

陈越光：其实在我的判断当中有这么几个要点。第一就是"社会企业和企业的社会责任"的不同点是什么？企业的社会责任是建立在原有企业的一切属性不变，企业以追求利润为目标，以企业投资人的权力为决定性因素。企业的经营者是受聘于投资者的，以完成其目标。在此前提下，符合企业所在地的法律、法规、公序和道德，以及人类的公共关怀。而当我们讲社会企业的时候，其性质仍然是企业，但在其所有者与经营者之间的约束环境已经发生变化了，已将"追求社会目标"作为其第一方向。

前者是我可以把追求社会目标作为我的手段，我通过更好地解决社会问题来获得更好的利润。后者来说就刚好相反，赚取利润是手段，解决社会问题是目标。但当企业责任最大化时，它势必有一个终结之环。比如我们说社会企业有边界吗？当其所有的东西都合法合规了，也符合当时人们道德认知了，有边界吗？如果说它有边界，那它做到一定程度以后就到头了，就这样了。

但随着社会的发展，我们也说它可能是没有边界的。企业将所有自身该做的都做完了，再往前迈一步，是否就已经演变为一个社会企业了？此时原有的社会企业就自然与它合流，全部社会企业化。这是一种可能。还有一种可能就是企业的社会责任始终以此为边界，是有限的，那到一定程度就止步了。

但为什么我会相信无限论呢？如果讲以法律法规为前提，它是有限的。但我们讲道德和人类的公共追求的时候，它是无限的。我们对环境的追求是无限的，人类对环境的认知是无限的。这部分最后到底会如何，值得深思。

我不太赞成只要解决社会问题的都是社会企业的说法。严格说来，企业、社会企业、社会组织以及政府都是解决社会问题的。不同之处在于，政府是用公共资源以带有一定强制手段提供公共产品的方式来解决社会问题。企业是以个人资源通过商业市场方式来解决社会问题并获取利益。社会组织是用个人和社会资源、以自愿的方式解决社会问题，他们的体现方式是通过其章程和具体分配方式来完成。

《公益时报》：您如何定义"企业家精神"？

陈越光：放眼今天这个时代，我想企业家精神最重要的有几个因素。第一是出发点。西湖大学校董会主席钱颖一，以前在清华大学经济管理学院当院长。他说他在清华经管学院的时候，经常请全球知名的企业家来座谈交流，比如微软总裁、FACEBOOK 的扎克伯格，还有柳传志、马化腾等人。每次交流接近尾声的时候，他都要问那些嘉宾一个同样的问题：你做这件事情的最大动因是什么？因为通常世俗意义上的认知无非为了赚钱。但他说后来他发现不是。他们的最大动因都非常一致：好奇心——就是这件事这么做到底行不行？

这个答案我们可以回溯到文明的源头，科学的最大动力就是"好奇"，就是人类对未知世界不可遏制的好奇心。所以一个企业家怀着解决某种问题的热情、好奇和冲动，带着这样的愿景去设想和建构未来，结果是无限精彩和玄妙的。

当年美国有两个学者，做百年企业的研究。他们研究当中有一个很有意思的问题，就是如果我们站在一个企业一百年以后的地方去观察这个企业，你会思考，为什么同时起步的企业，有的半途夭折，有的被收购兼并，有的逐渐破败，最后发现，市场、技术和资金的因素都不是最重要的，最后的关键点是——一开始你抱持有多大的愿景，决定和支撑你最后能走多远的路。那些将目标设置过于功利短期的企业，一旦目标实现就很容易迷失方向。或者兴趣转移，接受并购或转型，最后就离自己最初设定的目标越来越远，甚至背道而驰。所以，内在的好奇演化为外在愿景的设想，我想这是企业家精神的第一个要点。

第二，企业家身上体现出的顽强和坚持。一个企业成长的道路上困难太多了，太有理由放弃了。我把人生的道路归结为两种模式，一种叫作"不败之道"，另一种叫作"决胜之道"。所谓"不败之道"就是遭遇大事时，我在想如何生存下去，我不能失败。因此你就会把那些最具风险的事情去掉了。但是最大的风险和最大的成功都集中在上面那 20%。即便你事情已经做到 8 分，上面那 2 分你没有坚持完成，那么最终的结果也不会完满。

而"决胜之道"是不计成本得失的。即便前面是万丈深渊，行路艰难，但只要心里有一种成就事业的信念，那就无惧艰险坎坷向前走。摔倒了，爬起来接着走就是；掉下去了，自己早已经做好了这种准备，没有可惧怕和后悔的。就像王船山所谓"行鸟道之志"，成是天意，败者本不避败，成败都要继续前行。能做成做好的企业家，骨子里都有这种东西，是可以过生死之关的。企业家精神还有一种特质就是变革，这个它的源头"好奇心"是一致的，就是不因成功而守旧，始终充满创新变革精神。

《公益时报》：这些年您专注于慈善文化的理论研究和实操，未来想做到什么高度、积累到什么厚度，就会对自己比较满意？

陈越光：我先说我的角色定位，我并不愿意去做永光这样有点像"带头大哥"似的人物，我更愿意做的是一个幕后的支持者。我对敦和的定位就是"做守道者的同道，做步行者的陪伴，做探索者的后援"。

现在必须要看到年轻人的成长和崛起。虽然有时候我痛心疾首地说"你们真是让我失望"，但是他们在慢慢成熟，而且未来会达到我们这一代人经验所不可能达到的高度。所有以往的经验都属于历史，关键的问题是未来并不在今天的延长线上，那你就要懂得你在昨天和今天的全部经验在某一个角度看是可能归零的。

我认为永光在行业中间的地位主要有两个：首先他是这个行业的先行者，这是历史造成的。在很长一段时间里，希望工程在中国公益慈善领域一枝独秀，我们都受到永光的影响。他做青基会的时候，我们都去支持他，那时我也是志愿者。另外，永光身上有一种我们这一代人少有的品质，他胸怀开阔，他成全所有的人。尽管为此我们也经常拿这个调侃，说"永光说好的人，可未必真的是好的。但永光说不好的人，那我们肯定不要理他了"。他是个愿意托起别人的人，这种品质在我们这个时代是稀有品，极为可贵。

《公益时报》：您评价一下自己吧。

陈越光：我觉得我是一个行动者，也有点思想。跟这个行业里的大部分人来比，我算是有比较好的理论素养的；在学术文化领域，我又是少有的管理与判断兼具的人。我在理论思维和实践管理之间是可以自如往返的。我不会去当这个领域的领头人，这个领域应该交给年轻人，我是他们持续的支持者。

附7　即知即行，生命的存在不以
生命的终结为终止

——《儒风大家》访谈

【编者按】此篇为曾繁田先生对陈越光先生的专访，原刊于《儒风大家》第36辑。这篇访谈主要就陈越光先生在文化教育领域的实践和思考而展开。曾繁田先生在访谈的"前言"中写到："在两个多小时的交流中，笔者深切感受到这位'当代士大夫'的精神气质和生命境界。"

一　文化复兴不是复古

曾繁田：陈先生，感谢您赐赠新书《八十年代的中国文化书院》！20世纪80年代思想文化领域出现了持续近十年的"文化热"，涌现出中国文化书院、"文化：中国与世界"编委会、"走向未来"丛书编委会等民间文化团体。陈先生先后担任"走向未来"丛书副主编、中国文化书院副院长，这里请您谈一谈80年代整体的文化氛围，以及中国文化书院在其中的独特意义。

陈越光：我想近代以来，就中国人文思想的发展来说，80年代是两个非常特殊的时期之一，也是两个高峰之一。早先当然是"五四"，再往后看就是80年代。这两个时期是前所未有的，甚至可以说是空前绝后的，只有这两个时期能够相互映照，那就是关注思想、关注文化，把对社会现实的关注投射在对思想文化的关注上，投射在传统上。在这两个时期，面对现实有种种不满，面对未来有种种困惑，中国人把探索的目光投向了社会和历史，对文化进行思索和追问。

整个社会如此这般关注文化、关注思想，可以说是非常独特的历史时期。不能说此前此后人们不关注文化，但是更多的关注点或者放在经济上，或者放在政治上，或者放在国家的存亡上，文化并不是第一主题。在"五四"时期和80年代"文化热"期间，文化成为整个社会所关注的第一主题。而当文化成为第一主题，因为中国有着悠久的历史，自然就要追问传统。在追问传统这一点上，"五四"时期和80年代一脉相承。略有不同的是："五四"有比较明显的反传统情结，批判传统成为更突出的旋律；而80年代更注重反思传统，并且80年代人们对于传统的反思，也包含了对于"五四"以来所形成的新传统的反思。

正是在这样一个背景下，80年代出现了具有全国性影响的三大民间文化团体。首先是"走向未来"丛书编委会，从1983年底1984年初开始出版丛书；然后是中国文化书院，1984年12月成立；再后来是"文化：中国与世界"编委会，1986年出书。当时社会上习惯于分类，"走向未来"丛书称为"科学派"，中国文化书院称为"传统文化派"，"文化：中国与世界"丛书称为"西学人文派"。这种分类当然是很偏颇的，但是大家习惯上要有个归纳。

中国文化的大脉络特别注重传承。像是学术界就会问，你的老师是谁，老师的老师是谁，讲究师承，重视纵向的代际关系。但是20世纪有两个时期很特殊，一个是"五四"时期，另一个是80年代，有种一代新人横空出世的感觉。如果对《新青年》做个关键词检索，甚至都不需要检索，一卷一卷通读下去就会发现，"我们"这个词迎面而来，不断地出现"我们"。《新青年》当然是青年运动，而"我们"在这里是一个断代概念，代表这一代新人的自我认同。

80年代初我本人也在读大学，1979年我就在大学里创办了一个民间刊物，也不知道怎么想的，就给那个刊物起名叫《我们》。当时我也没有通读过《新青年》，但是就有一种感觉，我们这一代人起来了。后来十几所高校的大学生联合起来，办一个刊物就叫《这一代》。那时候团中央组织开展各种各样的对话会，某次对话会上有一位老同志就说，你们这个刊物叫《这一代》，那你们就不要老一代了啊？哈哈！这里凸显出来的，其实是一个代际文化。80 年代很突出的一个词叫"中青年"，似乎中青年代表了改革，当时很强调一种观念叫"一代人的事业"。

就在这样一个凸显代际文化的背景下，中国文化书院依然保持了中国文化的一个重要观念，就是传承。它不强调"我们"，不强调"这一代"。中国文华书院"创院五老"梁漱溟、冯友兰、张岱年、季羡林、任继愈，都是 19 世纪末到 20 世纪初生人。作为中坚力量的一代，像汤一介、庞朴、李泽厚、陈鼓应、乐黛云、孙长江、谢龙等，都是 20 世纪二三十年代生人。最前沿的新生代像鲁军、王守常、李中华、魏常海等，都是四五十年代生人。这就形成了一个几代人的联合体，以跨代际的结合为特征。而"走向未来"丛书当时的内部规定是，编委会成员不超过 45 岁。"文化：中国与世界"丛书的编委更年轻，基本上是改革开放以后取得了硕士、博士学位的。

代际结合是中国文化书院的一个特征，还有一个特征是：当时无论是"科学派"主张科学理性，还是"西学派"引入西方人文学术思想，在学术思想上都以西学为背景，而中国文化书院则以中学为背景。中国文化书院作为"传统派"，又绝不是"复古派"。比如梁漱溟先生被称为"最后的儒家"，他依然是面向世界、面向未来。他们那一代人，在某种意义上说都是由"五四"的乳汁养育起来，既有对传统的继承，也有对传统的批判。在中国文化当中，传统和反传统始终相辅相成，我们的传统里面就包含着反传统，包含着对传统的批判性思考。80 年代整体的思想背景是对传统进行反思，而中国文化书院高举起传承的旗帜，主张让中国文化走向世界。

2014 年底中国文化书院举行建院 30 年庆典，当时我做一个视频致辞，希望对中国文化书院做一个界定性的评价："中国文化书院是 80 年代具有全国性影响的民间文化团体，并且是唯一延续到今天的，它代表了 80 年代的思想文化精神；中国文化书院在 80 年代反思传统的整体背景中，举起以中国文化为主体这样一面旗帜，它代表了中国思想历史传承的方向；中国文化书院汇合了自'五四'以来历经各种政治风霜的几代学者，它代表了中国知识分子 100 年来追求学术尊严和学术梦想的精神传统。"总起来说，在 80 年代的"文化热"中间，中国文化书院所具有的独特性就是，在反思传统的大背景下坚持继承传统，在面向未来的大方向下强调中国文化本位。

曾繁田：中国文化书院的宗旨是，"让中国文化走向世界，让西方文化走进中国"。陈先生也特别强调，中国文化书院所追求的是"复兴"，而不是"复古"。

陈越光：那句话实际上是冯友兰先生提出来的。80 年代初，郎平作为队长的中国女排实现了"冲出亚洲，走向世界"的梦想。冯先生说，我们文化人也应该有这个志向，中国文化也应该走向世界。"让中国文化走向世界，让世界文化走向中国"这句话，作为中国文化书院的宗旨写在章程、印在学员的毕业证书上，这不是一句空话，而是一个时代命题，就是怎样来理解中国文化的时代使命。

当西方出现在我们面前的时候，前面是船坚炮利，背后则是制度文明，整体上来说是一个他者。那么我们自己的文化怎样来面对这些？井水不犯河水，这在现代世界是不可能的。有些人喜欢强调说，中国文化有特殊性。不错，中国文化确实具有民族性，适合中国人。比如过春节的时候，即使年初三以后各种交通费用便宜一半，但是大家还是要赶在年三十当天回家。便宜一半省许多钱啊，晚几天到家有啥关系呢，那就是不行！中国人把家庭亲情视为至上，把亲人之间的团聚看得无比重要，这就是中国文化巨大的精神力量。

任何文化都有民族性，也都有世界性，那么所谓特殊性又是什么呢？根本说不清楚。强调所谓特殊性，也许是要借用中国文化中间的民族性来抵制西方文化中间的世界性。有人看不到西方文化也具有民族性，而认为西方文化完全是世界性的，这显然是一种偏颇。而过分宣扬所谓特殊性，中国文化书院的先生们断难苟同。先生们当然认定中国文化和所有其他文化一样具有民族性，但是另一个问题同样重要，那就是中国文化具有世界性。中国文化在本源上就具有世界性。所谓"家国天下"，中国人的"天下观"就是一种世界性的格局。

远在轴心时代，我们并不知道除了中国的道德性礼制文明以外，还有古希腊的思辨性认知文明、希伯来的拯救性宗教文明、古印度的解脱性宗教文明。但是往圣先贤绝不会说，华夏文明只局限在这一块地域之内，而是认为我们的文明是普天下的。"天下"这个概念本来就不限于某个具体的区域，凡是被这个文明浸润的，就与我们是一样的。在边远地区而接受这个文明，那就是华夏；在中心地区而拒绝这个文明，那就是蛮夷。

中国文化是民族的，当然也是世界的。在当时的环境下提出"中国文化走向世界"，就是认为中国文化不但能够适应现代世界，并且具有普遍价值。我们心目中的文化复兴，不只是作为本民族自身的工作，我们并不以民族自限，而是要献益于全世界。其实"让中国文化走向世界，让世界文化走向中国"，已经包含了"创造性转化，创新性发展"这样一个命题在里面。当然这个命题既是时代的命题，也是历史的命题。

中国文化书院的先生们，几乎没有哪一位是复古派。他们所倡导的文化复兴，始终是要面向世界、面向未来，在这样一个过程中继承和弘扬，也在这样一个过程中转换和创造。作为中国文化书院的学术委员会主席，庞朴先生一再说，要区分"传统文化"和"文化传统"。传统文化是指历史上曾经有过的状态，而文化传统是指在生活世界中间持续发展着的文明。今天我们说尊重民族性，符合本民族的精神和文化，并不是要符合历史上某种既有的状态，而是要符合这样一种活着的精神。比如说有人提倡穿汉服，那么汉朝的服装、唐朝的服装、清朝的服装，哪个是汉服？而文化传统则是说，我们的衣着里面包含了礼仪的审美因素。

二 尊严不可以转让

曾繁田：从陈先生提供的照片资料中，我们看到汤一介先生生前为管理中国文化书院、筹建民办大学所写的许多信函，清淡的字迹当中灌注着不倦的心力。陈先生写书、演讲、参会反复谈到汤一介先生的理想主义和英雄主义，能否请您描述一下汤先生对于中国文化书院的期许？

陈越光：最初创立中国文化书院，其实抱着一个念头。汤先生他们感到现代教育都是课程式教育，老师讲完课就走，而中国传统讲"师道"，传道、授业、解惑，书院可以延续导师制这种形式。到 20 世纪中叶以后，从政策层面上取消了民办教育，教育由政府统一管理。而季羡林先生、汤一介先生都一再讲，中国几千年来的教育传统是官学、私学两条腿走路，私学就是私塾和书院。

汤先生在教育问题上有这么几个看法：第一，他认为中国教育应该保持两种模式，应该有民办书院的一席之地。第二，他常年在北大等高等学府工作，自然能够看到现行高等教育的一些弊端，希望有所改进。汤先生多次讲，我们国家推动企业改革，一方面要引进外资发展合资企业，另一方面要发展民营企业，这样做既是补充，也是冲击，能够推动国有企业改革。他认为这是一个重要而且成功的历史经验，当代中国的教育改革，也需要通过发展民办教育来推动。我们在经济上取得成功，已经认识到不同所有制之间的补充和竞争能够起到重要作用。而教育还是一条腿走路，导致教育的行政化、官僚化、应试化。第三，作为一个人文学者，汤先生对于人文学科的发展有一些梦想，期望做一些探索。

汤先生筹划创办一所民办大学，他关注中国文化的现代化和世界化，规划设立国学院研究中国传统文化；他关心在今天中国文化与世界文化如何互动，规划设立跨文化学院；他希望研究中国经济发展对于文化艺术的影响，规划设立新型的商学院。汤先生认为，中国文化在发展过程中怎么面对他者，是一个时代性课题。后来他在中国文化书院设立了跨文化研究院，由乐黛云先生任院长，由我任副院长，还尝试和欧洲联合办中欧无墙大学。另外汤先生很早就注意到马克斯·韦伯的《新教伦理与资本主义精神》，希望写一本书探讨中国文化对现代工商业的支撑作用。很遗憾，这本书没能完成。

汤先生对于民办高等教育确实怀抱一些梦想。1999 年他给我们都写了信，还专门邀我过去谈了好几次，后来他自己做了方案，跟我说："越光啊，我要是能筹到 5000 万，我就把钱交给你，你把这所大学办好。"但是设立民办大学不光是钱的问题，还有行政许可的问题，当时没有可能实现。回过头去看汤先生在那个时期所做的方案，其实有很好的现实性，他设想高起点、小而精，设想校董会领导下的校长负责制，设想成立党委会来保证贯彻党和政府的方针政策，以及党委书记成为校董会的当然成员，等等。近 20 年以前汤先生提出的这些设想，现在成立西湖大学就是这样做的，我们国家颁布"民办教育促进法"也是这样规定的。

汤先生在教育上有梦想、有追求，也有非常明细的策划，但是历史条件不成熟，他的努力在当时不可能取得现实的成果。每个人做事情都想做成，但是我始终认为，历史的深邃迷人之处恰恰在于：那些平庸的成功，在成功的同时就已经被平庸消磨掉了；而那些一时没能成功的远大目标，却像灯塔一样感召着、感动着后来人。你去挂起一盏灯，去尝试，在当时的条件下那个梦想没能实现，但是你把这盏灯挂了上去，它就会成为一种力量，后来人会被历史所打动，接过这种力量而前行。

曾繁田：这让我们想起泰戈尔的短诗："西沉的太阳感叹道：我落山以后，谁来接替我的工作呢？瓦灯回答说：我愿意尽我所能。"80 年代整个社会把关注点放在思想文化领域，有过文化热、美学热、诗歌热。而时至今日，好像大家的注意力集中在房价、股市、富豪这些事情上了。

陈越光：我觉得关注这些也不能说是什么不好的事情，只是这些关注停留在那里，没能往前再进一步，就有些遗憾。更多地面向现实生活、面向基本需求，本身没什么不好。衣食住行是老百姓最基本的生存保障，人们关注这些东西很正常。但是遗憾在哪里呢？我们可以看看 14～16 世纪的意大利，当时正是文艺复兴时期，人们走出神的世界，把对神的膜拜转向对人的颂扬，把对神的旨意的信奉转向对人的需求的关注。也有人认为那是一个物欲膨胀的世俗世界，也有人感慨那个时代很平庸。但是就在那个时期，在雕塑、绘画、哲学、诗歌、音乐等领域，出现了大量杰出的作品，留存下来丰富的精神创造，而它的主题是对于人的显扬。

80 年代也有人觉得，相比过去，现在太注重物质利益了。而实际上 80 年代有点文艺复兴的气象，面对人的基本需求和自然欲望，鼓舞起来一种人本主义精神，升华出"大写的人"。关注人的感情的正当性，满足人的欲望的正当性，维护人的权利的正当性，这些都是人本主义精神的张扬。今天令我们感觉到遗憾的，不是关注房价、关注股票，而是这些关注没有取得升华。我们没有强化它背后对于人的权利、人的尊严的关切，每个人只注意自己得到一点具体的利益。应该看到正当的利益背后存在一种精神，并且可以是一种伟大的精神。目前的状况尽管有些遗憾，但也不必担忧，这是一个阶段，迟早会过去。如果大家关注自己的正当利益，并且能够在这种关注当中懂得群己的权限，懂得捍卫公民的合法权益，从现实利益中间看到自身权益，我认为这就很好。

曾繁田：我们读到陈先生的一段记述："汤一介先生带我去见季羡林先生，那是我第一次见到季先生。季先生问我，中国文化书院的传统是什么？我一时没答上来。季先生就说，骨气。为什么中国文化书院的传统是骨气呢？站在一旁的汤先生补充道，所谓骨气就是在季先生八十寿辰上庞朴先生说的那句话。庞先生说，康德的理论有价值、有尊严，价值是可以转让的，尊严是不可以转让的。"庞朴先生从康德著作当中读出"尊严"两个字，这是一种直抵生命的阅读，赋予生命以价值。有时候我们感到，转让几乎成为生活的主题，我们每天都在把自己的生命兑换成钱财。

陈越光：季羡林先生八十寿辰当天我不在场。寿辰过了几天以后，我将要到中国文化书院任副院长，主持书院的日常工作，在院务委员会开会任命副院长之前，汤一介先生跟我说，季先生要先见见我，就带我去拜访季先生。季先生的家在北大朗润园 13 号楼，那天我们三人就在季先生的书房里谈话，书房里全都是老式的书架，窗也不大，8 月份的天气，阳光从窗口透进来照在书架上，尘埃飞扬。季先生当然首先表示欢迎我过去工作，也说了许多拜托的话，然后他突然问我一个问题："从梁先生以来，你看到书院的传统是什么？"

在梁漱溟先生之后，中国文化书院的院务委员会主席是由季羡林先生接任的。这些情况我有所了解，但是我没有想到初次见面季先生会这样问我。当时我还在考虑这个传统是什么，还没有回答。季先生看我没说话，他就说了两个字：骨气。季先生认为，中国文化书院的传统就是有骨气。季先生说了这个话以后，汤先生在旁边做了一个补充："就是之前季先生八十寿辰上庞朴先生说的那句话。庞先生说，康德学说有价值、有尊严，价值是可以转让的，尊严是不可以转让的。"价值（有价格的东西）和尊严，是康德道德学说的重要命题。尊严不可以转让，汤先生借用这个话来回应季先生所说的骨气。人有骨气才可以有尊严，一旦想转让就没有尊严了。

孔子讲过一句话："古之学者为己，今之学者为人。"儒家追求"为己之学"一以贯之，例如荀子就认为，为己之学是君子之学，为人之学是小人之学。"君子之学也，入于耳，藏于心，行之以身。"真正的学问能够涵养德行，而德行浸润我们整个身心，成全一个人。小人之学呢，"入乎耳，出乎口；口耳之间，则四寸耳，曷足以美七尺之躯哉？"小人拿着学问去跟别人做交易。"为己之学"作为古训，里面就有一种尊严，求学为的是涵养心性，实现人之为人的成长。学问不能拿来交易，不能拿着几斤几两去贩卖。

另外，孔子讲"为己之学"，指的是"道"这个层面。树立价值观，决定自己要做一个什么样的人，这类问题属于求道的层面。老子说："为学日益，为道日损。""为道日损"是一个做减法的过程，用佛家的语言来讲，把自己身上的贪嗔痴慢疑去掉。王阳明比喻说，镜子不明，是加点东西呢，还是减点东西？当然不能加了，要擦掉嘛！而"为学日益"则是一个做加法的过程，通过不断的学习来增益各方面的学识。

三　经典是生命的灯火

曾繁田：20 世纪 90 年代陈先生发起并推动"中华古诗文经典诵读工程"。当时发起诵读工程有着怎样的机缘，收获了怎样的效果，能否请陈先生讲一些细节？

陈越光：说起这个机缘，其实是南怀瑾先生的倡议。南老师先向徐永光提出来，然后永光就来找我。开始我只是答应帮忙出一个方案，但是这个方案完成以后，徐永光多会说话啊，我的这位老朋友，呵呵，1998 年元旦他跟我说："越光，这样的方案，除了你谁还做得出来？"这句话先把我架在那里，接着第二句话就是："这样的方案，除了你谁还能实施得了？"那个意思就是，你做的方案，连你都做不了，谁还做得了，所以只能你自己去做。用现在的话说，我被永光"套路"了。

在这以前，我随金观涛先生拜访过南老师，后来确定下来要我去做经典诵读工程，和南老师的接触自然就多了。可以说，世纪之交中国人文学界的大家，我有过接触和交往的并不少，我没有能力来评价他们的学问高低，但可以说南老师是他们中间最通达的一个。后来我找季羡林先生、汤一介先生商量请教这件事，请他们支持。最终季羡林、张岱年、王元化、杨振宁、汤一介五位先生作为顾问，南怀瑾先生作为指导委员会名誉主席，我提出的主题口号是"读千古美文，做少年君子"，得到他们的赞赏。

当时我们的愿景是，形成一个继往开来的文化氛围。在大转折的时代里，中华民族在走向未来，而我们更愿意走向一个有传统的未来，希望通向美丽新世纪的大路上，既有传承也有创造。我们希望传统文化从博物馆、图书馆中间走出来，走到活着的当代人中间去，走进新生活中间去。当时有个目标是，让超过300万个孩子参与经典诵读工程，而一个孩子背后还有10个成年人，爸爸妈妈爷爷奶奶外公外婆叔叔阿姨姑姑舅舅等，都会受影响。我们的目标是300万到500万人参与，3000万到5000万人受影响。再通过组织活动，借助媒体宣传，可以影响1/10的当代中国人。这样一来，就初步形成了一个继往开来的文化氛围了。

实际的推进效果比预期的快得多。起初我向时任副总理李岚清汇报，他提醒目标不可太大，不可操之过急。结果到第五年，参与人数就超过了500万。前后做了8年，差不多800万少年儿童参与。组织诵读活动造成的影响尤其大，比如有一次在河南孟州的大广场上举办"中华古诗文经典诵读工程'百县计划'启动仪式"，到会人数超过了整个县城人口的一半，7万人的县城，有3万多人在广场上。台湾地区一些小学组织学生来天津和我们交流，看到一个体育场里两三千人集体诵读，他们感到很震惊。后来我们也和一些国际组织交流，外国人听不懂，但是听到孩子们充满稚气的声音，看到他们闪闪发亮的目光，也是大为感动。

1999年，国际儒联与联合国教科文组织召开"纪念孔子诞辰2550周年暨国际儒联第二次会员大会"。据说会上有一位学者说，儒学发生在中国，但是保存在日本。他举了许多例子，比如说，现在中国的大学里面还写毛笔字吗，中国没有一所大学开书法课，但是日本的大学就有。大家在台下听着很憋气。下午我在大会上有一个致辞，讲经典诵读工程的立意和目标。现场一片掌声，大家觉得很解气，我们还有弘扬传统文化的工程呢！致辞结束以后，我们组织一些六七岁的孩子上台背诵《论语》。之前是一片掌声，现在是一片笑声。因为这些小孩儿上台，大多不走两边的台阶，他们到台前连滚带爬就翻上去，所以会场里一片笑声。而当孩子们站起来，开始背《论语》，哇啦哇啦齐声背诵，下面一片哭声，许多老先生抹着泪上来拥抱这些孩子。老先生们内心受到感染，也看到希望。

我们也请第三方机构对诵读工程做过评估，诵读古诗文对于学生的语文学习和品性习惯养成有明显效果。当然也有人质疑这种方式，认为是死记硬背。其实，背诵是一个很好的传统，又不考试，不"死"也不"硬"嘛。我们到一个学校去推广诵读工程，通常的工作方法是由大学生社工找到校长，先请校长看北大出版社正式出版的读本，再由校长帮助找一个语文老师当班主任的班级进行试点。找到这位语文老师以后，会请老师帮助在班上找 5 个语文考试成绩最差的孩子。大学生社工给这 5 个孩子每人一本书，隔一天来一回，辅导他们背诵。我们对这位班主任老师有个要求，一个月之后要开一次班会，让这 5 个孩子上讲台背诵古诗文。

这 5 个孩子回到家，就会跟父母亲说起，自己参加了这样一个活动。这些孩子平时考试成绩差，用家长的话说，除了不守纪律被老师叫起来批评，在班上就没有机会站起来讲话。这次他们要当着全班背诵古诗文，家长很重视，觉得是个荣誉。而这几个孩子自己也觉得很神秘，班上同学们都打听，他们接受了一个什么任务，而他们还要保密。这样过了一个月，五个孩子上台背诵诗词、背诵古文，把全班同学都震住了。诵读古诗文和平时上课没有关系，我们每到一个学校都是找成绩最差的学生。这些学生平时不受重视，这次要在全班同学面前背诵古诗文，他们很投入，主动性就调动起来了，后来学习成绩也上来了，学生家长也很高兴。

北大附小就是从一个班开始试点，到一个年级，再到全校 3600 多学生全部参加。第一个试点的班，到六年级面临小升初的毕业考试了，有两三个家长给班主任写信说，这个活动很好，但是中考并没有古诗文背诵，到六年级是不是可以停一停？那个班主任就把两封信在班会上公布，让全班同学讨论，同学们都坚决要求继续诵读。再开家长会，大部分家长没有学生那么坚决，但是也全都赞成继续诵读。接着那个班主任就鼓励学生说，这个事情可能有争议，你们既然要继续诵读，就要努力学习取得好成绩。那一年的毕业考试，那个班取得了语数外三科全年级第一，班上所有同学语数外三科分数都在 90 分以上。

中华古诗文经典诵读工程是当时规模最大的经典诵读活动，做了 8 年。我们设定的目标是开创继往开来的文化氛围，界定在"校园以内，课堂以外"，不认为可以取代常规教学。这个目标已经实现。2006 年以后，经典诵读工程就不再继续推动了。

曾繁田：我们确实有必要对背诵有个更完整的认识。当初上学的时候学的那些物理、化学、英语几乎忘干净了，平时也用不到。而背诵下来的古诗文确实是最大的收获，今天仍然能背得出来，从中体察人生最根本的情志和觉悟。其实对于学生来说，背诵的过程并不痛苦，痛苦的是老师在教室里检查背诵。现在 30 多岁读《庄子》，自己抱着三四种注本对比阅读了解文义，这个确实重要，但是我越来越感到，比这种阅读重要得多的，是把原文背诵下来，或者熟读成诵。且不论对错得失，关键在于自己愿意背诵，背诵成为一种自觉。

陈越光：打个比方说吧，自然科学的知识如同走楼梯，前一个台阶没走完，后一个台阶就跨不上去，而跨上去了以后呢，前一个台阶可能就不需要了。但是人文科学尤其是古诗文呢，如同乘坐观光电梯，人在电梯里站着没动，但是随着岁月的变迁，电梯一层一层往上走，所看到的东西完全不一样，因为境界不一样了。"举头望明月，低头思故乡"，中国人 3 岁就会背，33 岁有什么体会，63 岁有什么体会，大不一样。"不以物喜，不以己悲"是范仲淹的名句，三四十岁时候的理解和七八十岁时候的理解大不一样。

另外我想说，什么是经典？经典并不是孤立的知识，经典之所以成为经典至少有两个条件：第一，经典当中凝聚着对历史、对人性、对社会的深层次的关怀，超越当时当地的条件，突破时间与空间的制约而长久存在，经典揭示出来的精神内涵，用司马迁的话说"推此志也，虽与日月争光可也"。第二，经典是在漫长岁月里面不断淘洗而存留下来的，它不是一时的风潮、一时的热点，它在历史进程中间经历了反反复复的筛选。经典并不局限在某个知识系统里面，而是能够对不同的时代、不同的人都有丰厚的馈赠。可以说，经典是生命的灯火。

四　生命的存在能够超越生命的终结

曾繁田： 陈先生以"老义工"的身份参与"希望工程"相关工作，自1991 年开始，先后担任海外爱心委员会秘书长，中国青基会理事、常务理事兼社区文化委员会主任、副理事长等。至 2013 年底告别青基会时，您致辞说："我在这里付出了时间，而这个事业却赋予时间以生命，使我付出的时间在这里成为有意义的生命。"

陈越光： 我参与"希望工程"的工作主要在三个方面吧。第一块就是刚才提到的"中华古诗文经典诵读工程"，它是"希望工程"的一个后续项目。当时我们曾经说，"希望工程"解决"有书读"的问题，"诵读工程"解决"读好书"的问题。作为一个后续，经典诵读工程是中国青少年发展基金会的独立项目，由我来主导实施。第二块呢，主要是"希望工程"的治理结构。第三块呢，是启动阶段的推广。这三个方面的工作，我真正发挥作用是在治理结构、诵读工程这两件事情上，投入的时间和精力比较多。

1989 年中国青少年发展基金会成立，此后推出"希望工程"这个项目。"希望工程"在当代中国所产生的影响，不只是救助几百万面临失学的儿童，或者建设 1 万多所"希望小学"。救助失学儿童，建设希望小学，这是摆在前面的意义，"希望工程"背后还有一层意义，就是在中国开拓出了社会支持的公共空间。而在这后面是对于人性向善的引导，属于价值理念的建设，"希望工程"在这些方面所起的推动作用，可能更大、更远。

我们作为一个一个渺小的个人，在生活处境比我们更困难的人面前，我们认识到自己仍然有为善的力量。而且走出这一步，并不需要付出多么大的代价，往往是举手之劳，让渡一点点微薄的利益，就可以帮助别人。从这个角度来说，我认为"希望工程"起到教化的作用。现在各类公益项目已经多了起来，而在当时"希望工程"是唯一的，它具有重大的开创意义。因此，我们这些人为之付出一点时间或者付出一点金钱，那是微不足道的，"希望工程"回馈给我们的是精神的提升。

曾繁田：那时候我们还小，但是清楚地记得这个事情，因为我们确实意识到，自己可以为别人做点什么。放学回家和爸爸妈妈商量，家里有什么东西可以捐给贫困地区的学生，然后把衣服、书本、文具拿到学校去交给老师。整个过程很简单，但是公益作为一种意识进入了当代中国人的心灵。当时给我们的冲击，就像1990年召开亚运会，从来没听说过，忽然就在眼前了。大家做一点事情来帮助贫困地区的孩子，在每个人心里留下了最初的印象。这是一种启蒙。

陈越光：我们很多人生活在城市里，往往意识不到贫困地区面临的问题，正是通过"希望工程"才了解到，有些地方还有小孩子读不了书，有些地方的校舍竟然那样破旧。而大家听到、看到这些情况之后，都愿意做点事情来帮助那些孩子，整个社会就共同见证了人性的光明与温暖。

曾繁田：陈先生于敦和基金会担任执行理事长、秘书长。敦和参与资助的西湖大学于2018年10月正式成立，陈先生现场致辞说："西湖大学将在历史的长河中行稳致远，西湖大学捐赠人的姓名也会在时间的长廊里流传。让我们假设在那个时间点上，在2118年10月，那时候我们第一代捐赠人身上的元素和能量已经参与到大自然的变迁当中，就让我在此，委托那位将在西湖大学百年庆典上致辞的捐赠人代表，请他代我们向百年以后西湖大学的师生员工说一句：谢谢你们！因为你们，使我们当年付出的一切努力具有了超越我们个人生命的历史意义!"这段话令人感动不已,能否请陈先生展开谈一谈,人们为之付出的努力,如何显现出超越个人生命的意义?

陈越光:创建西湖大学是一个长远的事业,因此需要设想一百年以后会怎样。一百年以后,我们这些人都不存在了,可是这样一个事情它还存在,而这种存在和我们今天的人生实践有一种联系,这就超越了我们个体的生命。各种宗教、哲学都要考虑最根本的问题,所谓"终极关怀"。在人自身的经验中间,我们看到周围有同伴去世,明确知道人总是要死的,包括自己,你我每一个人都面向死亡。那么一个人死去以后,什么东西和他(她)有关呢,难道死去之后一切都灰飞烟灭了吗?或者说,生命的存在是以生命的终结为终止吗?生命是否可以超越感性自然的存在形态呢?

轴心时代几大文明形态得以形成,当时的人们完成了超越的观念,人的存在不再局限于经验世界。有些民族从宗教中获得超越感,也有些民族从历史中获得超越感。在历史中获得超越感有形而上、形而下两种形态,形而上的就是"留取丹心照汗青",形而下的就是"子子孙孙无穷尽"。中国人说"道"生生不息,印度人说"佛"不生不灭,都是在构建永恒。对于个体来说,自然生命的终结就意味着一切眼耳鼻舌身意的经验都终止了,死亡以后个体与外部世界各种各样的信息交流都结束了。但是,如果我们所做的某个事情,并不以我们自身生命的终结而终止,那么这件事情就回过来赋予我们的生命一种超越感,能够超越有限的生命。

创建西湖大学是一件具体的事情,我们作为一个渺小的个体,参与其中而体会到超越感。在这个意义上,我们应该说谢谢。生命本来就是时间,我们需要让价值的光辉照亮单调的时间,或者说我们需要让生命汇聚起一件一件有意义的事情,超越时间和空间的局限而存在。我们在今天努力去做的一些事情,能够赋予时间以生命,而这些事情一旦做成,或者虽然没能做成但是充分展现出来努力去做的一种意志，那就能够赋予生命以时间。渺小个体的生命，在伟大事业的时间中得以延续。

曾繁田：这个经验真好。两个人坐在一个房间里，眼睛互相直视，您对我说，以后我们都将不复存在，仍然存在的是那些有意义的事情。听陈先生讲这些，既受到震动，也感到喜悦。"慧育中国"项目旨在对农村贫困地区 6 个月至 3 岁的幼儿给予养育指导和营养干预，促进儿童全面发展。在相关报道中，我们看到陈先生讲了这样一句话："当我们老了走不动了，还可以目送那些走着的人，目送他们一直往前走。"目送走着的人往前走，这样一种意志从哪里来？

陈越光：目送并肩同行的人往前走，这种意志从哪里来，我想就是"德不孤，必有邻"吧。这个"邻"可以是横向的，也可以是纵向的。"慧育中国"主要面向山区儿童，项目的家访员要走山路到一户一户的留守儿童家里去访问，了解孩子的实际状况，于是我们也鼓励基金会的项目官员到当地了解情况。这类项目是一个阶段接着一个阶段，所以是一代人接着一代人朝前走，而我们这些人肯定只能走其中一段。

所谓"资助型基金会"，自身并不运作公益项目，而是资助其他组织运作公益项目。因此我和同事们要做步行者的同行人，一起走公益慈善的长路。当我走不动了，我还可以目送年轻的同事往前走。我们始终同在，只不过同在的形态多种多样。现在我的肩膀与大家同在，以后可能只是我的目光与大家同在，或者我的意念与大家同在。乃至意念都沉寂了，在天地大化之中，我们依然同在。

曾繁田：刚才谈到生命的存在与生命的终结，我就想给陈先生背几句诗，恐怕时间来不及就止住了。要不，我还是给背几句吧。"一切慨叹，一切欢笑/一切低语，一切嚎叫/都不属于星系或沙尘/都只属于我的心/我的心会不会逝去？我把它交给了你。"

陈越光：谢谢！这是谁的诗，是你写的吗？也可以是既属于宇宙，也属于我心。陆九渊说："宇宙便是吾心，吾心即是宇宙。"

五　拼命干的人有"不避败之志"

曾繁田：1939 年马一浮先生创建复性书院，彰明"教之为道，在复其性而已矣"。2017 年敦和基金会资助浙江大学复建马一浮书院，倡导"以六经为道本，以淑世为关怀"，即将设立国内第一个经学博士点。陈先生怎样看待经学对于现代中国的意义？

陈越光：中国学术的建构方式和西方学术的建构方式实际上展现出来两种旨趣，中学侧重整体，西学侧重类别。中国传统的经学是整体性的。《乐经》据说在"秦火"中失传，到汉朝已经变为五经，所谓"五经博士"。六经到五经，后来有了十三经，又有了二十四经。但是现代学术把经学分割到各个学科，《诗经》在文学，《春秋左传》在史学，《易经》在哲学。在这种情况下，我们感到中国文化的整体性原则依然值得关注。

到今天，学习西方已经有一百多年的历史。对于现代学科模式，在肯定的同时是不是也可以有所反思和补充？马一浮先生认为，"六艺可以该摄诸学，诸学不能该摄六艺"。经者常道，离经不言道，学术史上每数百年就会出现一个旨在探寻经典本义的"回归原典运动"。今天中华文明再次面临回归原典这个历史命题，需要探源性发掘，因此我们尝试在浙大马一浮书院设立经学二级学科的博士点。实际上重拾经学的学术旨趣以及相应的研究成果，在中国学术界已经蔚然可观。

所谓"中学"早已包含佛学、名相之学等，在历史进程中不断经历着交融与贯通。而中学与西学的融会，在今天尤其值得关注。我们所理解的经学，既要推重六经的地位，要延续整体研究的方式，同时还要怀抱与学术的继承与发展相匹配的开放精神。

曾繁田：从事社会工作必然倾注时间和精力去做利他的事情、为公的事情，在繁重而琐碎的具体事务中如何安顿自己的生活、支撑自己的精神？陈先生被誉为"有思想的行动者"，请您谈一谈在这方面的体会。

陈越光： 思想和行动是一致的，二者并不矛盾。因为每个人具备不同的能力，所以要根据自身的情况来决定，是把主要的精力放在探究某种学问上，还是放在处理各类事务上，又或者两者兼顾。我感到自己没有能力兼顾，那就不做学问多做一点点事情吧。不管我们选择以何种方式度过这一生，每个人的时间都是有限的，面对学问也好，面对事务也好，都是以有限面对无限，以有始有终面对无穷无尽。王阳明讲"知行合一"，一个人能够知多少就能够行多少，反过来，实际行了多少自然也就是知了多少。

就知与行来说，这两种修炼都可以给人以启示。读书可以明理，做事也可以明理。朱熹讲"持敬"要贯穿动静，没事情的时候不懈怠，有事情的时候不忙乱，所谓"无事而存主不懈""应物而酬酢不乱"，这就看出一个人自身的修为。看清楚自己的长处，培养并发挥自己的长处，不必担心做事耽误求学。感慨要做的事太多没有时间读书，或者感慨要读的书太多做不好事情，其实都是修为不够。《大学》讲"知止而后有定"，王阳明说"静亦定，动亦定"，心有所定至关重要。外在的环境既可以影响内在的精神，也可以成全内在的精神，关键在于我们自己的心境、才能、技艺。做事不会耽误求学，更不会耽误求道，阳明学尤其注重"事上磨"。

曾繁田： 1985 年 3 月，中国文化书院邀请时年 92 岁的梁漱溟先生演讲，梁先生坚持站着讲，并且在演讲中高声说："我是一个拼命干的人，我一生都是拼命干。"请陈先生谈一谈，您对于"拼命干"这三个字的认识和体会。

陈越光： 如果一个人只想吃饱喝足，对自己生命的期许比较简单，整个身心局限在衣食住行上面，就是说没什么大志向，这种情况我们先不讨论。一个真正有志向的人，一个努力求索希望有所建树的人，事实上他会面临一种人生的斗争。要在社会上实现自己的某种目标，其实这是一场斗争。凡斗争就有一个方略问题，用我自己的说法，有两条路可以选择，一条路叫"不败之道",另一条路叫"决胜之道"。

何为"不败之道"呢?就是首先要保全自己,人死了什么都没有了嘛,所以不能把自己置于危险的处境里面。走这条路呢,凡事先排除风险,说八分话,做八分事,不要做到极致,也不要把对手逼急了。就是说,把最上面那20%的可能性让渡掉了。当然这20%,如果用商业的话来说,它是风险最大的20%,也是利益最大的20%。因为风险和机遇同在,做个七八成,取个七八分,剩下的不要了,适可而止,这就是"不败之道"。

还有一条路是"决胜之道"。王船山讲:"直致之而已矣。可为者为之,为之而成,天成之也;为之而败,吾之志初不避败也。如行鸟道者,前无所畏,后无所却,旁无可迤,唯遵路以往而已尔。"所谓"决胜之道",就是"直致之""不避败""行鸟道"。这个人的信念是对此求一决胜,把自己的生命寄托在自己的信念当中。凡讲"拼命干"的人,便是在走"决胜之道"。对于这种人来说,往这个方向走,只管走,无所谓胜败,不存在失败这一说,这就是"不避败之志"。可能会跌倒,跌倒了爬起来接着走,在自己所选择的这个方向上,只有前行和跌倒,没有其他。对于行"决胜之道"的人,事业和生命是一件事。没有生命当然没有事业,反过来没有事业就等于没有生命。而"不败之道"呢,生命是生命,事业是事业,首先考虑自己,为自己求周全。

梁漱溟先生所说的"拼命干",就是把生命倾注在事业上,为了理想一往无前,把成败得失置之度外。而且他的信念能够使他有一种认知,因为事业需要他,所以他不会轻易死去。抗战时期梁漱溟先生在外,家人和他失去了联系十分忧虑,就写信到处打听情况。梁先生给家人回一封信写道:"前人云:'为往圣继绝学,为来世开太平',此正是我一生的使命。《人心与人生》等三本书要写成,我乃可以死得;现在则不能死。又今后的中国大局以至建国工作,亦正需要我;我不能死。"通常我们认为,事业因生命而存在,从梁先生身上就可以看到,生命因事业而存在。

总起来讲，梁漱溟先生作为一个"拼命干"的人，他的生命和他的事业融为一体。而他心头的理想使得他相信，在事业还需要他的时候，他不可能死。一个人有这样一种事业感，将生命寄托于理想，其实也是莫大的幸福。许多人感受不到这种幸福，往往是因为心里盛满了各种各样的纠结。这个事情做不做啊？这个机会好不好啊？这个选择对不对啊？用南怀瑾先生的话来说，"不在疑中，即在悔中"。要去做的时候，心存犹疑。投入多少力气去做啊？合适不合适啊？会不会得不偿失啊？机遇失掉了，又开始后悔。其实人生在世，有值得自己"拼命干"的事，是缘，是觉，也是福！

后　记

从陈越光先生身上，我们感受到宋明贯通至 21 世纪的生命境界，也看到 80 年代延续至今天的精神气质。陈先生以王船山"直致之而已矣""吾之志初不避败也"阐发梁漱溟先生"拼命干"的生命意志，非有切身体验者不能言说。古人云"无反顾""不旋踵"，笔者由此略知一二。而在知与行之间，陈先生关于生命终结的思考、关于生命存在的觉悟，同样惊动人心。笔者偶尔写几首新诗，涂鸦之作难有定稿，也从来无处发表。且将几年前写成的一首小诗附在这篇访谈的末尾，谨做一声呼应。

藤　蔓

一个又一个地死
一代又一代地消失

我们偷取哭声和屋檐
随后摊开手尽数归还

渐渐燃尽烫脸的篝火

从中蹦跳出这一个我

我是噼噼啪啪的响声
惊动秋虫，不惊动夜空
一切慨叹，一切欢笑
一切低语，一切嚎叫
都不属于星系或沙尘
都只属于我的心

我的心会不会逝去？
我把它交给了你

茫茫听不见几声嘱托
我将默默地等你许诺
高歌若是被长风卷走
你就把我的惊惧存留

生存结出生存的果实
死亡伸展死亡的花枝
在这条粗壮的藤蔓上
生长，生长，生长，生长

附 8　守望中国文化

——《中国慈善家》封面报道

【编者按】此篇是《中国慈善家》杂志前记者章伟升先生、张玲女士采访陈越光先生后写成的一篇"人物特写"，原载《中国慈善家》2018 年 10 月刊。文章试图把陈越光先生的作为放在汤一介、南怀瑾等一代理想主义者的谱系中进行观察，以窥见个人成败与时代历史之间的张力；文章的最后写道："宏愿背后往往是艰难险途。汤一介带着落空的夙愿离世，南怀瑾生前也满是无奈和失望，常叹自己'一事无成，一无是处'。而今，陈越光的成败又是未知。从中国文化书院、古诗文诵读工程到敦和基金会，从汤一介、南怀瑾到陈越光，几代理想主义者在理想主义晦暗的时代里，以异于常人的心志和定力守望中国文化。"

一　历史深邃迷人

历史打开了一条门缝，陈越光跻身进去。他的前辈们，季羡林、张岱年、汤一介、庞朴……那些人文思想界的大师，却在一个梦想上永远被关在大门之外。

1999 年，中国文化书院进入第十五个年头。8 月 15 日，创院院长汤一介给所有导师和来往密切的朋友去信，对书院长期陷于平庸甚为内疚、自责。中国文化书院曾有着巨大的社会影响力，汇聚了一批"五四"以来历尽动荡的学术老人和中青年学者。1989 年以后，为了中国文化书院不被淘汰出局，汤一介随信附上创办私立大学的设想——以"提高对中国传统文化的研究水平，并促进中国文化的现代化"为出发点，创办一所高起点的私立大学。办学也正是季羡林、张岱年、庞朴等书院导师孜孜以求的梦想。

　　创办民办人文社科类的研究型大学何其艰难，中国大陆至今未建成一所，何况是在 20 个世纪 90 年代末。面对资金不足、缺乏行政许可的局面，汤一介束手无策。他自知现实前景暗淡，亲手把 2000 字的设想抄录下来，说如果不成，哪怕作为一份档案也行。汤一介一语成谶。设想真就成了"史料"，被锁进 2 米高的大铁皮柜。此后的岁月里，不管世事艰难、人心诡谲，汤一介仍穷尽心力办学，可惜结局不是沦为一纸空文，就是不得不半途而废或降格以求为民间培训机构，更甚的还有受骗受辱。近 20 年以后，陈越光为写作《八十年代的中国文化书院》一书，从故纸堆里翻出尘封的档案材料，满纸心酸。自 1991 年至今，陈越光一直兼任书院的副院长，见证了先生们（尤其是汤一介）创办私立大学的种种挺进与失败。

　　2014 年，汤一介去世，他期待的这个成功永无来日。但历史之所以吊诡，就在于它塑造传统、影响后人。2016 年底，陈越光受敦和基金会创始人叶庆均之邀，出任敦和基金会执行理事长兼秘书长，掌舵这家以"弘扬中华文化，促进人类和谐"为使命的公益基金会。当时，陈越光已过退休年龄，他做过文化，做过公益，还曾长期奋战于传媒行业，历任"走向未来"丛书副主编、《中国妇女》杂志编委兼总编室主任，以及《中国残疾人》杂志、《中国农民》杂志、《中国市场经济报》、《科技中国》杂志创刊主编和《东方》杂志编委会主任，创办过"世纪中国"网站，还做过电视、文化创意项目和出版社，一生经历丰富。他说，再出山接手敦和基金会是内心的感召。"历史的深邃迷人之处，恰恰在于那些平庸的成功在成功的同时，就被平庸就地消耗掉了，而那些没有成功的远大目标，却像灯塔一样召唤着后来人，感动着后来人。"陈越光在不同场合反复说这段话。

陈越光主导下的敦和基金会，从使命愿景、战略设计、机构文化、制度设计到项目布局，都能看出他在继续前辈们未竟的理想。只是，陈越光比前辈们幸运，那扇闭门打开了一条门缝。

二　星空与道德律

2018 年 4 月 2 日，教育部正式公布批文，西湖大学的举办获得官方许可。西湖大学的举办方——西湖教育基金会目前接受的捐赠中，敦和基金会是唯一一家以基金会名义出现的捐赠者。陈越光与西湖大学校长施一公第一次见面的晚上，70% 的话是施一公说的，施一公对学术的追求，对新教育模式和冲刺世界高峰的热情，感动了陈越光和敦和基金会理事会。从签约到完成 3 亿元捐赠，敦和基金会只用了两周时间，且一次性全款完成捐赠支付（由两位理事专项捐赠）。

另外，基金会办大学的模式也极具探索价值，在国内近 7000 家基金会里尚属唯一。2018 年 4 月 16 日，西湖大学召开创校校董会第一次会议，陈越光作为捐赠方代表出任西湖大学创始校董。他的职责在于监督捐赠项目如约履行。敦和基金会和西湖教育基金会约定，捐赠资金只能定向用于西湖大学和西湖高等研究院的发展。前期会谈，陈越光还提出一个问题：如何预设在什么状况之下属于对方违约？他自己提出一种状况：如果哪一天西湖大学改变了民办非营利大学这一性质，就是严重违约。更具考验的是，西湖大学如何确保校董会领导下的校长负责制——一个现代化大学的治理结构被高效执行。陈越光表示，西湖大学要给校长最大的治校空间，但校董会不能只成了荣誉称号，象征性、程序性的符号。

在敦和基金会，陈越光集执行理事长、战略规划委员会主席和秘书长三大职务于一身。可以看出，敦和基金会创始人和理事会给予了陈越光充分信任和授权。从权限上说，陈越光是名副其实的"船长"，那么敦和基金会如何形成它的治理结构？

敦和基金会并不强调执行和决策过度分开，理事会和秘书处成员在一定程度上相互嵌入，秘书长同时是执行理事长，一部分理事直接在秘书处任职。同时，秘书处实行信息全透明，秘书处的一切信息和文件、处理事情的一切过程对理事会战略规划委员会全部公开。作为《敦和基金会战略规划委员会议事和行为规则》的起草人，陈越光专门在文件里写道："故意屏蔽信息是不道德行为。"为此，陈越光十分强调"集体中用权，会议决策"的决策程序："团队成员打电话或和我个别交谈，只能算个人交流，但不是决策。决策一定要在会议上产生，一定要所有人都知道信息。"

西湖大学是一所专注前沿科技研究的理工科大学，而敦和基金会是一家以弘扬传统文化为使命的基金会，两者看似大相径庭，内在逻辑却有很强的关联。科技如果没有人文精神的支撑，会走向何方？"西湖大学虽然是一所理工科大学，同样要问一个科学人的人文情怀是什么，同样需要在仰望星空和内心道德律之间架起桥梁。"陈越光说。

从西湖大学的治理结构可以看出，30 年前汤一介设计的私立大学制度多么富有远见。他当时提出，由中国文化书院创办一所高起点的综合性大学，大学的机构设置以"少而精"为原则，可设董事会，教授会，实行董事会领导下的校长负责制，并设党委会（监督和保证党和国家的政策、法令的实行），党委书记作为董事会成员参加董事会。如今，西湖大学便是如此。不同的是，汤一介要办的私立大学致力于中国文化的现代化，是以人文学科为主的综合性大学，而西湖大学聚焦前沿科技研究。不同之处还在于，命运之神给了西湖大学空间和机会，对中国文化书院的先生们却闭眼以对。但西湖大学最终能成功吗？这有待历史来验证。

2018 年 4 月 16 日，在西湖大学第一届校董会第一次会议上经投票表决，全票通过聘任施一公为西湖大学校长。

三 敢于在面向失败中争取成功

仔细关注敦和基金会 2017 年的资金走向，不难发现绝大部分资助集中在高等教育机构。

2017 年，浙江大学提议重建复性书院，敦和基金会心向往之。复性书院由国学大师马一浮（时在浙江大学授课）创建于 1939 年，旨在存续中华文化，培育通儒，以"六艺"统摄教学。时值战乱，复性书院开办一年多后即陷入困境，停止讲学，以刻书为主。80 年后，浙江大学发出重建倡议。在浙江大学建校 120 周年校庆前一天，敦和基金会向浙江大学教育基金会捐资 1 亿元，与浙江大学重建马一浮书院，继续马一浮"六经为本"的教育理念和研究事业，循其源流，遵其宗旨，权其方略。马一浮书院的未来发展方向也有了大致轮廓：在学术上打破门户之见，"无诤于宗，天下来同"；建立以经学为主脉，以经学、小学、义理名相学、国学教育为重点的人文研究门类。

在书院名称上，最初双方考虑仍以"复性"为名，最后确定为马一浮书院。陈越光说："无论以马先生当年创办的书院命名，还是以马先生本人的名字命名，其精神追求的指向都是一致的，那就是'以六经为道本，以淑世为关怀'，没有道本就只是无根之木，不讲淑世所谓人文精神就无从谈起。"

马一浮书院实行理事会领导下的院长负责制，浙江大学校长吴朝晖担任理事长，陈越光担任副理事长，院长人选却一度难以决定。计划 2017 年年内成立挂牌，但直到 11 月下旬仍无法落实人选。于是，浙江大学常务副校长任少波和浙江大学人文学院院长楼含松去北京请著名文史学者刘梦溪。当时，刘梦溪没有应承。11 月 28 日，极冷的一天，吴朝晖亲自登门礼邀，和刘梦溪有近 30 年交往的陈越光作陪。刘梦溪很受感动："当年竺可桢校长请马先生也就二次，梦溪何德何能，焉能有三？"最终，刘梦溪出任马一浮书院院长。

同样要问，马一浮书院能成功吗？须知，当年复性书院便不算成功之举。在西湖大学和马一浮书院成与不成这个问题上，陈越光的信念是："既然历史感动了我们，我们也应该可以成就感动后人的历史。"他说考验人的是立定文化传承的常数，敢于在面向失败中争取成功的情怀，而不是只计较成败得失。

无论是基金会办大学（如西湖教育基金会），还是大学基金会创新（如浙江大学教育基金会），中国的基金会对大学改革正在产生重大影响。根据敦和基金会和浙江大学的合作协议，马一浮书院将成为浙江大学教育创新的实验性特区。双方初步形成了一套协同治理的治理结构，在院长人选的确定、财务管理、书院方针的落实、重大活动的拟定上，都是共同商讨，光是理事会章程就往返5稿以上，这意味着社会力量对大学教育有了更多博弈、互动的空间。西湖大学更是立足于世界一流大学的目标，基金会办大学的模式未来可期。

作为一家资助型基金会，陈越光确立敦和基金会自我定位是"做守道者的同道，做步行者的陪伴，做探索者的后援"。他解释，敦和基金会不是散财童子，项目选择考验的是眼光、理解、战略。除了资金支持外，敦和基金会还希望在观念和方法上和受助方产生互动，"比如我们对一些问题的理解，我们的文化，我们一些事情操作的方式；还有，我们能不能为他们赋能，怎么样帮助他们做筹资，怎么样提高他们内在机构的管理水准，怎么样帮他们找到平台"。

无论是西湖大学、马一浮书院还是其他一些合作伙伴，陈越光都进入他们的决策层，他也要求自己的项目官员深入受助方的项目机构，这是敦和基金会机构文化的一部分。"如果项目官员只是在项目执行机构和基金会的财务部门之间做传递，就叫不深入项目。项目官员应站在资助方的角度，深入项目来获得成就感。"

2018年5月24日，敦和基金会与中国发展研究基金会"慧育中国 敦和同行"捐赠签约仪式暨媒体发布会在北京举行。2018年至2021年，敦和基金会将资助中国发展研究基金会共计人民币3000万元，用于开展"慧育中国：儿童早期养育试点"项目。

2018年5月，敦和基金会向中国发展研究基金会捐赠3000万元，资助干预贫困地区儿童早期养育的"慧育中国"项目，加上此前对该项目的捐赠，累计达5400多万元。敦和基金会项目官员黄佳向理事会介绍项目时，经常以"我们"作为主语。理事会一位成员当场指出："这个项目是敦和基金会在执行吗？你从头到尾说了那么多'我们'，你感情完全投入，作为一个项目的资助官员，你理性审视了吗？"项目审议的确不能从感情出发，但陈越光也认为在最深层的意识中有这种感情，是值得致敬的。"项目官员去了项目现场，介绍项目时想到的是那些孩子。"

四 拿得起、放得下、等得住

不难发现，陈越光重点关注机构的制度文化。

在《八十年代的中国文化书院》一书里，陈越光说院务委员会的老先生们在中国传统文化中浸润已久，他们的人际相处之道是"凡事抬不过一个'理'字"，而中国文化书院在鼎盛时期规模和收入相当惊人，作为书院的最高决策层，院务委员会是权力中心，却又缺乏制度的刚性保障。这一不足使得后来的利益冲突失去控制，最终导致了中国文化书院的一次分裂。

也许是这个教训令陈越光意识到，中国文化不但要指导为人，也要解决有效行使权力的问题。在管理敦和基金会的过程中，陈越光极其在意机构的内在文化。他在起草《敦和基金会议事和行为规则》时写道："尊重不同意见，尊重少数观点，在决策异见中善于沟通，敢于放弃，肯于等待，是一个人胸怀和修养的体现，是一个机构成熟的表现。敦和基金会是一个资助型慈善基金会，既无营利组织商场如战场的急迫性，又无筹资机构客户要求的无奈性，从容、放远是我们的优势，拿得起、放得下、等得住是我们的智慧。"

敦和基金会最核心的文化是"责任伦理"，以责任为主体界定权利。权利可以外生，责任只能内生。2016 年，陈越光做任职演讲时，没有常规的"新官上任三把火"，展示策略图景和各种指标体系，而是表达了他对敦和基金会的理解，这种理解日后塑造着敦和基金会的内在精神和文化。

在当下以引入企业化、市场化指标和理念为时髦的公益行业，敦和基金会并不热衷套用企业界的概念和文化。敦和基金会的使命是弘扬中国传统文化，但是如果我们内部的处事规则、选择项目的原则、思考问题的方式，统统沿自西方，那还叫以弘扬中国传统文化为使命的基金会吗？反之，如果一概排斥学西方，那该怎么办？陈越光说，不一概用西方式的投票机制解决内部分歧、确立什么原则评判是非，以及决策者如何对待不同意见，都是敦和基金会面临的文化实践，他认为中国文化的体系更看重责任。"中国慈善事业在大发展的进程中，只靠引进一些外来思想文化和工作策略做支撑是不够的。在群己关系中间，以权利为中心还是以责任为中心，这是东西方文化的一个差别。"

陈越光第一次被责任感所感召，是在小学三年级。严厉的语文老师创造了一种教育方式——让学生站起来，用自己的话把课文叙述一遍。这种场合，她最得意的学生就是陈越光。也许是欣赏产生信任，有一天下午放学，语文老师给了陈越光一张演出入场券，并把 3 岁的女儿托付给陈越光，请他去工人文化宫观看演出时，把小女孩带去交给在那里工作的家人。到工人文化宫门口，检票员无论如何不让一张票进两个人。无奈之下，陈越光决定把女孩留在门口，他进去把她的家人喊出来。

结果，陈越光一进场，被演出的音乐、舞蹈乐懵了，把找人的事，把留在外面的小女孩忘得一干二净。待一幕演出终了，陈越光才猛然意识到闯大祸了。他跑到门口，女孩已经不见踪影。站在门口的几分钟，陈越光大汗淋漓。那一年，他不到 10 岁，第一次在恐惧中的警悟体会到"责任感"三个字，从此一生追随。万幸有惊无险，小女孩只是被另一个熟人领回去了。"我一生不忘当时的场景，成年以后都做过这个梦，我就此看重责任，在责任感中警惕自己，要在责任中挺立自己。"

陈越光提出，敦和基金会要以基金会的使命、内部文化和所做的项目来赢得业界认同和尊重，而不是以资助资金。他认为，中国公益慈善界有很多逻辑需要反思——过去多年，始终在项目操作手法、行为规范、机构治理结构、法律法规、筹资策略等层面发力，在慈善物资、慈善资金、平台设施上求结果，却缺乏慈善伦理哲学的探讨。

敦和基金会在项目审批中贯彻责任伦理，主张"集体用权，个人负责"，审批项目者不得指定项目，项目官员必须个人作业，完成项目审核；非会议不决策，项目审批必须在集体会议上讨论并当众决定；项目决策也不搞票决制，审批者个人承担责任……并将这一系列原则写入了规章制度。敦和基金会的三大项目维度中还特别提出了"慈善文化"这个维度，和中慈联合办每年的"中国慈善文化论坛"、资助了面向慈善文化研究者的"竹林计划"和"圆形组织与善经济"等项目。这就是陈越光所说的——慈善伦理哲学的深层意识支撑公益慈善方法论的行动层面："中国公益慈善界要从在问题面前寻找方法，转变为到方法背后去探讨文化，寻求支撑点和内生动力。"

五 敦和基金会的再出发

敦和基金会的挑战在于，如何把自身的宗旨、使命和战略设计、机构文化统一到项目上。

2012 年 5 月 11 日成立以后，敦和基金会一直不断摸索和试错。直到2015 年 10 月，理事会确立了"弘扬传统文化，促进人类和谐"的战略使命，并引发一轮大调整。随着陈越光的到来，敦和基金会逐渐结束摸索和调整，一招一式开始有了讲究。敦和基金会的自我定位正在被业界和社会逐步接受和认同，在业界的地位影响也正不断提高。

现在，敦和基金会的区域战略选择是以北京为龙头、杭州为中心、深广为后续。项目布局主要有三个分段自成系统。首先，是以高等教育机构为合作对象，形成学术教育研究的平台性项目群。这中间最早的是深圳国际公益学院，接着是北京师范大学跨文化研究院、浙江大学马一浮书院、中国艺术与人文高等研究院、西湖大学等；其次，在布局中体现以社会组织为伙伴网络的系统性集成化项目群，例如种子基金、莲子计划、竹林计划等；最后，是以行业支持为方向的公益慈善组织行业建设项目群，如中国基金会论坛、资助者圆桌会议等，在这些行业性建设中，都可以看到基金会的布局和思路。

陈越光希望带出一支对中国文化负有使命感的团队。2016年7月，他给敦和基金会理事会做文化专题演讲时提到，敦和基金会面对的使命是中华文化，中华文化又面对时代的挑战。"我们面对在五千年历史风雨的凝练过程中留给我们的东西，和新一代人怎么去理解这一种凝练的时代落差；我们面临着在不同文明碰撞和融合的时代潮流中，如何认识自我、更新自我和发展自我的历史挑战。"陈越光决定应战，他做好了穷几代人之功守望中国文化的决心——敦和基金会要成为一个百年基金会。"以百年为单位来做，这是和使命匹配的必然。"

根据马秋莎《改变中国——洛克菲勒基金会在华百年》一书中的观点，陈越光归纳一个百年基金会有三个构成要素：一个带有伟大使命的弘善资本、一个被文化和信念凝聚的专业团队、一套科学的工作机制。如果说陈越光之前的敦和基金会除了有弘善资本之外，专业团队和科学机制两个条件均不成熟，那么，现在的敦和基金会更有能力挑战百年这一伟大目标。当然，目标能不能实现是一个未知数，也许需要一百年以后才能验证。更重要之处在于，一个6岁的基金会，从今以后，要朝着长命百岁的目标审视自己的每一步行为。

六　从反思到融合

如何理解中华文化，陈越光自身也经历过大转变。1983 年，30 岁的陈越光从杭州来到北京加入"走向未来"丛书编委会。1989 年，"走向未来"丛书停止出版，时任第一副主编陈越光除了处理善后工作，自身也需要重新确定未来的方向。经老友引荐，陈越光在 1991 年 8 月 29 日被中国文化书院正式聘为院务委员会执行委员、副院长，负责书院日常工作。

陈越光先后担任过"走向未来"丛书和中国文化书院的"大总管"，事实上，两大团体的学术观念并不相同。在文化态度上，"走向未来"属于所谓"科学派"，对传统主张反思；相比之下，中国文化书院则属于所谓的"传统派"，保守主义的风格，看到几千年传统文化负面的东西，但更多的是抱以同情和理解。

1998 年，中国青少年发展基金会（以下简称中国青基会）希望工程创始人徐永光到香港拜访他的老师南怀瑾。那一次，南怀瑾布置了一项任务：在两岸四地儿童中推广中国文化导读，意在激活传统，继往开来，再续断层的中国文化。"须知，中国传统文化在'文革'中跟着'批孔'遭罪，被打进'十八层地狱'，这时候还没见光明呢。"徐永光说。

回到内地，徐永光第一时间找到陈越光，请他出山操持儿童"读经"项目。陈越光一口答应下来。1998 年 6 月，由中国青基会发起实施的"中华古诗文经典诵读"工程（以下简称古诗文诵读工程）在全国正式铺开，以"读千古美文，做少年君子"为口号，号召各地学校的少年儿童每天诵读 20 分钟左右的中国古诗文经典，南怀瑾亲任指导委员会名誉主任，陈越光以他任中国文化书院副院长的人脉资源请来季羡林、张岱年、王元化、汤一介、杨振宁等人担任顾问。

1998 年至 2000 年，古诗文诵读工程组委会请北京大学、中国人民大学、北京师范大学的专家根据先秦至晚清经典，选编出一套适合少年儿童阅读、背诵的《中华古诗文读本》，内容的时间跨度将近三千年，几乎包含了诗、词、散曲等所有常见文体，以及历代名家的作品，目的是希望少年儿童通读读本后了解中国传统文化概貌。

当时，陈越光的一些朋友对他主持古诗文诵读工程感到匪夷所思。从反思传统文化的"走向未来"丛书，到推广传统文化的古诗文诵读工程，转向太大了。陈越光说："在我的内心是有民族情怀的，做'中华古诗文经典诵读'工程前，这种情怀更多地以批判的形式表现，这承接了'五四'风骨；此后，更多地以融合的形式表现，穿越'五四'承接了宋明。"

古诗文诵读工程有两大宗旨：一是在历史进程中传承中华文明；二是在人类进步中发扬中华文明。2500 年前，《论语》说"文武之道，未坠于地，在人"，意思是说民间自有值得学习、传承的道义和精神，不一定要专注学习和迷信某一个人。

经过近代以来的动荡，"文武之道"还在不在民间，中华文明能否经受住多元文明的挑战？当时，陈越光感受到中国文化的生存危机，对中国文化的前途感到悲观。"中国五千多年的文化走到哪儿去？"也正是这种悲观，使陈越光更积极、紧迫地推动古诗文诵读工程。"不忍中国文化从此衰败，相信中国文化有力量在未来世界中继续向前走。"

古诗文诵读工程原定的目标是：到 2010 年，在 100% 的省区市、100% 的地级市、80% 的县和县级市开展诵读工程；直接参加的少年儿童达到 500 万，间接影响 3000 万至 5000 万成年人；通过媒体所辐射的公众达到 1 亿人。实际情况是，各地学校的参与热情远超组委会的预想，原计划 10 年完成 500 万参与者的目标，5 年就实现了。该工程实施 8 年，最终有800 万少年儿童参加了古诗文诵读工程。"中国文化如果只在博物馆的藏品之中，只在出土文物的展品之中，这样的文化就和活着的人剥离了，就不会有力量。"陈越光说。

古诗文诵读工程的宗旨，与敦和基金会的使命"弘扬传统文化，促进人类和谐"具有内在的连贯性，使得陈越光时隔多年之后再次"下场踢球"。不过，陈越光更在意超越性——弘扬传统文化意在获得民族精神的浸润，并不意味着传统文化中包含对未来的答案。

宏愿背后往往是艰难险途。汤一介带着落空的凤愿离世，南怀瑾生前也满是无奈和失望，常叹自己"一事无成，一无是处"。

而今，陈越光的成败又是未知。从中国文化书院、古诗文诵读工程到敦和基金会，从汤一介、南怀瑾到陈越光，几代理想主义者在理想主义晦暗的时代里，以异于常人的心志和定力守望中国文化。

后　记

　　《以公益为志业——陈越光慈善文化言语集》是"传一文存"（当代中国公益人文选）之一。陈越光先生长期担任中国文化书院副院长，不但在学术出版、文化思考、人文教育、跨文化交流等众多方面涉猎甚深，也深切了解中国思想文化领域的历史与现状，著有《八十年代的中国文化书院》《谦卑》等，是一位受各方关注的社会文化事业推动者、文化学者。与此同时，他自 20 世纪 90 年代初参与中国青少年发展基金会工作至今，已在中国公益慈善领域深耕三十载，是中国当代公益慈善领域的资深实践者。

　　2016 年末至 2020 年初，陈越光先生担任敦和基金会第二届理事会执行理事长兼秘书长。在其带领下，敦和基金会秘书处秉持"弘扬中华文化，促进人类和谐"的使命，秉持"尊道贵德"的价值观，深耕于文化传承、公益支持、慈善文化等领域，不仅使机构的影响力显著提升，在 2019 年被浙江省民政厅评为"5A 级社会组织"，也在推动慈善文化传播、理论研究和行业伦理建设等方面起到一定的创导作用。

　　其间，陈越光先生关于慈善文化诸多问题的敏锐觉察和探讨，例如"公益何以为志业""慈善文化的定义与结构""慈善文化的民族性与时代性""中国公益实践与理论本土化转型""公益与商业关系的问题意识""科学精神与慈善文化""公益慈善组织的责任伦理"，等等，无不密切关系当代中国公益慈善的实践深化与创新发展，同时又是值得理论研究界进一步挖掘的学术题目。因此，从散布于不同场合的陈越光先生的演讲、致辞、访谈、序文中撷取有价值的篇章，汇为一编，供关注和关怀当代中国公益慈善事业发展的人们阅读、回味，以期引发深入、继续的思考、探讨与实践，是一件很值得去做的事情。

感谢陈越光先生授权爱德基金会传一慈善文化基金（简称：爱德传一基金）编选本文集，并对所选其文稿进行了审核。此外，他还对"传一文存"的编辑出版提出了兼及实践与理念的意见和建议。陈越光先生曾为20世纪80年代有广泛社会影响力的"走向未来"丛书副主编，并有丰富的杂志主编/总编经验，我们非常感恩并珍重他的经验与思考分享。

为了使读者更全面地了解陈越光先生在慈善文化方面的实践，更深入地理解他关于慈善文化的思想，本文集在陈越光先生本人的演讲、致辞与序文等内容外，还编入了8篇附文。这些附文除一篇《中国慈善文化论坛的文化精神》为陈越光先生的致辞外，或为他与其他公益慈善研究专家、实践者的公开对话，或为知名报纸、杂志、网络媒体等对他的深度访谈、人物特写。在此，特别感谢这些文章的访谈者、整理者、撰稿者或版权拥有者对爱德传一基金的编选授权，他们分别是新华公益原主编郭士玉先生、凤凰网公益原主编孙雪梅女士、界面新闻记者刘素楠女士、《中国慈善家》杂志、《公益时报》前记者文梅女士和《儒风大家》杂志执行主编曾繁田先生。

最后，衷心感谢敦和基金会传播部沈莲女士、张玲女士为本文集精心遴选了配图；衷心感谢敦和基金会传播部对本文集的传播支持；衷心感谢社会科学文献出版社对本文集的出版支持。

爱德基金会传一慈善文化基金

2020 年 7 月

图书在版编目（CIP）数据

以公益为志业：陈越光慈善文化言语集／陈越光著
. -- 北京：社会科学文献出版社，2020.11
ISBN 978 - 7 - 5201 - 2206 - 1

Ⅰ.①以… Ⅱ.①陈… Ⅲ.①慈善事业 - 中国 - 文集
Ⅳ.①D632.1 - 53

中国版本图书馆 CIP 数据核字（2020）第 217520 号

以公益为志业
——陈越光慈善文化言语集

著　　者／陈越光

出 版 人／谢寿光

责任编辑／薛铭洁

出　　版／社会科学文献出版社·皮书出版分社（010）59367127
　　　　　地址：北京市北三环中路甲 29 号院华龙大厦　邮编：100029
　　　　　网址：www.ssap.com.cn

发　　行／市场营销中心（010）59367081　59367083

印　　装／三河市龙林印务有限公司

规　　格／开　本：787mm×1092mm　1/16
　　　　　印　张：17　插　页：0.75　字　数：234 千字

版　　次／2020 年 11 月第 1 版　2020 年 11 月第 1 次印刷

书　　号／ISBN 978 - 7 - 5201 - 2206 - 1

定　　价／128.00 元